集人文社科之思　刊专业学术之声

集刊名：汉语语言学

主办单位：中山大学中国语言文学系

编辑部地址：广东省广州市海珠区新港西路135号中山大学中国语言文学系
邮编：510275
编辑部邮箱：clsysu@mail.sysu.edu.cn

汉语语言学（第二辑）

集刊序列号：PIJ-2019-404
中国集刊网：www.jikan.com.cn
集刊投约稿平台：www.iedol.cn

漢語語言学

中山大学中国语言文学系《汉语语言学》编委会 编

第二辑

社会科学文献出版社
SOCIAL SCIENCES ACADEMIC PRESS (CHINA)

目　录

CONTENTS

《闽南方言语法比较研究》序

李如龙
（厦门大学人文学院）

闽南方言历史悠久，分布地域广阔，内部差异又大，早已成为国内外语言学家关注的研究对象。早期留下来的主要是一些地方韵书，记录了字音，注释了字义；西人东来之后，编过一些字典、词典和供外国人学习用的拼音读物。现代汉语方言学兴起之后，从语音调查开始，进行音韵发展过程的研究，逐渐也编了不少方言词典，并开始对若干与普通话不同的语法特点进行了一些调查，发表过一些有关语法特征的论著。但是，至今为止，关于语法的研究专著并不多，大概只是就一个点的描写或某个语法特点的分析，进行全面的调查和理论上的探讨的都还说不上。

十几年前，施其生教授带着他所指导的几届博士生，在通行闽南方言的四个省区奔走多年，选取了 11 个重要方言点进行实地调查，用精心设计的 700 条语法例句，收集各点口语中的常见说法，每个句子除用汉字记录外，全部逐字记音；还对 7 个点做了若干专题的调查。在获得大量翔实材料之后，他陆续就某些专题写出了一批有分量的论文，发表在重要的学术刊物上；同时构建了一个既兼顾概貌又突出特点，既能揭示共性又能展示地域差异的框架，在反复细致加以核对、甄别的基础上，对所得海量语料进行梳理、比较、分析和归纳，写成了这部《闽南方言语法比较研究》。这是他在广泛深入调查研究的基础上经过打磨、雕琢而成的精品。

汉语方言的调查研究从北京大学成立“歌谣研究会”算起，已经有百年历史了。由于汉语方言之间语音差别大，调查方言自然必须从记录和分析语音开始。这一分析就引起了研究传统汉语音韵的学者的浓厚兴趣，方言语音材料成了比较研究汉语语音史的有力依据。20 世纪五六十年代之后，在推广普通话的过程中，比较方言和普通话语音的异同也曾经帮助过方言区的人学习标准音。这就是汉语方言学长期关注语音的调查和比较分析的原因。后来，方言词汇的分歧也引起学者们的注意，陆续编出了许多方言词典。不同方言之间，多音词语的各种复杂的连读音变（变调、轻声、儿化、变声、变韵）又掀起一波调查研究的热潮。随着普通话的不断普及，共同语的虚词和句式大量涌入方言并且用来替换方言语法规则，加上方言口语历来就没有书面记录可考，这就造成了一种误解，以为汉语的方言之间，语法方面的差异并不大。这就是汉语方言语法的调查研究起步晚的原因。

其生兄在方言语法研究上捷足先登，并在闽南话语法的研究上做出了重要贡献，这并不是偶然的。他出生于汕头，在中山大学上学以后很快就掌握了粤语，达到可娴熟使用的水平；后来，又曾长期在山西教书和生活，对北方方言有很好的语感。对于一个语言学家来说，精通多种方言就是获得语言研究成功的重要条件。语法的系统深入研究尤其需要良好的语感，汉语方言学者中，能同时对两种系属的方言都进行系统、深入研究的，其生教授是少见的一个。他对粤语广州话和闽语汕头话都有全面深入的研究成果，无疑得益于同时精通这两种方言。

进入九十年代之后，他积极参加了由一批中青年学者串联起来的“东南方言比较研究”，这个“小分队”的成员都是以东南方言为母语的，志趣相投，走到一起。鉴于方言语法研究尚未引起关注，他们决定开展东南方言语法的比较研究，每年选取一个重要的课题，制定统一的调查提纲，集中开两三天的会议，比较各方言的异同，共同进行理论上的分析。在取得共识之后，再回去修改自己的文章，编成一个语法专题的论文集。经过十年的努力，大家都兴奋地体会到，汉语方言的语法并不是差别不大，而是我们知之甚少，很值得深入发掘。施其生教授是自始至终积极参与这个团队的。每次会议他都会认真准备，发表高质量的论文，在讨论中贡献自己的心得，成为此项研究的中坚力量。

经过汉语语法大师朱德熙先生的振臂高呼和身体力行，方言语法的研究逐渐成了汉语方言研究的热点。不但在国内连年有大大小小的研讨会，在美国华盛顿大学任教的余霭芹教授也大力呼应，组织有关学者，制定调查表格，开展比较研究。施其生教授就是积极参加者之一。后来，他又在国家社科基金项目的支持之下把闽南方言语法的研究继续深入下去。他前后带过的博士生，也按照他的思路和逐渐总结出来的理论，研究自己母语的语法现象，写成的博士论文大多已经公开出版，包括中原官话、胶辽官话、江淮官话、晋语等官话方言和客、湘、粤等南方方言。由于他的精心指导和弟子们的刻苦钻研，这些方言语法专著有不少已经成了经常被引用的文献。作为指导者，他自己也从中得到收益，不断提炼已有的理论，后期发表的《汉语方言中的“使然”“非使然”》《汉语方言中词组的形态》《汉语方言中语言成分的同质兼并》等，均包含着来自广阔视野、立足于方言事实又经深入探究所得的新见。这些新见有不少是刷新了某些传统的语法观念的，对于汉语语法研究“从实际出发”，走适合汉语特点的路，为世界的语法研究做出中国人的贡献，有一定的启发和推动作用。一个语言学专项研究要获得重大突破，正是需要同行的广泛切磋和同门的薪火相传的。施其生教授研究方言语法的成功，再次证明了这条规律。

本书不但是闽南方言语法研究的最大规模的新成果，也是同类著作中学术价值最高的。其主要优点表现在如下几个方面。

第一，创立了一个崭新而细致的语法调查提纲。汉语方言的语法调查，不像字音调查那样，可以拿方言间的“最大公约数”——广韵系统做依据，也很难像词汇调查那样，选取最常用、构词能力最强的核心词、基本词作为调查条目。在汉语方言尚未进行大规模的调查和比较研究之前，不论是词语结构方法还是句子的类型和构式，哪些是最重要的，哪些是大同小异的，哪些是纷繁复杂的，都还很不明朗。其生教授认为一种大方言的比较语法调查大纲如果只以普通话例句出条，往往无法得到方言最有价值的语法特点。因为很多方言说法是普通话无法准确对译的，方言语法的一些范畴、意义也常常与普通话参差而对不齐，从普通话出发有些根本无从发现，发音人也会受普通话例句的限制或误导，而忽略方言独特的说法。但是普通话又是“共同语”“参照系”，普通话例句还得有。最好是从前期各地已知的方言特点出发，以相关方言的说法出条，辅以等义或近义的普通话句译。调查时刻以方言特点的有无及具体表现为询问目的而不采取“翻译”普通话的做法。为此他设计了一个语法要点的系统，自纲至目加以编码，将700个左右的条目统入其中，每条均有普通话参考例句以及前期收集到的各种方言说法；不惮篇幅庞大，但求能有效地挖到活方言的独特说法。为尽量“网罗”方言特点，大纲编写之前，他不但从自己多年来对母语的调查所得中筛选提取，从闽南方言已有论著中筛选提取，还旁及粤语、客家话，吸收用得着的东西。当然其间还时时离不开以普通话语法作为参照系进行比较，加以定夺取舍。实践证明，要想一步到位制定适用于全国方言的调查提纲是不可能的，拿一个点或一个小区的调查去确定调查提纲，也难以适用大区域的调查。其生教授就一个二级区进行比较研究，用上述办法来制定一个合用的调查大纲，是个好经验。待到若干大区都有了合用的调查大纲，就可能制定出适合全国通用的调查提纲。

第二，所设的调查点有代表性，记录的语料十分扎实。全书的语法例句都能全文标注国际音标，这对于如实地保存方言语料、提供进一步的比较研究是非常重要的。时下有的方言语法的记录材料，只有汉字的标注，方言词语的用字历来缺乏规范，记录的人如果不是很讲究，同音字、俗字、本字随手取用，且未加说明，这对于不熟悉该方言的外人，不但阅读困难，想做方言词汇和虚成分的本源考订也是无从进行的。闽南方言普遍都有多音词的连读变调，有时不同的变调还和语法结构相关，没有全文标音，就很难使所记语料得到验证。本书为全部例句标音的做法，实在可以作为方言语法专著的样板，尤其是对于语音变异复杂、词汇用字特殊的南方方言，有更加重要的参考价值。

第三，本书十分注重方言之间的内外比较，通过对齐语料的比较，既能从与别的方言的比较中发现本方言的特点，也能看出本区之内不同方言的异同。例如“有字句”（“有”可以用于谓词之前）就是闽粤方言共有的、其他方言没有或少见的，但是闽语和粤语之间有不同，闽语之中也有差异；又如量名结构可以表定指（个人好机灵：这个人很机灵；那个人很机灵），这是潮汕闽语和粤语共有的，在其他闽南话中就没有。可见只有经过大面积的内外比较，才能真正了解一个方言区或者一个方言点的真正的个性特征。研究一种语言的终极目标应该是明确它与其他语言的相同之处和独特之点，就这一点说，调查和描写只是基础的工作，只有进行了内外的比较和分析，才是真正的研究的开始。本书的比较研究也是堪称范本的，相信它将会给其他方言的语法比较研究提供许多有益的启发。

第四，本书的作者不但能长期坚持艰苦的实地调查，也能认真细致地对大量的语料进行比较分析，在分析研究的过程中还有一种难得的理论思维习惯，善于发现特征，对特征性的事实进行概括。这种理论探讨的思辨精神对于中国学者来说是很可贵的。语言研究的首要任务在于调查实情、罗列事实，然而绝不能止步于描写事实，而应该能够通过比较分析，认清惯常的现象和特异的事实，并且善于表述其殊异的状况和性质，从而在理论上建立新的概念和范畴。施其生先生就具备了这种追求真理的科学精神。例如，闽南话的“有字句”有人曾认为是表示“过去式”或“完成体”的，他通过语义的分析和“情态”义的类聚比较，认定了闽南话的“有”是“表肯定”的助动词，说得很透彻。又如他第一次提出，汕头话的重叠式有“动词短语”的重叠，用来表示对状况的一种描写性的形容。其具体格式还相当多样。例如，无钱使无钱使（没多少钱用了），爱落雨爱落雨（快要下雨的样子），生菇生菇（像是发霉的样子），无人探听无人探听（似乎没什么人理睬），并指出其语法功能在用作谓语和补语之外，还可以用作主语、宾语和用来修饰名词性成分。像这样进行了意义、功能和分布的全面分析，为特定的语言现象建立一个语法范畴，就很有说服力了。可以说，本书努力创建了一个具有创新性的闽南方言语法分析框架，理论上有很多创新，整个框架很适合汉语方言的实际，因此，对后来的研究者是富有启发性的。

汉语方言语法的研究方兴未艾，道路漫长，前景广阔，愿同行们共同努力。

链式演变中的/a/韵母空档

——来自粤北连州沙坊话的报告

麦　耘

（江苏师范大学语言科学与艺术学院/

中国社会科学院语言研究所）

提　要　古假摄二、三等韵字在粤北连州沙坊土话中分别为/o/和/e/韵母，该方言老派口音中除少数边缘音节和外源词外，几乎没有/a/韵母字，形成一个空档；而古效摄一、二等韵字在老派读/aɔ̆/韵母，但其中的/-ɔ̆/尾很弱，这个复合元音的动程很小，且有时单化而读成/a/韵母，在新派则已完全变为/a/。此方言从老派到新派经历了拉链演变中单元音/a/韵母从空档到被填补的阶段。文章还讨论了几个与语音演变有关的理论问题。

关键词　粤北土话　沙坊话　/a/音位　韵母空档　链式演变

1. 引言

1.1　连州市位于广东省西北部，为清远市下属的县级市，在1994年以前为连县。处粤、湘两省交界之地，与之毗邻的有：西南方的连南瑶族自治县、东南方的阳山县（以上属广东省）、东北方的宜章县、北方的临武县、西北方的蓝山县和西方的江华瑶族自治县（以上属湖南省）。隔着连南和江华，离广西壮族自治区的贺州市八步区（1997年以前的贺县）最近处仅20

余公里。面积2663平方公里，2010年的人口资料约为55万人。

据不完全准确的资料，连州有超过一半人口讲“连州土话”。[①] 其余人口中比较多的一部分讲一种客家方言。境内有两种粤方言：一是“广府话”（近似广州话，唯广州话的/－m/和/－p/韵尾分别归到/－n/和/－t/里），主要居住在市政府所在地连州镇的数万人以此为母语，不过由于不同方言者之间一般用“广府话”交流，故母语为其他方言而能熟练讲“广府话”的双方言人在连州占大多数；二是“四会声”（一种据说来自本省四会的粤方言），主要分布在西部和南部，有数万人。北部靠近湖南的一些地方流行“湖南声”，是在湖南南部通行的一种西南官话。另有少数瑶族人口讲瑶语。（参见张双庆主编，2004）

1.2 笔者与吉首大学邹晓玲博士于2014年11月、2015年12月和2016年5月在连州对一种以前从未见报道、使用人口很少的方言进行了调查。该方言本地人称“沙坊声”，本文称为“沙坊话”，主要分布于沙坊村和沙坊冲村，这两村也只说这种方言。两村直线距离约1.5公里，位于连州市的西部偏南、连州镇西北十余公里处。沙坊村有1300余人，沙坊冲有400余人，后者由前者的居民迁出形成，两地方言仅在一些语气词等方面有小差异。说沙坊话的人除这两村外，在连州另有数处零星分布，合共人口不足2000人。沙坊话与连州境内其他各种方言都有相当差异。

此两村除外地嫁入的妇女外，均为石姓。连州石姓奉五代十国时曾任楚国（公元907～951，都城在长沙）水部员外郎的石文德（见宋人《五代史补》卷三、清人《十国春秋》楚七）为祖先，尊称“文德公”，其陵茔至今尚存，石姓人以时拜祭。石姓在连州分布相当广，亦有迁往广东其他县市及湖南者。连州的石姓人相信沙坊话保存了文德公以来的祖宗之言，故谓之“祖公声”；不过，除沙坊和沙坊冲两村外，其他地方的石姓基本上都讲别的方言。我们曾听到一些讲其他方言的石姓人以自己不会说“祖公声”为遗憾。

① “连州土话”是学术界的命名，本地人或以所在村镇地名，或以其方言中的特殊词语而称“××声”，有的又被称为“蛮声”，并无统一称呼。方言学界把连州土话归入系属未明的粤北土话（韶州土话）；张双庆主编（2004）大致将其分为五片，不过本文讨论的“沙坊话”无法归入五片中的任何一片。

我们的发音合作人有近20位，多为男性。[①] 主要发音人是60多岁的石木新，男，初中文化程度，农民、村干部。

沙坊话音系的总体面貌请参看邹晓玲（2016）。

2. 沙坊话的/a/空档及其候补者

2.1 古假摄字在沙坊话中基本不读［a］，二等韵是读/o/韵母，与果摄合流（如：加 = 哥［ko^{53}］｜麻 = 磨［mo^{33}］），三等韵则读/e/韵母（如：车［ts^he^{53}］｜夜［je^{42}］），都高化了。根据邹晓玲（2016），沙坊话里读/a/韵母的只有以下8个音节，每个音节都只有一个词：

①［ka^{44}］□嗰～：这里；边～：哪里

②［k^ha^{55}］□跨

③［$ŋa^{53}$］瓦

④［a^{42}］阿称人的词头：～伯，～哥，～娘

⑤［k^wa^{35}］□掬（量词，用于粒状、粉状物）

⑥［ta^{44}］□阿～：父之妹

⑦［ma^{55}］妈

⑧［na^{35}］㜷祖母

这里属于古假摄的只有一个“瓦”字。老派沙坊话管母亲叫“阿娘”，喊“妈”是非常新潮的，是晚近的外来词，可以不算。再把词头“阿”这个边缘音节撇去，/a/韵母就几乎是个空的音类。[②]

语言类型学认为，［a］是语音系统中最重要、必不可少的元音；而且

① 之所以女性发音人少，是由于村中已婚女性基本上是外村嫁来的非石姓人，虽多数能熟练讲沙坊话，但毕竟不是沙坊话母语者，不适宜作发音人，而未婚女性要么年龄太小，要么外出打工，不在村里。

② 严格地说，连［k^wa^{35}］音节都可以算作［ua］韵母。

它总是会在音系中以单元音韵母的身份充当音节的核心，这样的音节一般来说数量会相当多；在汉语方言中，没有单元音/a/韵母的音系固然难以想象，即便是/a/韵母中只有很少数音节、基本上可视为空档的音系，像沙坊话这样的，应该也极为少见。可以说，沙坊话是类型学上的一个“异数”，仔细观察这个个案，可能会看到一些有趣的现象。

2.2 不过，老派沙坊话中有一个近似读［a］的韵母，就是/aɔ̆/韵母［邹晓玲（2016）写作/$a^{ɔ}$/］，其/ -ɔ̆/韵尾非常短而弱。这个韵母的字来自古效摄一、二等韵。此韵母在我们调查的主要发音人、现任村支书的石木新口中相对稳定，大多数情况下都是/aɔ̆/。但这个韵母有时会出现一些自由变体，包括不同发音人的变体和出自同一发音人的变体，主要是复合元音趋于单化，直至读为［a］，尤其是在中青年人的口中。

笔者录了约20个人的音，基本的情况是：40岁以下的中青年已变为/a/，老年人保存旧音尚好，但也已有变异现象。图1是五位男性发音人所发6个字音（由左至右为不同声母的“饱/p -/、高/k -/、好/h -/、到/t -/、老/l -/、抄/ts^{h} -/”）的共振峰图谱（用praat软件制作）。

可以从两个角度观察语图：F1（第一共振峰）的尾部或后半段是否明显下降（对应韵母收尾的元音舌位是否上升）和F2（第二共振峰）尾部或后半段是否明显下降（对应韵母收尾的元音是否圆唇；鉴于F2下降也可能表示舌位后撤，所以是否圆唇需要结合听感来判断）。今将两者均明显下降者标为/aɔ̆/；两者均无明显下降者为单元音/a/；F1不降而F2降者为［aɒ̆］；F1下降而F2不降者则为［aʌ̆］。当然，下降的程度和下降段的长度也有差别，不过没法分太细了。表1是用音标来说明图1（省略声调）；发音人后括注的是出生年份。

表1 五位发音人对6个古效摄一、二等韵字的读音

	文化程度	饱	高	好	到	老	抄
石世坚(1929)	小学	paɔ̆	ka	haɔ̆	taʌ̆	laɒ̆	ts^{h}a
石万辉(1931)	小学	paɔ̆	kaɒ̆	haɔ̆	taɔ̆	laɔ̆	ts^{h}aɔ̆
石扬超(1937)	高中	paɔ̆	kaɒ̆	haɔ̆	taɔ̆	laɒ̆	ts^{h}aɔ̆
石木新(1947)	初中	paɔ̆	kaɔ̆	haɔ̆	taɔ̆	laɔ̆	ts^{h}aʌ̆
石宝辉(1981)	初中	pa	ka	ha	ta	la	ts^{h}a

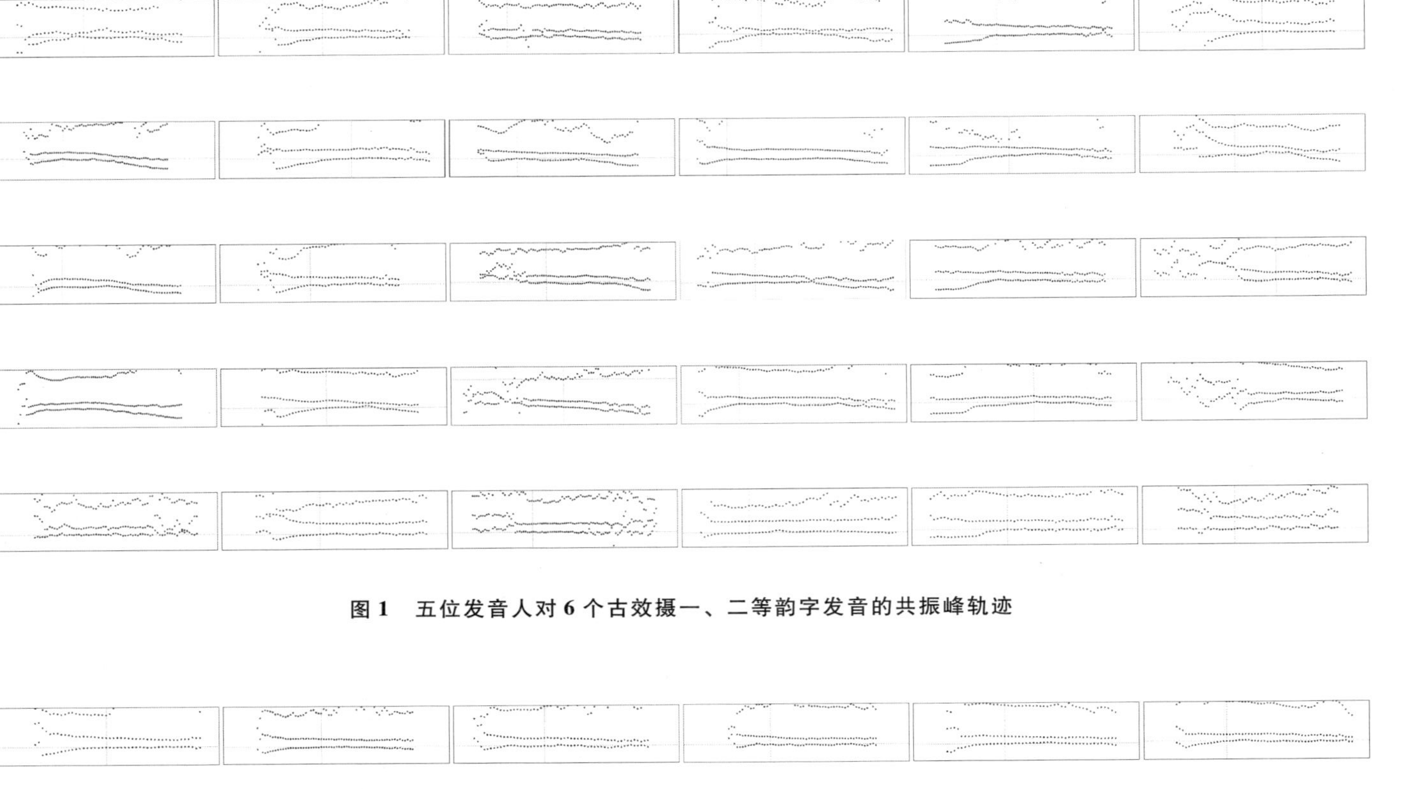

图1　五位发音人对6个古效摄一、二等韵字发音的共振峰轨迹

图2　三位发音人对“刀”字不同读法的共振峰轨迹

鉴于中年以下的发音人口音基本一致，为免繁复，本文只取了石宝辉一人，在他的口音中，古效摄一、二等字/aɔ̆/已经全都读成单元音/a/；老年人口音除石世坚所读“高、抄”两字外，都还保持复合元音韵母，但也有单化趋势。其中［aʌ̆］由于失去尾部的圆唇性，听感上跟单元音［a］差别很小。

2.3 进一步的观察可发现情况更复杂一些。图 2 是石世坚以外的三位老人对“刀”字两次发音的共振峰轨迹，三位发音人从左到右是：石万辉、石扬超、石木新。

同样用上面的方法给这些字音标音，见表 2：

表 2 三位发音人对“刀”字的不同读法

石万辉		石扬超		石木新	
刀 1	刀 2	刀 1	刀 2	刀 1	刀 2
ta	taʌ̆	taɔ̆	taʌ̆	taɔ̆	taɒ̆

可见他们的发音也不稳定，哪怕是同一人读同一字。即便是发音相对稳定的石木新，口语中有的古效摄一、二等字也读成单元音。例如调查词汇时，我们问锄草怎么说，他回答：［ha^{53} tin^{33}］。后一字是“田”没问题，前一字我们要想一想才会意识到是“薅”字（当时我们特意写了出来，了解到石木新不认识这个字），是《广韵》豪韵晓母平声字。

3. 初步讨论

3.1 拉链作用和/a/空档

语音的链式演变有两种：拉链和推链。在实际研究中，链式演变相当常见，但究竟是拉链还是推链，有时不容易判断。在本文讨论的个案中，/aɔ̆→ a → o/这条音变链很明白地表现出是拉链而非推链。历史上这个音系中原本读 * a 的是假摄字，这个假设应该没有问题。其假摄开口二等字现在非常稳定地读/o/，可见它们从［a］位置上离开已经有一段时间了。从沙坊老年人口中古效摄字读/a/韵母的不多且不稳定这一情况来看，/aɔ̆/向/a/转变的过程才开始时间不长，尽管在中青年人中已经完成。毫无疑问，这个演变的动力是/a/空档需要填补而造成的拉链作用，或者说是空档的“吸引”作用，而不好理解为这个演变推动假摄字离开/a/位置向高化发展。[①]

为了更清楚地看看沙坊话里这个空档到底有多空，下面列出与上所列8个/a/韵母字相对应的/aɔ̆/韵母音节（邹晓玲，2016）：

①’[kaɔ̆⁴⁴]—　　②’[kʰaɔ̆⁵⁵]□混和[②]

③’[ŋaɔ̆⁵³]咬　　④’[aɔ̆⁴²]—

⑤’[kʷaɔ̆³⁵]#　　⑥’[taɔ̆⁴⁴]到

⑦’[maɔ̆⁵⁵]—　　⑧’[naɔ̆³⁵]—

横杠表示该音节没有读该声调的词，#号表示无此音节。实际上有对立的仅3个音节，每个音节也仅有一个词（诚然都是常用词）。

在汉语方言中，假摄字高化是相当常见的现象，尤其是在吴、湘方言中。在湘、桂、粤交界的土话，包括连州土话里，这种情况也是处处可见。古效摄、蟹摄字或某些古入声韵字脱落韵尾，变成单元音/a/，正好填补了假摄高化前的空档的情况，也不罕见。这当然是链式演变，但到底是拉链还是推链，并不是很清楚。沙坊话对这些方言的研究似能起到某种参照作用。

另一个与此相关而令人感兴趣的情况，是在沙坊话中，假摄高化之后、效摄单化之前，/a/韵母有一段处于基本上是空档的时期，而且这段时期还不会很短。在此方言中，至少就一部分人的语言系统来说，这个时期现在还在经历中。这在语言类型学上是一种很特殊的景象。

① 关于空档填补和链式演变，请参看 Matinet（1955）。

② 此词的意义与“广府话”的［kʰɐu⁵⁵］完全对应（还可能对应普通话“勾兑”的“勾”），读音上声母相同、韵母接近（唯“广府话”属侯韵音），调值相同而调类不同（“广府话”为阴平而沙坊话为阴去）。我们怀疑这是个从“广府话”借入的词。

3.2 语音渐变和突变

新语法学派重视语音的渐变。沙坊话从/aɔ̆/到/a/之间确有一条渐变链。图1中的双元音音节，有的共振峰下降得比较大，有的则只是略微下降，有的下降段很短；还有的是尾音不圆唇，例如石世坚的“到”和石木新的“抄”，对录音的听辨也证实是如此，其听感与单元音［a］很接近，就像是发完［a］以后嘴巴因回复自然状态而收小，而不是要发出一个韵尾来。

这样可以想象：沙坊话效摄一二等韵字原本是 * au 或 * ao，后来动程变小，成为/aɔ̆/，然后韵尾越来越弱、越来越短，圆唇度也在减弱，越来越近似单元音［a］，这些渐变积累起来，最后终于由渐变转化为突变、量变转化为质变，完全成为单元音/a/，即石宝辉这一代的读法。

从代际递变的角度说，儿童听上辈人说话，［a］后面的韵尾不清晰，而且基本上不会因此造成意义理解上的障碍（如上所述，/aɔ̆/与/a/韵母基本上没有对立）。儿童在学大人说话时就会进一步忽略这个韵尾，甚至直接说成［a］，于是音位上也就逐步变为/a/。这就是奥哈拉（Ohala，1981）所言音变的“听者启动”（对于学话的儿童来说就是“习得者启动”），是语音渐变的重要枢纽，也是从渐变到突变的转折点。

有意思的是，当笔者指出85岁的石世坚和33岁的石宝辉两人对效摄字的读音有差异时，他们都一致予以否认，尤以老者否认得坚决。这也许是由于他要在外人面前维护“祖公声”的纯洁名声。不过笔者感到他当时确实没觉出比他年轻半个世纪的那位后辈的发音有什么问题（上节也显示，一部分老派/aɔ̆/在他的口中也变/a/了）。我们也跟石木新讨论过这个问题，他反复念叨了很久，才若有所思地点头认可。可见，不论是渐变还是突变，都是在母语者不知不觉之中完成的。

3.3 词汇扩散现象

与新语法学派音值上注意渐变、音类上主张整齐划一的演变不同，词汇扩散理论更重视观察词汇在音位之间离散式的逐一跃进（王士元，1979）。

就图 1 和表 1 所列的例字看，老派的/aɔ̆/在石宝辉口中都变为/a/，就像是一个口令下达之后的全体转向，表面上确实跟新语法学派的假设吻合；但石世坚的“高、抄”等字已经率先从/aɔ̆/变为/a/，而其他字还没变，这是零散的或小批的“跳槽”，需要用词汇扩散理论才能很好地解释。显然，石世坚还处于词汇扩散的半道儿上，而石宝辉则到达了把词汇扩散进行到底的阶段。新语法学派强调的是演变的最终结果，而词汇扩散理论则展示了演变的过程。

词汇扩散理论还指出，在语音历时转变的过程中会有一个共时变异的中间阶段：正在变化的词汇会同时具有旧读（未变形式）和新读（已变形式），即一词两音。这是联系新旧两个音位的桥梁。图 2 和表 2 显示，在老派读法中，“刀”这个词读复合元音韵母或单元音［a］韵母都可以，是自由变体，就是说，它正处在两读的中间阶段，是演变的半途。当旧读消失、新读成为唯一读音（如新派读法）之时，转变就完成了。

3.4 人际扩散现象

社会语言学非常重视个人差异在语言变异中的作用（参见拉波夫，2001）。

现年 80 多岁的石世坚只读过小学，在他口中已经有一些/aɔ̆/韵母字变成/a/韵母字，但比他小 18 岁的石木新还基本上坚持/aɔ̆/的读法，这可能跟他曾读到初中，而且当村干部有关。比他年长 10 岁的石扬超口中的/aɔ̆/也基本不变为/a/，他是高中毕业。不过仅比石世坚小 3 岁的石万辉也是小学程度，而他的/aɔ̆/韵母还比较完整。可见教育程度会起一些作用，但不是绝对的。沙坊话内部个人差异的详细情况尚有待进一步调查，而有一点可以肯定，沙坊话/aɔ̆/韵母之单元音化作为一项语言变异，是个人差异积累的结果。这也可以叫作“人际扩散”。

3.5 音位和音位变体的交缠

虽然石世坚在“高、抄”等字上的发音跟其他几位老人不同，然而他和其他人都异口同声地强调他们之间口音的一致性，如同石世坚坚持说石宝辉的口音跟他本人没差别。这暗示在他们心目中的音位系统认可这些字的不同发音。这说明转变中的词汇在发音（输出）上可以一字两音，在感知（输入）上也是如此，就是说，母语者感受不到其中区别。从共时音系的角度说，这两种读法可以说是相当于自由变体。

但问题是，这里的/aɔ̆/韵母和/a/韵母仍应视为两个音位。不同的音位却能处于互为自由变体的地位，这是在音位将要合并的历时演化过程中会出现的一种特殊情况。这在其他音系中有时也会出现，例如广州话老派的/l/和/n/两个声母到新派合并为一个声母的当口就曾有过。而且沙坊话还更特殊一些，即其中一个音位/a/几乎是空档，这就使这种情况更易于发生。这里又可以看到共时与历时的另一种接口。

五个发音人未必能代表全体讲沙坊话的人，寥寥几个字音也不能反映所有古效摄一、二等韵字的读音。但即便只根据这些有限的材料，仍可窥见这类字在沙坊话里纷杂表现之一斑。无论如何，/aɔ̆/韵母单元音化而为/a/、填补/a/韵母空档的趋势，是能够清楚看出来的。

参考文献

王士元：《语言变化的词汇透视》（中译本），载《语言的探索——王士元语言学论文选译》，北京语言文化大学出版社，1979/2000。

张双庆主编《连州土话研究》，厦门大学出版社，2004。

朱晓农：《语音学》，商务印书馆，2010。

邹晓玲：《粤北连州沙坊话音系》，《方言》2016年第4期。

拉波夫：The Study of Language in Its Social Context.《拉波夫语言自选集》，北京语言文化大学出版社，2001。

Martinet, Andret（马丁纳）. 1955. Economie des changements phondtiques. Berne: France. *American Journal of Philology*.

Ohala, John J.（奥哈拉）. 1981. "The Listener as a Source of Sound Change." In C. S. Masek, R. A. Hendrick & M. F. Miller, eds., *Papers from the Parasession on Language and Behavior*. Chicago Ling. Soc.

Rhyme/a/ so 'Case Vide' in Chain Shift: A Report from Shafang Dialect

MAI Yun

Abstract: The words of second and third divisions in *Jia* group (假摄) in MC. Chinese belong to the rhymes /o/ or /e/ in Shafang dialect, so this dialect doesn't have words in the rhyme /a/ practically, which lead to a gap of rhyme /a/. On the other side, the words of first and second divisions in *Xiao* group (效摄) have two rhyme pronunciations: One is /aɔ̆/ that bears a feeble end /-ɔ̆/ and its compound contour is very slight, and the other is /a/. The old people pronounce /aɔ̆/ usually, but /a/ occasionally, and the middle-aged or young people pronounce /a/ without exception. There is a chain shift that fills the 'case vide' /a/ with the new phonology to replace the old. Besides, this paper discussed some theory questions of phonicevolution.

Keywords: the dialect of Yuebei, Shafang dialect, /a/, case vide, chain Shift

双宾结构的句法分析与 VP 语壳结构理论析疑*

袁毓林　徐　杰

（北京大学中文系/中国语言学研究中心/计算语言学教育部重点实验室　澳门大学中国语言文学系）

提　要　本文通过评论 Larson（1988）提出的双宾结构的衍生机制，说明语壳结构及空动词（或轻动词）并不是语法理论的必要构件。首先讨论双宾结构的句法辖域与成分统制关系问题，说明代词照应与否定辖域分析并不一定需要成分统制概念，还分析了他主张的与格结构的句法层次结构的人为性；接着指出他的“动词提升”和“轻谓语提升”分析存在的问题；然后分析他用类似被动式衍生的过程来设想从与格结构到双宾结构的衍生所带来的问题，指出双宾结构的被动式衍生在两种宾格的指派上缺少根据；并且无法解释真正的客事和与事被动式为什么不从其假定的有关深层结构上直接衍生；还说明了与格结构和双宾结构变换的不完全能产性，不能不诉诸其中谓语动词的词汇-语义特点；最后通过追踪他对双宾结构的深层结构的投射过程的设计，揭示其一层层繁复的语壳结构是由一开始设定了过于简单而整齐的短语结构规则而造成的；特别指出其核心重新分析机制可以使本来及物性参差不齐的

* 本文得到教育部人文社会科学重点研究基地重大研究项目“汉语意合语法框架下的词汇语义知识表示及其计算系统研究”（编号：18JJD740003）和澳门大学研究委员会立项课题“标题口号语料中所见之语法创新及其语言学意义”（编号：MYRG2018－00201－FAH）的资助，承审稿人提出批评意见，谨致谢忱。

谓词跟其新版 X－阶标（X-bar）理论上的及物谓词的概念对齐，从而使得语壳结构在表面上能够罩住各种复杂类型的动词及其相应的语句结构。

关键词 双宾结构 与格结构 空动词 轻动词

1. 引言

袁毓林（2019）从人类语言本质上是一种转喻性的符号系统的角度，说明语法理论不需要为语言假设这么多的空语类或轻动词等隐变量，以及语壳结构或 DP 结构等看不见的句法结构。现在，我们发现，即使引入这些隐变量和隐结构，也未必真的能够清楚地解释有关结构的来源与意义。考虑到轻动词寄生于语壳结构，而语壳结构又导源于 Larson（1988）对于英语与格结构（dative construction）和双宾结构（double object construction）的转换关系的研究，本文通过详细剖析 Larson（1988）对于这两种结构的衍生关系（derivational relation）的处理及其理据和问题，来说明语壳结构和轻动词是不是语法理论的必要构件。

本文的篇章组织也顺着 Larson（1988）的结构，先讨论双宾结构的句法辖域与成分统制关系问题，说明代词照应与否定辖域分析并不一定需要成分统制概念，还分析他主张的与格结构的句法层次结构的人为性；接着，指出他的“动词提升”分析和“轻谓语提升”分析存在的问题；然后，分析他用类似被动式衍生的过程来设想从与格结构到双宾结构的衍生所带来的问题，指出双宾结构的被动衍生分析在两种宾格的指派上缺少根据；并且，无法解释真正的客事和与事被动式为什么不从其假定的有关深层结构上直接衍生；还说明了旁格（与格）结构和双宾结构变换的不完全能产性，不能不诉诸其中谓语动词的词汇－语义特点；最后，通过追踪他对双宾结构的深层结构的投射过程的设计，揭示其一层层繁复的语壳结构是由一开始设定了过于简单而整齐的短语结构规则造成的；特别指出其核心重新分析机制可以使本来在及物性上参差不齐的谓词跟其新版 X－阶标（X-bar）理论上的及物谓词的概念对齐，从而使得语壳结构在表面上能够罩住各种复杂类型的动词及其相应的语句结构。

2. “句法辖域的不对称”不是一个真正的问题

Larson（1988：336－337）说，Barss and Lasnik（1986）曾经指出，英语双宾结构的两个宾语，在成分统制（c-command）方面表现出一系列的不对称性（asymmetries）。例如：①

（1） a. I showed Mary herself.

b. ＊I showed herself Mary.

（2） a. I gave every $worker_i$ his_i paycheck.

b. ＊I gave its_i owner every $paycheck_i$.

（3） a. Which man_i did you send his_i paycheck?

b. ＊$Whose_i$ pay did you send his_i mother?

（4） a. Who did you give which paycheck?

b. ＊Which paycheck did you give who?

（5） a. I showed each man the other's socks.

b. ＊I showed the other's friend each man.

（6） a. I showed no one anything.

b. ＊I showed anyone nothing.

上述句子谓语部分的形式类（form class）序列大都是“V＋NP1＋NP2”，如果在成分结构关系（constituent structure relation）上是NP1成分统制NP2，那么在理论上就没有问题。因为，（1a）中的NP2“herself”

① 对于这些例子，我们重新进行了编号；有的地方还改变了说明的方式。下文也是这样，不再一一说明。

是反身代词（reflexive），必须受到其先行语（antecedent）NP1 “Mary” 的成分统制；（1b）违反了成分统制，所以不合格。（2a）中的 NP2 “his” 是代词（pronoun），在表层结构（S-Structure）上，它必须受到约束（bind）它的量化词（quantifier）NP1 “every worker” 的成分统制；（1b）违反了成分统制，所以不合格。根据弱跨越效应（weak crossover effect），在表层结构上，受包含代词的名词短语（NP）成分统制的疑问短语（*wh*-phrase），如果跟那个代词有共指关系（co-referential），那么这个疑问短语不能跨越那个名词短语而前移。在（3a）中，疑问短语 “Which man” 本来在 NP1 这个成分统制 NP2 “his paycheck” 这个包含代词的名词短语的位置上，所以并不违反弱跨越效应限制；（3b）违反了弱跨越效应限制，所以不合格。一般来说，一个疑问短语不能跨越另一个成分统制它的疑问短语而前移。在（4a）中，疑问短语 “Who” 本来在 NP1 这个成分统制 NP2 “which paycheck” 这个疑问短语的位置上，所以并不违反跨越限制；（4b）则明显违反了疑问短语的跨越限制，所以不合格。在（5a）中，each－短语 “each man” 本来在 NP1 这个成分统制 NP2 “the other's socks” 这个 other－短语的位置上，所以合格；（5b）则明显违反了 each－短语必须成分统制 other－短语的限制，所以不合格。在（6a）中，NP2 “anything” 是否定极项（negative polarity items），处于影响成分（affective element，一般是否定词语）NP1 “no one” 的成分统制域中，所以合格；（6b）则明显违反了否定词语必须成分统制否定极项的限制，所以不合格。

如果事情果真像上文所说的那样顺理成章，那么引入“成分统制”这种比较抽象和不容易清楚界定的概念，虽非必要，但也算是无害。问题是，剧情发生了反转。因为“成分统制”是根据句法层次结构的分枝节点（branching node）关系来定义的，所以有必要先来看一下英语双宾结构的层次构造。Larson（1988：337）引用了下列两种最常见的层次构造：

（7）

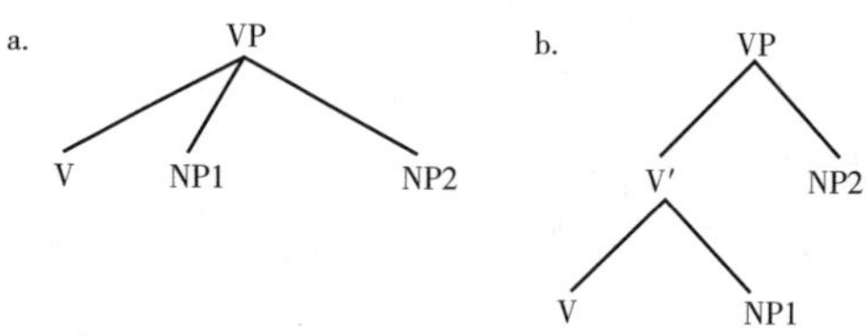

（7a）是 Oehrle（1983）提出的，（7b）是 Chomsky（1981）提出的。于是，根据 Reinhart（1979）基于第一个分枝节点的成分统制的定义，（7a）中的 NP1 和 NP2 是互相成分统制，因此，照理不会有例（1－6）中成分统制不对称的现象，即不应该看到例（1－6）b 不合格这种情况，并且在（7b）中反倒是 NP2 不对称地成分统制 NP1，据此，应该是 NP1 处于 NP2 的统制域中，而不是相反；这样，就应该是（1－6）b 合格，而（1－6）a 不合格。如果采用 Aoun and Sportiche（1983）基于包含在最大投射（maximal projection）中的成分统制的定义，那么（7a）和（7b）中的 NP1 和 NP2 是互相成分统制的；于是，也不应该有句法辖域（syntactic domain）的不对称性。面对这种理论假设和实际现象的矛盾，Larson（1988：338）设想了两种可能的结论：上述例（1－6）之类的句法现象不能单用成分统制来解释，还得援用诸如线性优先（linear precedence）之类的概念，或者这些事实的确是结构性的，涉及某种跟（7a）或（7b）都不同的构造方式（configuration），也就是说，双宾结构另有常人不知的构造。

Larson（1988：338）指出，跟双宾结构相应的与格结构也存在句法辖域的不对称性，但是不违反成分统制。例如：

（8） a. I presented/showed Mary to herself.（anaphor binding）

b. ＊I presented/showed herself to Mary.

（9） a. I gave/sent every check$_i$, to its$_i$, owner.（quantifier binding）

b. ?? I gave/sent his$_i$ paycheck to every worker$_i$.

(10) a. Which $check_i$ did you send to its_i owner? (weak crossover)

b. * Which $worker_i$ did you send his_i check to?

(11) a. Which check did you send to who? (superiority)

b. * Whom did you send which check to?

(* To whom did you send which check?)

(12) a. I sent each boy to the other's parents. (each... the other)

b. * I sent the other's check to each boy.

(13) a. I sent no presents to any of the children. (negative polarity items)

b. * I sent any of the packages to none of the children.

假定这些与格结构句子的谓语部分有下面两种可能的句法构造：

(14)

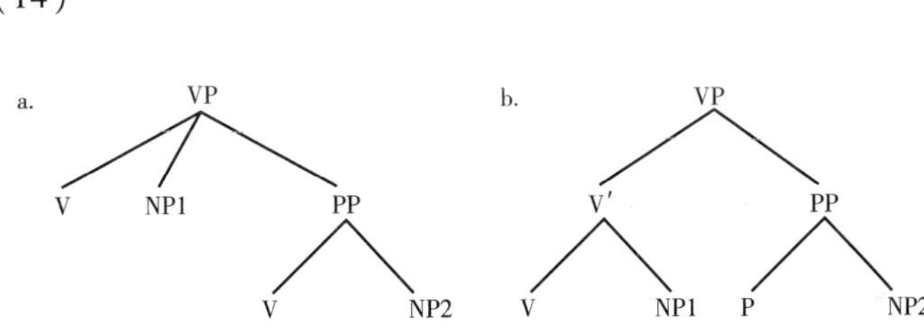

那么，在（14a）中，NP1不对称地成分统制NP2，因为根据Reinhart（1979）关于成分统制的定义，支配（dominate）NP2的分枝节点（PP）并不支配NP1。同样，在（14b）中，NP1也不对称地成分统制NP2，因为根据Aoun and Sportiche（1983）关于成分统制的定义，包含（contain）NP2的最大投射（PP）并不包含NP1。于是，Larson（1988：339）就提出了千古一问：如果在与格结构中，补足语之间［在统制关系和句法辖域上］的不对称性是由介词短语（PP）引起的，那么，在双宾结构中并没有介词短语，为什么却看不到对称性的句法表现（symmetric behavior）呢？

我们认为，这种所谓的句法辖域的不对称性问题，是由成分统制概念及其理论体系内部制造出来的假问题。对于双宾结构（1－6）和与格结构（8－13）这两组句子来说，其中代词照应、否定辖域等的不对称性，都是可以利用最直观和明显的线性顺序关系来说明的：先行语在先，照应语在后。更妙的是，这两组句子中的 NP1 和 NP2 的论旨角色正好对调；但是，句法成分之间的表层语序依然压倒论旨关系及其可能为之设计出来的各种深层结构关系，显性地在照应关系中起着决定性的作用。事实上，对于英语这种相较于其历史和亲属语言，形态不断衰减、语序功能逐步上升的语言来说，这已经是一个路人皆知、不证自明的事实。抛弃线性顺序这种具有直观的物理意义的形式线索不用，诉诸认识纷歧、言人人殊的成分统制关系之类有无心理学现实性尚不得而知的“结构线索”，结果，不仅原来清楚明白的事情反倒是讲得复杂糊涂了，而且凭空惹出一大堆矛盾和问题来。

3. 句法层次结构分析的理论自由度

为了更加方便地说明双宾结构的衍生过程，Larson（1988：339－340）引入 Chomsky（1955/1975）关于与格结构的另一种分析：包含间接宾语的介词短语（PP）本来跟动词挨在一起，后来通过外置（extraposition）而移位到直接宾语之后。这样，就不需要把补足语之间［在统制关系和句法辖域上］的不对称性归因于（attribute to）介词短语（PP）了。例如：

（15）a. The teacher gave several books to him. ←

b. The teacher [gave to him] several books.

据此，（15b）中的间接宾语实际上是“内层宾语”（inner object），它跟动词组成一个结构成分（constituent），从而把表层的直接宾语排除在［核心的动词短语之］外。于是，跟（14a，b）一样，与格动词（dative verb）的两个补足语之间存在底层的不对称性（underlying asymmetry）：间接宾语（NP2）在直接宾语（NP1）的结构辖域（structural domain）之中，而不是相反。如图（16）所示：

（16）

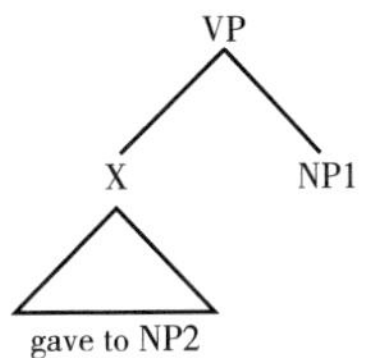

可见，这种不对称性跟介词结构无关，而是由标记为 X 的分枝节点（假定为 V 的某种投射）引起的。另外，（16）中的句法结构以及对于论旨结构与层次结构的关系之假设，均迥异于（14）。在（14a）中，两个补足语在结构上是同等［重要］的，都是 V 的姐妹［节点］。这对应于这样的观点：客事（theme）和目标（goal）都由 V 指派，后者有来自介词的贡献。在（14b）中，直接宾语单独作为 V 的姐妹［节点］，而间接宾语短语是小动词性成分（small verbal constituent）V′的姐妹［节点］。这又对应于这样的观点：直接宾语单独从 V 那里直接接受一个论旨角色，而间接宾语组合性地（compositionally）从 V′那里接受它的角色。实际上，结构（16）作出了跟（14b）相反的论断：间接宾语才是动词的直接论元，而直接宾语 NP1 是从短语式动词（phrasal verb）“give to him”那里接受的论旨角色。

Larson（1988：339 – 340）的上述说明，令人感到：在语言学家手下，所谓的“句法层次结构”具有太大的理论自由度，在一定的程度上好像是“任人打扮的小姑娘”。比如，与格结构可以像（14a）那样，让动词跟两个补足语（直接宾语和包含间接宾语的介词短语）并列；也可以像（14b）那样，让动词跟直接宾语先组合，再跟包含间接宾语的介词短语组合；甚至可以像（16）那样，让动词和包含间接宾语的介词短语这两个不连续的成分先组合，再跟直接宾语组合，跟随这种“甚合朕意”的句法层次结构，再给出相应的论旨角色指派方式。当然，Larson（1988：340 – 341）为（16）

这种源于 Chomsky（1955/1975）的分析，从两个方面进行了辩护。第一，Marantz（1984）曾经断言：给主句主语指派论旨角色的是 VP，而不是单个的 V。因为，他观察到，由及物动词加宾语组成的谓语［的语义］，通常依靠宾语的贡献。例如：

（17） a. throw a baseball.

b. throw support behind a candidate.

c. throw a boxing match.

Larson（1988：340－341）发现，与格结构中也有类似的现象。例如：

（18） a. Beethoven gave the Fifth Symphony to the world.

b. Beethoven gave the Fifth Symphony to his patron.

c. Beethoven created the Fifth Symphony.

在（18b）中，我们读到的是物品（physical object）的转让（transfer），比如，写着乐谱的一叠纸转移到某个人手中。而（18a）中所有关系的转让是隐喻性的，整个句子大致跟（18c）意义相同。据此，他指出：对直接宾语的确切的语义角色的指派，取决于出现在目标短语中的接收者的性质。我们认为，他的观察和说明大概不错。但是，他对于语义角色的考虑层次过于具体和细微。按照他的这种思路，我们也可以找出一批直接宾语决定间接宾语的确切的语义角色的例子来。例如：①

（19） a. John offered his help to Tom.

b. John helped Tom.

（20） a. John gave a surprise to Tom.

① 例（19）和（20）由周韧教授提供，谨致谢意。

b. John surprised Tom.

显然，（19a）中间接宾语“Tom”的受益者语义角色，受到直接宾语“help”的决定；（20a）中间接宾语“Tom”的受惊者语义角色，受到直接宾语“surprise”的决定。

动词和它的外层补足语（outer complement）可以形成一个单一的论旨复合体（a single thematic complex）这种观念，还得到 Emonds（1972）所提到的诸如下列这种不连续的成语（discontinuous idiom）之类事实的支持。例如：

（21） a. Lasorda *sent* his starting pitcher *to the showers.*

b. Mary *took* Felix *to the cleaners/ to task/ into consideration.*

c. Felix *threw* Oscar *to the wolves.*

d. Max *carries* such behavior *to extremes.*

在（21a）中，与格动词“send”跟补足语短语“to the showers”互相呼应，给宾语“his starting pitcher”指派论旨角色。其他例子也一样，斜体标记的不连续部分形成了一个底层成分（underlying constituent）。但是，我们也可以找到相反的情况，即 Larson（1988：341）附注 4 所指出的，与格结构“V + NP + PP”中，也有纯粹的“V + NP”成语。例如：

（22） a. Our ignorance [gave way] to enlightenment.

b. Mary [gave birth] to a bouncing baby boy.

c. This event [gave rise] to a lot of trouble.

总而言之，每一种句法层次结构分析，似乎都可以找到一些支持的证据，也可以找到一些反对的证据。在这种情况下，我们倾向于选择尽可能跟表层语序比较一致的成分结构分析，尽量不假设不连续的成分组成某种底层成分；更不赞成为了证明某种另类的（alternative）分析方案的有效性，而为某种普通的句子结构特设某种人为性很强的句法层次结构。

4. “动词提升分析”内部的和谐性问题

在前述论证的基础上，Larson（1988：342）为与格结构设计了下列句法构造：

（23）

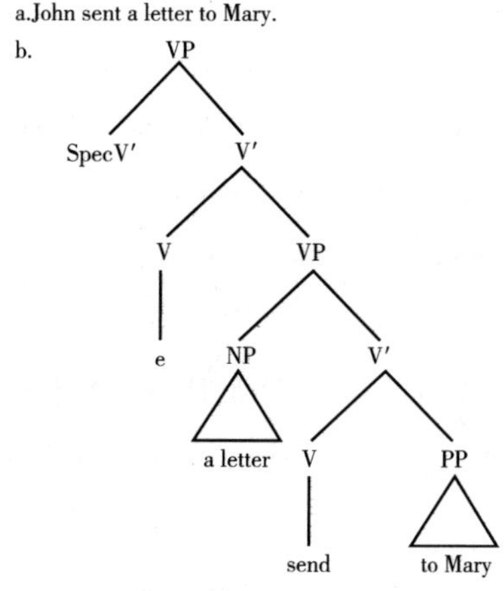

其中，VP的核心V′由空动词（empty verb）带VP补足语组成；这个VP补足语的指示语（specifier）是“a letter”，其中心语是“send”；这个中心语唯一的补足语是介词短语“to Mary”。这种构造在直觉上可以理解为：“send”带补足语“to Mary”形成小谓语（small predicate）“send-to-Mary”，再作内层主语“a letter”的谓语，形成类似小句结构的VP“a letter send to Mary”。这个VP再作诸如“John”之类主语的谓语，形成完整的句子（23a）。当然，“John a letter send to Mary”不是合格的（well-formed）英语句子，所以，假设动词“send”移动到空动词位置，即Baker（1985）和

Chomsky（1986a）所谓的“从核心到核心的”移位（head-to-head movement）。这个移位在原址留下了语迹（trace），并且建立起一系列同指标的（coindexed）动词位置（V positions）。这种动词提升（V Raising）又是遵从 Infl、V 和 NP 的某种格（case）和一致关系（agreement）等的要求。具体细节，这里不再复述。

如果我们跳出各种概念术语摆成的迷阵，从与格结构最现实的表层成分结构来看，那么，上述动词提升分析方案无非干了两件大事：第一，把紧跟在与格动词之后的直接宾语（客事）支走，以便引导与事的介词短语直接紧跟动词组成“小谓语”；第二，把动词提升到上层大谓语的空动词的位置，以便被打发到动词之前作所谓指示语（主语）的直接宾语最终又回到动词之后。经过这么一番兜兜转转的乾坤腾挪，表层结构依然还是原来的形式类序列“V + NP + PP”（如：send a letter to Mary），但是句法成分之间的层次结构关系发生了深刻的变化：直接宾语 NP 成分统制旁格宾语（oblique object，这里是 PP）是由这两个成分的句法地位决定的，而不是依赖于由介词短语所引导的结构，[①] 最终使得由所谓的结构关系定义成分统制关系，再由抽象的成分统制关系（而不是表层语序）来说明代词照应、否定辖域等的不对称现象的理论目标不至于落空。

Larson（1988：345）指出，这种分析有助于解释与事补足语并列结构这个难题。例如：

（24）a. John sent a letter to Mary and a book to Sue.

b. I gave five dollars to Maxwell and three dollars to Chris.

如果从上文（14a，b）那样的与格结构分析的角度来看，这些例句是有问题的，因为，其中的后一个并列项“a book to Sue”和“three dollars to Chris”并不是一个句法成分（constituents）。现在，从动词提升的分析角度

① 详见第 1 节中对（14a，b）两种句法构造的讨论。

来看，这些例句中的动词经历了跨边界移位（across-the-board movement），比如，（24a）中的“a letter sent to Mary”和“a book sent to Sue”本来都是合格的并列成分，后来两个动词“sent”都移动到空动词的位置，形成（24a）那样的形式。

我们认为，这种分析尚有未尽事宜：两个并列小谓语中的两个实义动词“sent”是同时还是先后移动过去的呢？如果是同时移动，那么会不会撞车？如果不同时，那么哪一个先移动，为什么？还有，已经被先移动过去的“sent”占据了空动词位置，还能不能（或怎么）接纳后移过来的动词“sent”？看来还真是“刚刚按下了葫芦，又浮起了瓢”呢。

更何况，还有 Larson（1988：346）自己提出的问题：如果把直接宾语看作小谓语 VP 的主语，那么根据约束理论，像 himself 之类的照应语必须在其最小的支配语类范畴（minimal governing category）中受到约束；于是，下面例（25）中的照应解读就有麻烦。

（25） Mary entrusted [$_{VP}$ the task [t to herself]]

根据 Chomsky（1981）的定义，最小的支配语类范畴就是包含一个主语和一个词汇性支配者（lexical governor）的最小的最大投射（smallest maximal projection）。这样，上例中的照应语“herself”就应该把最近的 VP 的主语“the task”作为先行语，而不能是遥远的 IP 的主语“Mary”。但是，这显然是不符合事实的。那么，这有没有关系呢？请放心，不会有的。这不，Larson（1988：346）马上引入 Chomsky（1986b：169）关于支配语类范畴的另一种定义，其中不再牵涉“主语”这一概念，而是牵涉“完整的功能复合体”（Complete Functional Complex，CFC）这一更为抽象的概念。在这种概念之下，一个照应语 α 必须在其最小的 CFC 中受到约束。在这种包含 α 的最小语域中，所有跟其核心语相容的语法关系都实现了。这样，虽然“herself”不在最近的主语的语域中受到约束，但是在包含它的最小的 CFC（即 IP）中受到约束。在这个 IP 语域中，跟核心“entrusted”相容的语法关系都实现了。①

我们认为，这种不断改换和寻找有利于自己的观点的抽象概念或定义的论证方式，有点像是在打太极拳：不断地移步推宕，避实就虚。这在相当程度上削弱了其论证的力量和可信性。说穿了，(25) 中离照应语“herself”最近的 VP 的主语“the task”之所以没能成为其先行语，是因为它根本就不是主语，而是动词“entrusted”的宾语；因此，经典的约束理论对它不起作用。反过来说，像 (23) 那样，把与格结构中的直接宾语认定为 VP 的指示语或主语，本来就是一种特设的（ad hoc）理论安排。而实际的语言事实是，如果直接宾语位置上有合适的代词，那么这个代词一定会采用宾格形式（而不是主格形式）。例如：

(26) a. Mary sent the boy/ him to the hospital.

b. John sent the children/ them to their schools.

如果在深层结构中把直接宾语处理为主语，那么就得有规则来说明它们在表层结构上又是怎么取得宾格的。这也正是 Larson (1988) 后半篇的双宾结构的被动式衍生、短语核心 V′的重新分析等复杂的句法操作与推导的根源。看来，一种特设的理论概念（及相关的分析方法），往往需要额外的多种特设概念来弥补，多少有点得不偿失。

5.“重名词短语右移”和“轻谓语提升”的比较

Larson (1988: 347) 把他的动词提升理论推广到下列变异的与格结构中。例如：

(27) a. I gave to John everything that he demanded.

b. Max sent to me the longest letter anyone had ever seen.

① Larson (1988: 346) 原文写的是“give”，疑为笔误。

对于这种句子，通常认为它们是借助“重名词短语移出”（Heavy NP Shift）规则，通过大块头宾语 NP 的右向移动，从基础的与格构造上派生出来的。例示于下：

(27)

a'. I gave t to John [everything that he demanded].

b'. Max sent t to me [the longest letter anyone had ever seen].

这种规则以宾语 NP 跟动词的另一个补足语的相对的音系重量为条件，具有不明确性。有鉴于此，他主张改成谓语短语的左向移动（leftward movement of a predicate phrase），来说明其衍生过程。例示于下：

(27)

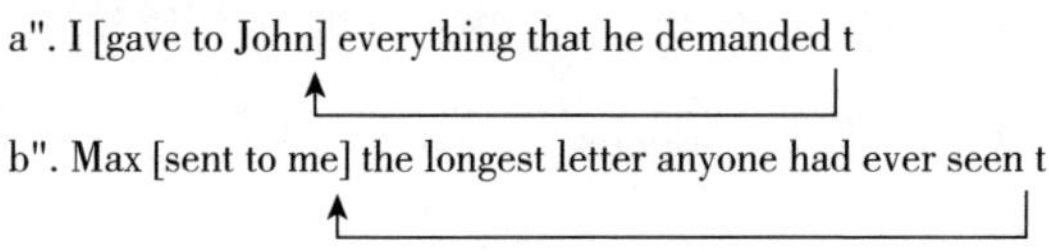

这样，原来的“重名词短语移出”现象，实际上是“轻谓语提升”（Light Predicate Raising）的案例。为了扫清（27a）中“gave to John”等轻谓语处于 V′节点之下（因而不能提升）的理论障碍，Larson（1988：348）还引进了下列可选性的（optional）V′重新分析规则：

(28) 当短语［$_{V'}$…］的论旨格栅（θ-grid）中有一个未释放的（undischarged）内部论旨角色时，这个短语可以重新分析为［$_{V}$…］。

这条规则一方面阻止了动词 V 单独通过“核心到核心”移位，而移动到前面的空动词位置；另一方面，又允许任何带有一个未饱和的（unsaturated）内部论旨角色的谓词，在句法上被识解为一个复杂的词汇语类范畴（complex lexical category），[①] 即复杂的及物动词。在一定的条件下启用这条规则，结果使得及物性的“轻谓语提升”，而所谓的“重名词短语”却一直待在原位（remain in situ at all time）没动。

我们认为，这种“轻谓语提升”分析是一把双刃剑：一方面它似乎有助于佐证前面关于与格结构的“动词提升”分析，但是另一方面它也带来了可以质疑与格结构的“动词提升”分析的证据。下面略作讨论。

先前，Larson（1988：342）假设：在深层结构中，与格动词跟引导与事的介词短语构成一个底层成分（underlying constituent）；现在，他又进一步说这个“V + PP”成分相当于一个及物动词。如果情况真是这样，那么我们就有理由期待：与格结构的谓语部分的表层形式应该是“［V + PP］ + NP”，即客事论元作及物短语的直接宾语；也就是说，应该是“ * ［John］send to Mary a letter”，而不应该是“［John］send a letter to Mary”。为什么这种理论预测反而是错的呢？是客事论元不能出现在及物短语后面作直接宾语吗？肯定不是的，因为（26）那样的大块头宾语句不就是这种“V + PP + NP”构造的实例吗？如果块头大（音系上重）不是与格结构的客事 NP 右向移位的理由，那么块头小（音系上轻）就同样也不是与格结构的客事 NP 不能待在原位作“V + PP”的宾语的理由。可见，轻谓语提升说未必比重宾语右移说高明。

6. 双宾结构的“与事左移”与“被动转换”的隔阂

考虑到与格结构和双宾结构的转换衍生在许多语言中是能产的，也考虑

---

① 这里“未饱和的”（unsaturated）和上文“未释放的”（undischarged）所指相似，都是指谓词的一个内部论旨角色没有实现。比如，例（27）的谓词短语“gave to John”和“sent to me”中，客事论元没有出现；因此，这个短语相当于一个及物动词，还可以支配一个客体性论元。

到这两种结构在论旨角色指派上是相似的，Larson（1988：350）决定用衍生的路子（derivational approach）来解释双宾结构在句法辖域上的不对称，以及其他各种相关的特性。他引述 Baker（1985）的“论旨指派的一致性假设”（Uniformity of θ – Assignment Hypothesis）：①

（29）相同的论旨关系由深层结构平面上的词项之间相同的结构关系来表达。

（Identical thematic relationships are represented by identical structural relations between the items at the level of D-Structure.）

这个假设限定了给定的一组论旨角色在初始的深层结构中的实现方式。正好，论旨角色指派在与格结构和双宾结构中是相同的。这促使他采用衍生的方法来解释这两种结构的关系。现在，他面临的挑战是：怎样把这种衍生置于生成语法业已建立起来的理论原则之中，并且用一种合适的方式来限制它。实际上，要从与格结构（比如“John sent a letter to Mary”）上衍生出双宾结构（比如“John sent Mary a letter”），至少有两个问题要解决：第一，间接宾语怎样移位到直接宾语之前？第二，引导间接宾语的介词怎样来消除？

对此，Larson（1988：351 –354）尝试用类似被动结构衍生的方式，来一举解决这两个问题。根据 Burzio（1986）和 Chomsky（1981）等的研究，被动结构的衍生（the derivation of passives）正好涉及两种效应：从宾语位置收回（withdraw）格和抑制（suppress）指派给主语位置的论旨角色。这触发宾语通过 NP 移位而移动到主语位置，而那个被抑制的主语的论旨角色，则（可选性地）由一个附加语短语（adjunct phrase）来实现，可以图示如下：

① 这条假设，可以看作“句法与语义同态原理”（principle of syntactic-semantic isomorphism）的一个具体化、专门化的版本。

(30)

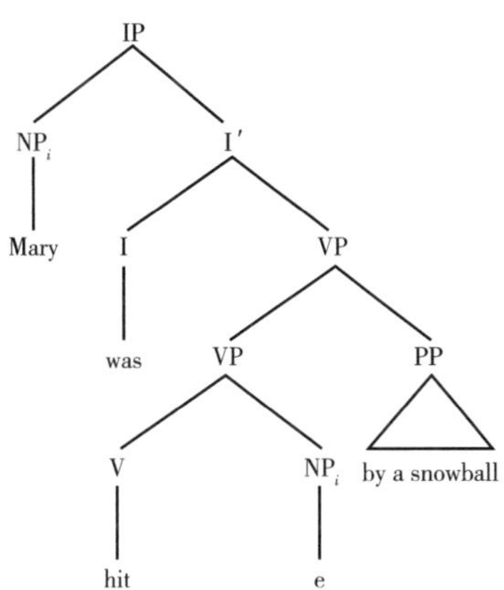

他按照类似从主动结构衍生出被动结构这样的过程，来设想从与格结构到双宾结构的衍生。首先，不需要假设被动式衍生过程中的主语论旨角色被抑制，而是假设一种特定的从主语位置到附加语结构（adjunct configuration）的论元降级（argument demotion）机制：①

(31) 如果 α 是由 X^i 指派的论旨角色，那么 α 也可以（可选性地）由 X^i 的附加语来指派。

这样，如果假定与格结构中引导间接宾语的介词只是一种与格标记，那么在类似被动衍生的过程中，随着由介词引导的间接宾语的格被吸收（absorb），这个格标记也同时被吸收。然后，指派给 VP 的主语（即直接宾语）的论旨角色经历了降级过程，把这个位置减缩到非论旨的地位（nonthematic status）。因为直接宾语从 V′接受其论旨角色，在论元降级的作用下，这个论旨角色必须被指派给 V′的附加语。于是，直接宾语成为 V′的

---

① Larson（1988：352）指出，这种修正并不改变（30）中的分析：IP 的主语本来从 VP 那里组合性地接受论旨角色，当主语的论旨角色在被动结构中被降级后，由附接到 VP 的 *by* - 短语来指派。

附加语。结果，间接宾语在深层位置上没有格（Caseless），而 VP 的主语位置没有论旨角色（因而是空的）。于是，间接宾语通过 NP 移位而移动到 VP 的主语位置，如图（32a）所示。最后，动词上升到 V－核心位置，右向指派格给 VP 的主语，如图（32b）所示，终于形成“John sent Mary a letter”一类句子中的 VP 的表层结构形式。

（32）a.

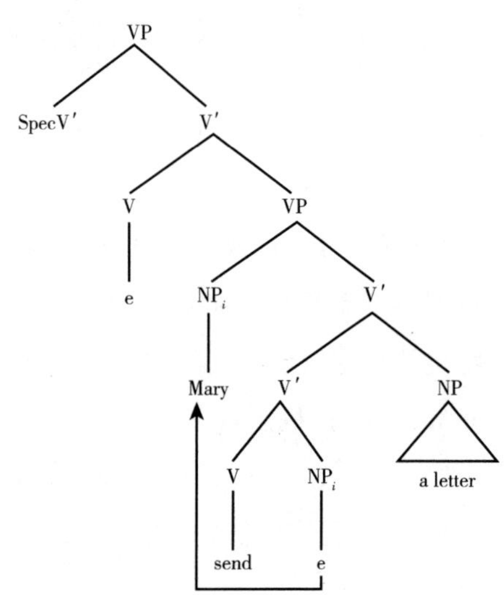

b.

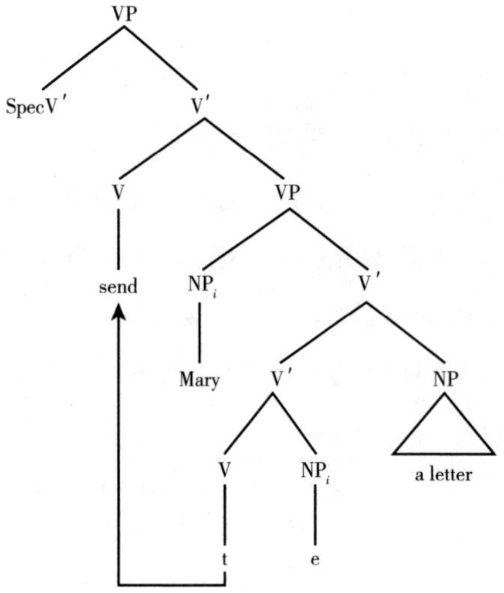

我们认为，上述从与格结构到双宾结构的类似被动式的衍生过程，看似天衣无缝、丝丝入扣，实则存在相当的隔阂和不可弥合的隙罅，暗藏着聪明过头的论证套路和表述技巧甚至魔术师戏法（conjurer's trick）。以图（32）为例，问题主要是：与格结构的类似小句的深层 VP［如：a letter-（send-to Mary）］，其中所谓的深层主语（a letter）被降级和放逐到最内层的 V′（=V+NP_i）的附加语位置（NP）。这样，就出现了 NP 可以充当 V′（=V+NP_i）的附加语（记作：NP_{ad}）的情形，而这个最内层的“V′（=V+NP_i）”又组合成中间层的 V′（=V′［=（V+NP_i）］+NP_{ad}）。这样，就出现了特设的“V′= V′+NP_{ad}”之类句法组合方式或短语结构规则。而这种句法组合方式或短语结构规则是未经解释或证明的。更何况，名词性短语作动词性成分的附加语（V′+NP_{ad}），也是需要证明有这种可以援用的句法组合方式或短语结构规则，否则就无法达成“在既有的理论原则内进行衍生”的目标。更加要命的是，被动式衍生是有强烈的语用动因的：那就是让按照论旨阶层排列，通常处于宾语位置的客体性论元（theme）能够作句子的主语，从而自然地成为言谈的起点（the departure of discourse）。而与格结构的由介词引导的间接宾语的前移，语用动机并不明确。更何况，在上一节中，Larson（1988：342）业已假设：在深层结构中，与格动词跟引导与事的介词短语构成一个底层成分（underlying constituent）；还进一步说这个“V+PP”成分相当于一个及物动词。如果情况真是这样，那么我们有理由期待：双宾结构的谓语部分的表层形式“V+NP_i+NP_j”应该是从与格结构的谓语部分的深层形式“［V+P－NP_i］+NP_j”上衍生出来的。需要解决的问题只剩下：说明“［V+P－NP_i］+NP_j”中的介词为什么和如何消失？其实，对于这种结构中介词的隐现，可以从 Larson（1988：358）的附注 24 中列出的（33）（34）（35）三组句子开始讨论：

（33）a. Bill wrote a long letter to his mother.

b. Bill wrote his mother a long letter.

c. Bill wrote to his mother.

d. Bill wrote his mother.

(34) a. Fred paid the ransom to the agent.

b. Fred paid the agent the ransom.

c. * Fred paid to the agent.

d. Fred paid the agent.

(35) a. Patty served two desserts to the fat man.

b. Patty served the fat man two desserts.

c. * Patty served to the fat man.

d. Patty served the fat man.

对此，可以思考诸如这些问题：怎样看待与事和客事两个成分的相对位置？与事单独作与格动词的宾语是否需要介词来引导？为什么有的动宾之间出现了介词反而不合格？不能用介词引导的动宾组合中的宾语还是与事吗？其中，还有许多值得深入挖掘的内容。

7. 以“被动衍生”分析双宾结构的其他后果

Larson（1988：354）认为，用类似形成被动式的过程来说明双宾结构的衍生，第一个积极的后果（consequences）是，可以解释他文章一开头就提出的问题：内层宾语（inner object，即与事性间接宾语）为什么会不对称地成分统制外层宾语（outer object，即客事性直接宾语）？答案是：因为前者是V′的指示语，后者是V′的附加语。其实，正如我们上文所指出的，用不透明和有争议的成分统制概念，来解释双宾结构中的代词照应和否定辖域之类语序敏感的问题，本来就不如语序形式简单明了；更何况，这两个宾语之间所谓的不对称的成分统制关系，又是经过八千里路云和月绕出来的。

第二个积极的后果是，可以解释双宾结构中的大块头内层宾语（heavy inner object，即间接宾语）为什么不能外迁（shift）到句子右缘（right periphery）？例如：

(36) a. * John sent a letter [every musician in the orchestra].

b. * Max gave a book about roses [the tall man in the garden].

c. * Mary promised to win [some spectator in the grandstands].

他的解释是：借图（32）来说，中间层的 V′（= V′ [=（V + NP_i（= e））] + NP_{ad}）里面，有两个内部论元，没有不饱和的内部论元，所以 V′（“send e a letter”）不能重新分析为 V，于是它不能作为一个单位提升［到大块头的间接宾语之前］，从而形成（36）这种句子。其实，我们认为：如果双宾结构果真是从与格结构衍生出来的，那么大块头与事宾语本来就好好地处在句子右缘的位置上，根本不需要来回折腾地腾挪一趟；倒是需要前面有介词“to”来引导一下。显然，在（36）的大块头与事宾语前加上介词“to”，即变成与格结构，句子就合格了。[①] 也就是说，对于英语来说，对付大块头的间接宾语，有与格结构在那儿恭候着呢。

另外，Larson（1988：359 - 361）专门讨论了双宾结构中两个宾语的格指派（Case Assignment）问题，主要有两个方面：（1）怎样精确地给在附接位置上的外层 NP（outer NP in its adjoined site）指派格？（2）怎样在一个单一的句法构造（single configuration）中指派两种不同“尺度”（measures）的宾格（Objective Case）？

对于第一方面的问题，他建议外层 NP 的格指派是由前述的 V′重新分析所允准的。请看图（32b）中最下层的 V′短语，其结构为 [$_{V'}$ t e]；其中，t 是 V 提升以后留下的语迹，e 是 NP 移位以后留下的语迹。根据假设：移走的 NP 通过 e 接受论旨角色，因此（32b）中必须通过 t 才能给目标论元指派论旨角色。这也就意味着 e 从与格动词的两个内部论元中释放出了一个论元，于是最下层的 V′中实际上有一个未饱和的论旨角色，它对应于直接宾语（客事）。根据早先的假设，V′重新分析机制现在可以任选性地把这个 V′

① 在（36c）的大块头与事实宾语“some spectator in the grandstands”之前加“to”以后，变成“?? Mary promised to win to some spectator in the grandstands”，这个句子也不太好，具体原因需要进一步研究。

重新分析为 V。其语类范畴（category）为 V，即一种复杂的及物动词。最终，它使得“a letter”接受格。

对于第二方面的问题，他认为可以换成相关的另外一种问法：为什么被指派的是宾格，并且是什么允许这个格被指派两次？为了回答这两个问题，他提出了一种会引起争议的建议：宾格在双宾结构中之所以被指派两次，是因为这其实是宾格指派的典型情况。他大胆地提出，在及物结构中，普遍地涉及两种宾格：一种是结构的（structural），另一种是固有的（inherent）；而双宾结构只不过是这样一种特别的个例：两种格被扯开了（pulled out），并且指派给不同的论元。简单地说，在 [$_{Infl}$ Infl [$_{VP}$ V …]] 中，受 Infl 支配（govern）的 V 给受它支配的邻接的（adjacent）NP 指派结构性宾格。另外，动词又给其最高的内部论元指派一个纯粹词汇性的固有的宾格；条件也是这个动词必须支配和邻接于这个 NP。据此，即使是在“John kissed Mary”这种简单的及物结构中，“Mary”既从受 Infl 支配的“kiss”那里接受了结构性的宾格，又接受了词汇性的宾格。

现在，回到图（32b）。在这个结构中，外层 NP 补足语“a letter”被复杂的 V 支配。根据假设，[$_{V'}$ t e] 继承了其中心语的格指派性质。于是，[$_{V'}$ t e] 可以给“a letter”指派一个跟“send”相关的固有的宾格。同时，内层 NP 补足语受提升的 V 支配，而 V 又受 Infl 支配。于是，根据先前的假设，V 向“Mary”指派结构性宾格。这满足了格过滤（Case Filter）：内层 NP 通过 Infl 接受结构格，外层 NP 通过 V 接受固有格。

由于他假设在一个及物结构中被指派了两种宾格：一种是结构的，另一种是固有的，于是，为了维护大家熟知的 NP 移位的支配与约束解释（Government-Binding account），他必须假设：被动化在单及物句中实际上抑制了两个格。另外，只有固有格受到与格外移的影响：“to”被吸收了，但是结构格没有被取消。

我们认为，Larson（1988：359 - 361）的上述分析，明显存在问题。首先，同时引进结构格和词汇格，其中一个后果是：在最简单的单及物结构中，一个 NP 两次获得两个宾格（一个结构宾格，一个固有宾格），这明显违反了一个 NP 必须得到一个赋格而且只能得到一个赋格的格理论的初衷，同时在赋格方面抹杀了单及物动词和双及物动词的根本性差异。除此之外，还带来一个问题：在双及物结构中，为什么直接宾语［如（32b）中的“a letter”］可以没有结构格？为什么跟直接宾语同样受到核心动词支配的间接宾语［如（32b）中的“［to］Mary”］居然没有词汇格？这种分析的特设性太明显。其次，他假设双宾结构是从与格结构通过类似被动化的过程衍生出来的。据此，与格结构中原来的直接宾语实现为 V′的附加语［如（32a）中的“a letter”］，就像主动句的主语变成被动句中的 by－短语一样。但是，在后来的推导和说明中，他又把这个成分看作双宾结构的 NP 补足语（complement）。从句法功能上看，附加语是状语性的，而补足语是论元性的。正因为（32a）中的“a letter”是附加语（类似被动句中的 by－短语），所以它可以跟最下层的 V′组成中间层的 V′。现在，通过帽子戏法（hat trick），又暗中把它当作一个论元性 NP 来进行句法组合和接受宾格。如果句法分析可以这么干，那么还有什么样的语言学难题不能解决呢？

8. 当双宾结构的“被动衍生”遇上被动式时的问题

Larson（1988：362－363）指出，根据生成语法的标准理论（Standard Theory）和其他一些理论框架，间接宾语（或与格）的被动化是一个两步走（two-step）的过程。例如：

（37） a. （Someone） sent a letter to Mary.

b. （Someone） sent Mary a letter.

c. Mary was sent a letter.

第一步，（37a）之类与格结构的与格移动（Dative Shift），形成（37b）之类的双宾结构；第二步，双宾结构经过被动化（Passivization），形成（37c）之类的间接宾语（与格）被动式（indirect/dative passives）。按照这种观点，在与格被动化的过程中，（衍生出来的）直接宾语总是被晋升(promote)。而他基于前述的讨论，提出另外一种衍生方式：直接对（37a）实施被动化，就像与格移动一样，从间接宾语那里取消格（介词 to）。不是降级直接宾语的论旨角色，而是降级指派给主语的论旨角色。内层宾语为了获得格而直接移动到主语位置，然后动词跟往常一样提升，就形成（37c）。可以图示如（38）：

(38)

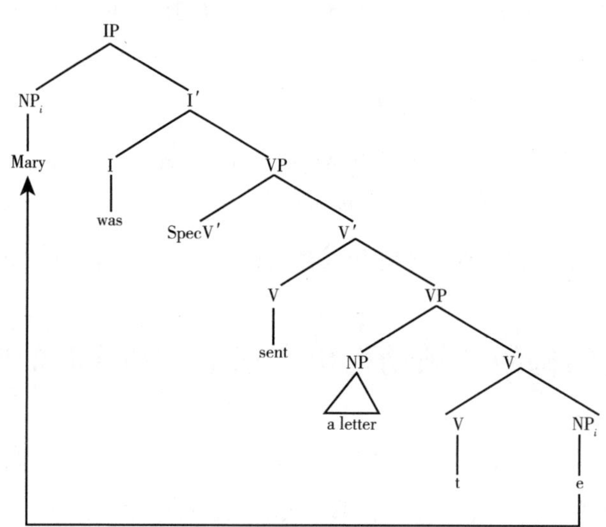

在图（38）中，被动化的实施，不仅抑制了被移动的 NP 的格（与格），而且阻断了把结构性的宾格指派给“a letter”。结果，直接宾语将只接受由“send”指派的固有的宾格。于是，尽管“a letter”占据其深层结构的［主语］位置，但是在格的方面表现得跟双宾结构中的外层宾语一样。

Larson（1988：363－364）指出，跟与格的被动化相对，直接宾语的被动化通常造成边缘性的（marginal，即合格性和可接受性不明确的）句子。例如：

（39）？ * A letter was sent Mary. （← (Someone) sent a letter to Mary. ）

他认为这种结果符合他的分析。之所以例（39）不能从（37a）之类的与格结构上通过 NP 移位来直接衍生，是因为对于间接宾语的格指派已经被抑制（to 已经没有了），但是出现在主语位置上的却是直接宾语，于是只能从双宾结构上通过外层宾语的 NP 移位来衍生，留下“Mary”待在后面的直接宾语位置。如图（40）所示（略去无关细节）：

（40）

[A letter] was sent Mary t

前面说过，在双宾结构中，衍生出来的直接宾语只接受结构格。但是，因为被动化涉及 - en 形态学，结构格的指派被抑制了；于是，“sent”就无法从 Infl 那里得到指派格的权力。这样，“Mary”在（39）中就没有格（Caseless）了，这种句子也就不合适。

我们认为，这种分析有点像“葫芦僧错判葫芦案”，是揣着明白装糊涂。事实上，无论是与格结构还是双宾结构，其中的直接宾语都是可以通过被动化过程而成为被动句的主语的。当然，这又有一定的条件限制，那就是这种作直接宾语的 NP 必须在指称性（reference）上符合句子主语的要求。例如：

（41） a. John sent the letter to Mary. → The letter was sent to Mary (by John) .

b. John sent Mary the letter. → The letter was sent Mary (by John) .

也就是说，充当句子主语的 NP 通常要求在指称上是有定的（definite）成分。例（39）中的“a letter”在指称上是非有定的（non-definite）成分，由它作主语的句子在合格性上有时处于边缘状态。

更有挑战性的问题是：既然与格结构的类似小句的深层 VP［如：a letter-（send-to Mary）］已经具备客事论元在动词之前的被动结构的格局，那么为什么不以此为基础衍生客事被动式呢？同样的道理，在从与格结构通过类似被动式衍生出双宾结构的过程中，又生成了类似与事被动式的深层 VP［如：$Mary_i$ –（send – e_i）– a letter］。显然，这种 VP 已经完全具备了与事论元在动词之前的被动结构的格局，那么为什么不以此为基础衍生出与事被动式呢？这种情形，还真倒是像假李逵碰到了真李逵。说穿了，这些所谓的深层 VP 是假设出来的理论概念。我们不能指望踩着它们作为跳板，来生成或推导真正的客事或与事被动式。

9. 句法变换限制与动词的“词汇–语义”的关联性

Larson（1988：369）指出，前人早就注意到旁格（与格）结构和双宾结构变换（alternation）的不完全能产性。比如，donate、distribute、contribute 等动词可以出现在旁格与事结构中，但是没有相应的双宾结构；而 envy、spare 等动词可以出现在双宾结构中，但是没有相应的旁格与事结构（作为其衍生“来源”）。例如：

（42）a. John donated the money to charity.

* John donated charity the money.

b. The judge spared John the ordeal.

* The judge spared the ordeal to John.

于是，如（43）所示的［不成功的］变换关系出现了：

（43）a. Oblique → * Double object

b. * Oblique → Double object

如果还相信双宾结构是通过与格移动而衍生出来的，那么就要解释：为什么与格移动不能施行于（43a）的实例上，但是必须施行于（43b）的实例上？

与格移动的前提是在“sent a letter to Mary”之类的 VP 中，“to”是格标志（Case marking），在类似被动化的与格移动过程中，就像抑制格一样抑制了“to”。Larson（1988：369 - 373）指出，“to”是一个意义实在的（contentful）词，并非只是一个单纯的格标志。只有在由 sent、give 这样的与格移动动词作中心语的语境中，其语法贡献才实际上减缩为格标志。比如，表示［让人］受益（beneficiary）的 sent、give 的语义中已经有“目标沿着某种路径移动”的意思；于是，“to”的意思“目标沿着某种路径移动”就成为冗余。据此，他就可以假设：（43a）动词的论旨阵列（thematic array）中，没有指定表示目标角色的第三个论元。这个论元必须由“to”来指定。删去“to”就违反了被删除的成分必须可找回（recoverability of deletion）的原则，因此，这种动词造成与格结构抵制与格移动。

Larson（1988：375）又假设：（43b）这种强制性双宾结构形式，代表了一种非宾格性（unaccusativity）的情况。这种结构的实例中的动词，在论旨上跟任何可能的格指派者都不相容，所以驱使它们的第三个论元移动。比如，“spare”在意念上的（notional）间接宾语论元尽管是受益者，但它不能是目标。例如（42b）中，John 由于法官的赦免行为（spare）而受益，但是，这个“ordeal”（折磨）不会到达 John 那儿（does not go to John）。因此，介词“to”在语义上跟“spare”指派给它的第三个论元的论旨角色不相容，并且也没有其他合适的介词可以利用。于是，“spare”实际上禁止向它的间接宾语指派格，所以它的第三个论元必须经历 NP 移动。

我们认为，显而易见，Larson（1988）在解释（43）这种变换关系的不对称性时，还是诉诸句子中谓语动词的词汇 - 语义特点：动词是不是内含和允许客事沿着一定的路径到达目标。如果是内含的，一定也是允许的（如：sent、give），那么引导目标的介词“to”的语义贡献就成为多余的，可以在一定的条件下被吸收，从而形成与格结构和双宾结构的变换；如果不是内含的，但是允许的（如：donate、distribute、contribute），那么引导目标的介词“to”的语义贡献就成为无可替代的，如果删除就不可找回其语义，因此不能形成与格结构向双宾结构的变换，如（43a）所示；如果不仅不是内含的，而且是不允许的（如：envy、spare），那么就跟引导目标的“to”之类介词不相容，因此不能形成与格结构，只能形成双宾结构，如（43b）所示。从中可见，句法结构及其变换关系是受制于相关句子的谓语动词的有关词汇－语义特点的。反过来说，如果抓住了这种制约性的词汇－语义因素，那么用其他更为简单和直观的分析方法及相应的解释方案，也完全可以把这种变换限制讲得清清楚楚、妥妥帖帖。

10. 语壳结构的理论缘起

Larson（1988：380）指出，他分析与格结构和双宾结构时，如图（44）这种深层结构形式起了重要的作用。

（44）

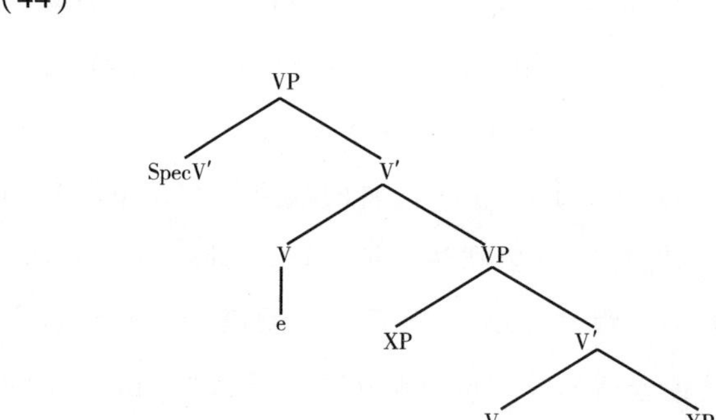

于是，就引出一个问题：这种结构从何而来？他交代：这是从一个修订版本的 X－bar 理论，再结合规定论旨角色关系如何映射到句法结构的有关原则而建构起来的。考虑到这种结构也正是后来各种形式语法理论中所谓的

“语壳结构”（VP-shell structure）的滥觞，所以我们要对这种结构及其建构理据进行讨论。

Larson（1988：380）指出，Chomsky（1970）为自然语言的短语构造设计了一种普遍的图式，即 X－阶标（X－bar）结构。后来，大家广泛承认这个结构图式可由下列两条规则来表示：

（45）

a. XP→SpecX′X′

b. X′→X　YP*

其中，X 涵盖 N、V 等语类范畴，SpecX′位置上的指示语（specifiers）包括限定语（determiners）和主语，YP* 是由中心语 X 的补足语（complements）组成的有限的语符列（finite string），也可以是空的（null）。这种 X－阶标图式接受了语法学传统中历史久远的观点：主语和补足语之间有两重不对称性。首先是基础结构的不对称性：中心语和补足语组成谓语短语（X′），其中排除了主语。结果，补足语相对于主语处于一种从属性的层次地位。其次是基础数目的不对称性：正如 YP* 中的星号（＊）所指示的，尽管 X 可以带有任意多个补足语，但是 XP 最多只能带有一个主语。这构成关于自然语言怎样实现谓词和其论元之间的关系的一种经验性假设。现在，为了消除主语和补足语之间的第二个不对称性，他对 X－阶标中的规则进行了如下修订：

（46）

a. XP→SpecX′X′

b. X′→X　YP

根据（46），每一个最大投射（maximal projection）最多只能有一个主语、一个补足语。这意味着：自然语言区分一种基本的关系，即及物（transitive）关系。这涉及主语和宾语两个论元之间的一种关系。我们可以称

(46) 为关于 X - 阶标结构的“单补足语假设” (Single Complement Hypothesis)。

我们认为，这种假设是严重背离语言事实的。实际上，不同的谓词基于不同的概念结构，形成论元多寡不等的论元结构，再根据不同语言的句法规则，投射成不同的句法结构：既有“主语—谓词—宾语”(如：John hates Mary.) 这种最常见的及物形式，也有“主语—谓词”(如：John is running.) 这种次常见的不及物形式，还有“主语—谓词—宾语 1—宾语 2”(如：John gave Mary a book.) 这种并不少见的双及物形式，甚至也有“主语 1—主语 2—谓词”(如：我的婚姻我做主) 这种比较少见的双主语不及物形式；如果加上这些句式的变异形式，再加上用介词引导论元的句式及其变异形式，真实话语或文本中的句式更加多姿多彩。如果一定要规定只有一种句法模板的短语构造图式，那么其结果不外乎：要么削足适履，强行扭曲语言事实；要么付出沉重的理论代价：增加特设的规则，通过复杂的转换操作，来衍生出跟实际话语相近的表层结构。

为了更好地让论旨结构投射到他所提出的 X - 阶标句法结构上，除了上面的“单补足语假设”，Larson (1988: 381 - 383) 还提出了管治 (govern) 谓词所带的论元投射的两条原则。第一条涉及谓词所带的论元实现的范域 (scope) 问题。

(47) P1：如果 α 是谓词，β 是谓词 α 的论元，那么 β 必须在由 α 作核心的投射中实现。

这条原则使得论旨结构和语类范畴结构之间有了紧密的联系，也使得此前许多学者在小句 (clause) 分析中主张的 IP 主语 (the subject of IP) 在底层结构中位于 VP 之中。这就是人们后来常说的“VP 内主语假设”。这样，VP 内主语和宾语直接从谓词上获得论旨角色。在表层结构中，这种 VP 内主语为了获得格就提升到 IP 主语的位置。

第二条原则管治深层结构中不同论元的相对的从属关系 (relative

subordination）。先假定 Carrier-Duncan（1985）等提出的论旨关系层级（hierarchy of thematic relation）：

（48）Agent > Theme > Goal > Obliques（manner，location，time，…）

于是，由动词指派的角色按照下面的原则链接到（link to）论元上：

（49）P2：如果动词 α 决定论旨角色 θ_1，$\theta_2 \cdots \theta_n$，那么论旨层级中最低的角色被指派到成分结构中位置最低的论元，次低的角色被指派到次低的论元，依次推进。

这样，这条原则把论旨层级上的相对位置转译为补足语的相对的结构从属关系，使得带有最低级角色的论元成为最从属的成分。

最后，他还假定了论旨角色理论的解释原则（an interpretation of θ-theory）：

（50）如果一个谓词 α 决定 n 个论旨角色，那么它也决定 n 个论元位置，而不管这些角色是否实际上指派到这些位置上。

这条细则（specification）的要旨在于：保证一个给定角色的论元位置得到投射，哪怕这个角色被降级且在附加语结构中被指派。这也等于说：实际上 θ-theory 对于附加语指派是视而不见的（is blind to）。这样，为了满足 θ-theory，一个结构就必须拥有跟论旨角色一样多的论元位置（A-position）。

Larson（1988：383 - 385）展示了怎样把上述原则运用于包含动词“give”（它有两个以上的角色要投射）的句子中。上文（46）这种基于单补足语假设的 X－阶标结构图式允许生成下面的结构（51a）。现在假定所有的角色都在论元位置上投射，即没有角色被降级，那么结果就是下面的结构（51b）。其中，根据原则 P2，α 被指派了目标角色，β 被指派了客事角色。

（51）

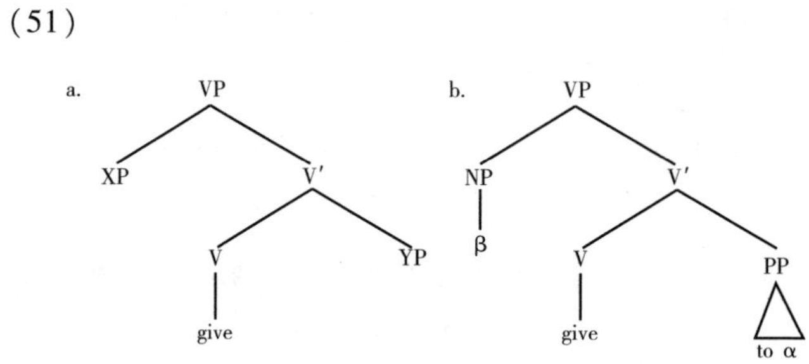

可见，结构（51b）中遗留了一个论元（施事）没有投射出来。这时，我们遇到了论旨理论（θ-theory）、X－阶标理论、实现原则 P1 三者所提出的不同要求之间的冲突：论旨理论要求施事角色被表达出来，X－阶标理论排斥在（51b）这种 V 的简单的 X－阶标投射中表达这一论元，实现原则 P1 又要求施事论元在以 V 为核心的投射中实现。他建议通过假设（52）这种结构投射来解决这种困境。

（52）

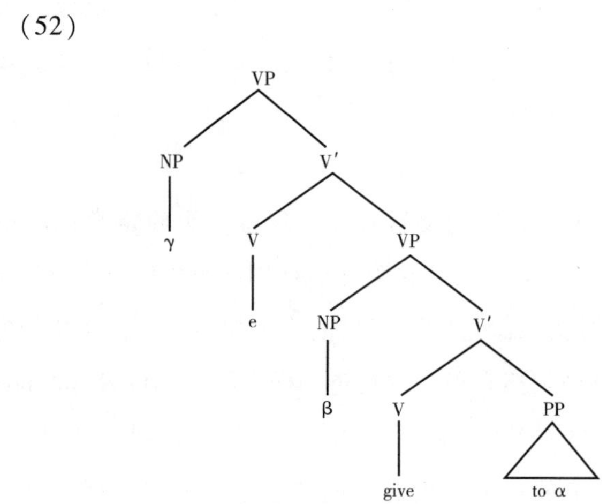

在这里，VP 成为一个 X－阶标语壳（shell）的补足语。这个语壳的核心是空的（empty），所以没有独立的论旨要求，它的指示语是 γ。结构（52）构成结构（51）的一种“最小的、纯粹的结构改进”，它为动词“give”的施事论元 γ 提供了一个论元位置。这样，既满足了论旨理论，又遵守了 X－阶标理论，还顾及满足实现原则 P1。这最后一点是通过 V 提升来满足的，因为 V 提升把 γ 置于由“give”作核心的投射之中。

双宾结构的投射，跟与格结构一样，不是把客事投射到（51b）的 VP 的主语位置，而是先给它降级，再在如（51b′）所示的结构中作为附加语来实现。

（51）

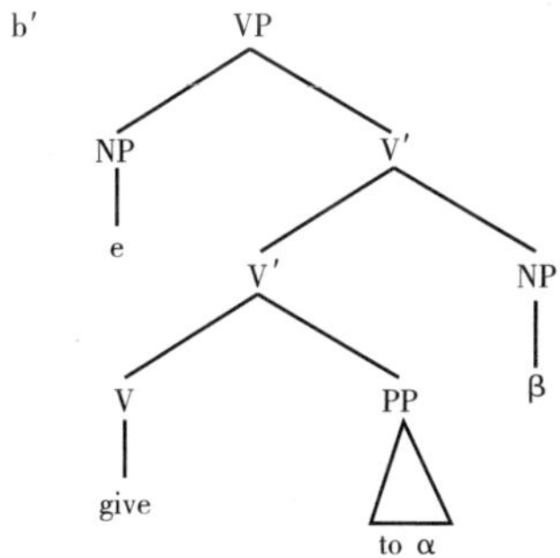

根据假设，“give”必须决定跟角色同样多的论元位置；于是，一个 VP 语壳又生成出来，并且施事角色被指派到它的指示语位置。如图（53）所示：

(53)

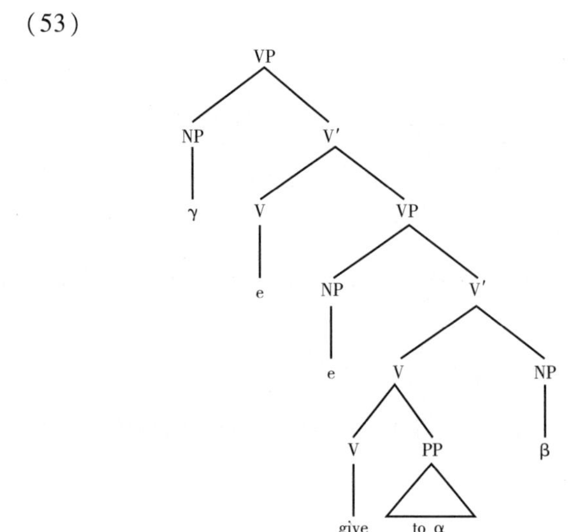

Larson（1988：385－386）坦承，给"give"之类的动词设置空结构投射（the projection of empty structure），主要取决于第三个额外论元的出现。这也意味着像"worry"之类的心理动词将不涉及动词提升。因为，这种动词只涉及两个内部论元，没有外部论元，所以其VP中将包含动词的所有论元。其中，没有空动词投射会被允准，也没有动词提升会发生。

可见，那一层层繁复的语壳结构，是由一开始设定了过于简单而整齐的短语结构规则造成的。套路大概是：简单的结构规则通过复杂的递归使用，以动词（甚至假设的空动词）为支撑点来建筑语壳结构；再以语壳结构为单元来堆叠，以有关成分（名词性成分和动词性成分）在语壳内外的移动，来慢慢地逼近现实的表层句子。

11. 坚硬的语壳结构需要核心重新分析来调适

像上文（46）这种版本的X－阶标理论的句法规则是非常简约和刚硬的，由此造成的语壳结构也一定是十分单一和坚硬的。但是，实际的语言现象却是变幻多姿和参差不齐的。于是，刚硬的语壳结构一定会罩不住实际语言中的姿态横生的短语或句子结构。怎么办？没有关系，形式语法有的是各种变通的办法。Larson（1988：386－387）主要依靠祭出核心重新分析（V′ Reanalysis）的大法。不过，他倒不是说身段柔软的核心重新分析是为了济版式刚硬的语壳结构之穷，而是说他这新版的 X－阶标理论为核心重新分析提供了自然的理据（natural motivation）。这实在是一种论证的技巧，更是一种修辞的技巧。

Larson（1988：386－387）指出，有两种性质不同的及物谓词（transitive predicate）概念：

（54）a. 如果 α 有一个没有饱和的内部论元，那么 α 就是及物谓词；

b. 如果 α 是一个 X^0 语类范畴，那么 α 就是及物谓词。

前一种定义可以从论旨理论上得到。用论旨格栅的话来说，及物谓词就是带一个直接宾语的谓词，即决定一个内部论旨角色的谓词。后一种定义可以从他的限定版 X－阶标理论上得到。回忆一下 X－阶标结构规则（46），核心（即 X^0 语类范畴）决定主语（即 SpecX′）和补足语，所以核心的概念和及物谓词的概念重叠在一起了。而上面两种（54a、b）及物谓词的定义并不符合［实际情况］，表现为两种情况：第一是核心甚至不能决定一个内部论旨角色，比如像"run"和"sneeze"之类的非作格动词（unergative verbs）；第二是核心可以决定多于一个的内部论旨角色，比如像"give"和"worry"之类的与格动词（dative verbs）。这导致有些 V 的合规的投射（proper projection；比如，像"give to Mary"之类的 V′），符合及物谓词的论旨理论特性，而不是［符合］动词本身［的论旨理论特性］。

针对第一种情况，一般的操作原则是：自由地把非作格动词在论旨上重新识解（thematically reconstrue）为及物动词。结果，如下面（55）所示的所谓同源宾语（cognate objects）出现了：

（55）run a race；　　jump a mighty jump；

sneezed a little sneeze; died a painful death

可以图示如（56）：

（56）

Unergatives: Cognate Object Formation

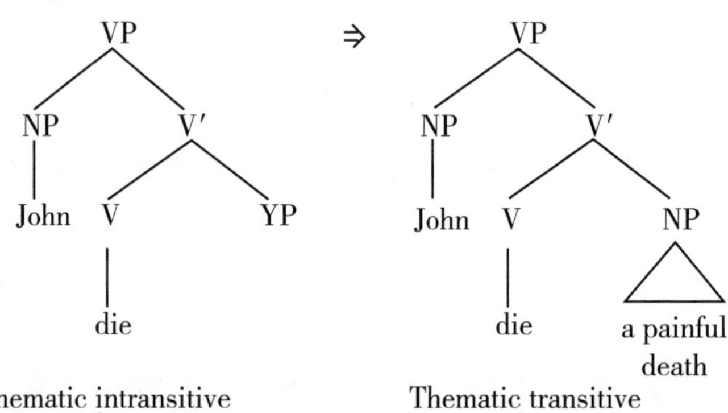

他认为，对于第二种情况，核心重新分析表达了类似同源宾语结构形式的构造方式。但是，像“run”和“die”之类的非作格动词，经历的是在 V 的论旨结构中的调整，以便使它跟作为词汇的语类范畴（X^0）相称。而像“give”和“worry”之类的与格动词，经历的则是在语类范畴上的调整，以便使它跟 V 作为论旨上的及物语类的地位相称。可以图示如（57）：

（57）

Ditransitives:V′ Reanalysis

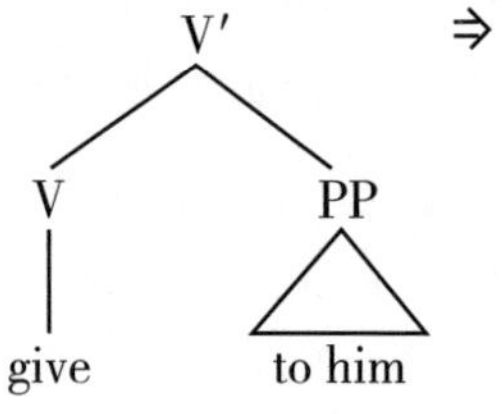

⇒

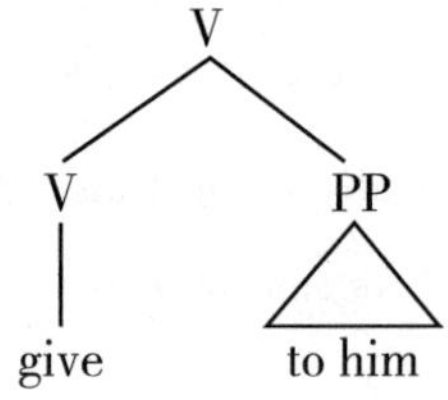

Thematic transitive
Categorial nontransitive

Thematic transitive
Categorial transitive

这两种情况的结果是相同的：论旨理论上的及物谓词的概念跟 X－阶标理论上的及物谓词的概念，得到了重新对齐（realigned）。

直白地说，在核心重新分析的调适之下，你想要的某种结构是可以在你自己定义的 X－阶标结构规则上生成的。语壳结构是刚硬的，但是它可以在你自己定义的核心重新分析下一层层地套叠。结果，任何复杂类型的动词及其相应的语句结构，都能被语壳结构罩住。

12. 结语：语壳结构与蜘蛛网撑起的城堡

许多年前，在一本关于数学思想发展史的书上，看到一个意味深长的小故事：

> 在海边的沙滩上，有一座古老的城堡，里面结满了蜘蛛网。有一天，一阵海风吹来，蜘蛛网被刮得支离破碎。这下可把蜘蛛们吓坏了。它们惊慌失措地大呼小叫："完了！完了！城堡快要坍塌了！"原来，这些蜘蛛一直以为是它们的蜘蛛网支撑着这座城堡呢。

这个故事的寓意大概是：人类在大自然面前要保持足够的谦逊，不要以为我们已经掌握了打开自然大门的钥匙，以为业已提出的那些公式和定律真的揭示了大自然的奥秘，甚至以为宇宙真的是按照这些公式和定律来运作的。

回到我们的语法理论上来，如果不相信是语壳结构和空动词（或轻动词）支撑起了句子结构，那么能不能回到更为朴实而直接的句子生成模式呢？答案是肯定的。比如，拿双宾结构和与格结构来说，可以根据英语的实际语料假定：

第一，句子可以根据诸如下面的短语结构规则来递归地生成：

i. S → NP ＋ VP

ii. NP→ Det + N

iii. VP→ V (+ NP_1) (+ NP_2)

iv. VP→ V + NP_1 + prep - NP_2

…

第二，典型的表示转让意义的动词的论元结构中有｛施事，客事，目标｝三个论元，可以根据论旨层级由上述句法规则 iii 或 iv 来实现；至于哪些动词的论元结构能够投射为由规则 iii 所表示的双宾结构和/或由规则 iv 所表示的与格结构，则由个别动词的语义性质决定。

结果，在同样要诉诸动词语义性质的情况下，不用语壳结构和空动词（或轻动词）照样能够说明有关句子结构的生成及其之间的变换关系与限制条件。至于代词与先行语、否定词与否定极项之类的句法辖域关系，凭借表层的语序线索就足以说明。换句话说，对于句子结构这座古老的城堡来说，语壳结构和轻动词之类的理论构架不会比蜘蛛网更加牢靠。更加直白地说，语壳结构和轻动词并不是语法理论的必要构件。

跟伽利略同时代的英国哲学家弗朗西斯·培根（1561～1626）曾经高声提倡："排除占据人的头脑、阻止人们看见真理的各种偶像。"① 我们觉得，还应该在后面加三个字"和教条"。

参考文献

袁毓林：《为什么要给语言建造一座宫殿？——从符号系统的转喻本质看语言学的过度附魅》，《语言战略研究》2019 年第 3 期。

Aoun, Joseph and Dominique Sportiche 1983 On the Formal Theory of Government. *The Linguistic Review* 2: 211 - 236.

Baker, Mark C. 1985 *Incorporation: A Theory of Grammatical Function Changing*, Doctoral

① 引自 Kline（1986），中译本第 107 页。

dissertation, MIT, Cambridge, Massachusetts.

Barss, Andrew and Howard Lasnik 1986 A Note on Anaphora and Double Objects. *Linguistic Inquiry* 17: 347 – 354, 387.

Burzio, Luigi 1986 *Italian Syntax*. Dordrecht: Reidel.

Carrier-Duncan, Jill 1985 Linking of Thematic Roles in Derivational Word Formation. *Linguistic Inquiry* 16: 1 – 34.

Chomsky, Noam 1955/1975 *The Logical Structure of Linguistic Theory*. Chicago, Illinois: University of Chicago Press.

Chomsky, Noam 1970 Remarks on Nominalization. In R. Jacobs and P. Rosenbaum (eds.), *Readings in English Transformational Grammar*. Waltham, Massachusetts: Ginn and Company.

Chomsky, Noam 1981 *Lectures on Government and Binding*. Foris, Dordrecht.

Chomsky, Noam 1986a *Barriers*. Cambridge, Massachusetts: MIT Press.

Chomsky, Noam 1986b *Knowledge of Language: Its Nature, Origin, and Use*. New York: Praeger.

Chomsky, Noam 1995 *The Minimalist Program*. Cambridge, Massachusetts: The MIT Press.

Emonds, Joseph 1972 Evidence That Indirect Object Movement Is a Structure-Preserving Rule. *Foundations of Language* 8 (4): 546 – 561.

Kline, Morris 1986 Mathematics and the Search for Knowledge. Oxford: Oxford University Press. 《数学与知识的探求》，刘志勇译，复旦大学出版社。

Larson, Richard K. 1988 On the Double Object Constructions. *Linguistic Inquiry* 19: 335 – 391.

Larson, Richard K. 2014 *On Shell Structure*. New York: Routledge.

Marantz, Alec P. 1984 *On the Nature of Grammatical Relations*. Cambridge, Massachusetts: MIT Press.

Oehrle, Richard 1983 The Inaccessibility of the Inner NP: Corrections and Speculations. *Linguistic Analysis* 12: 159 – 171.

Reinhart, Tanya 1979 Syntactic Domains for Semantic Rules. In F. Guenthner and S. Schmidt (eds.), *Formal Semantics and Pragmatics for Natural Language*, 107 – 130. Dordrecht: Reidel.

Syntactic Analysis of Double Object Construction and VP Shell Structure Hypothesis

YUAN Yulin　XU Jie

Abstract: We in this article have reviewed the derivational mechanism of double object construction proposed by Larson (1988), arguing that VP shell structure and empty or light verb are not essential components of grammatical theory. It is demonstrated that binding and negative polarity phenomena observed can be explained by linear precedence, that one does not have to appeal to c-commanding for an account, and that Larson's postulation of dative construction is quite ad-hoc. It is then argued his V-Raising approach and his approach to the derivation of double object from dative construction in the model of passivization are also problematic, and that the incomplete mutual transformability is a lexical-semantic issue and cannot be resolved along the line of Larson's approach. It is finally noted that the VP shell structure hypothesis is artificially designed, which has resulted from a series of theory-inter assumptions and manipulations regarding various versions of the X-Bar schema.

Keywords: double object construction, dative construction, empty verb, light verb

句末助词“得了”的分布验证与态度取向*

山雨禾　赵春利**

（中国人民大学文学院中文系　暨南大学文学院中文系）

提　要　本文以语义语法为理论基础，运用双向选择和语义地图的研究方法，逐层定位“得了”句的话语功能、复句关系和单句分布，并据此提取句末助词“得了”的提议性语法意义及其所蕴涵的以不纠结、不满意、不耐烦、无奈何四种情感为代表的态度取向。首先，综述前人研究成果并廓清研究对象句末助词“得了”的范围；其次，从话语功能、复句关系和句子功能角度精准定位“得了”的分布规律；最后，提取并验证句末助词“得了”所表达的意义、情感和意向。

关键词　句末助词　“得了”　提议功能　态度取向

1. 有关“得了”的研究状况

“得了”是现代汉语口语中使用频率较高的词。近几年语法学界对“得

* 本项研究得到2017年度国家社会科学基金一般项目“汉语情态副词的语义提取与分类验证研究”（17BYY026）、中央高校基本科研业务费专项资金（暨南领航计划19JNLH04）、广东省高等学校珠江学者岗位计划资助项目（2019）和国家社科基金重大项目“境外汉语语法学史及数据库建设”（16ZDA209）和“生成语法的汉语研究与新时代汉语语法理论创新”（18ZDA291）的资助。

** 赵春利，通讯作者。

了”的关注增多，研究主要集中在两个方面：一是从历时演变角度分析“得了”的词汇化语法化历程；二是从共时比较角度描写话语标记“得了”的基本功能。

首先，在历时演变上，学者们主要运用词汇化、语法化理论和行知言三域理论分析“得了”的词汇化语法化历程。一些学者认为，跨层的非句法结构“得了”沿着单一方向词汇化语法化，例如彭伶楠（2006：40）认为“得了”从动词到话语标记再到句末助词；但多数学者则认为是从动词到句末助词再到话语标记，如管志斌（2012：107）、刘丽涛（2013：47）、解亚娜（2013：51）、李萌（2016：64）和薛艺苗（2017：43）。一些学者认为，跨层非句法结构“得了”词汇化为动词后分别向句末助词和话语标记两个方向语法化，代表人物有罗宇（2017：20）等。

其次，在共时比较上，学者们主要从言语行为和情态内涵两个方面通过对比“得了、算了、好了、行了、罢了”等“X了”类话语标记探讨话语标记“得了”的基本功能。在言语行为方面，学者们对话语标记“得了”的“制止（温锁林，2008：11）、劝阻（管志斌，2012：111）、劝止（刘丽涛，2013：25）和阻断（田晓涵，2019：23）”等基本功能的认知较为一致。但在情态内涵方面，学者们有较大分歧，认为话语标记“得了”有“厌烦、急躁”的情绪（温锁林，2008：13），有“抱怨”的感情（孙晨阳，2012：43），有“建议、阻止、劝告、自我安慰”的意义（管志斌，2012：111），有“干脆、尽快解决”的果决语气（刘丽涛，2013：31），也有“被迫屈服、无可奈何”的情感（王秋云，2015：25），还有“不耐烦、不屑”的语气（李萌，2016：65）和“认可或劝阻”的态度（罗宇，2017：24），既有认知（被迫屈服、自我安慰），也有情感（不耐烦、无可奈何），还有意向（建议、劝告、尽快解决）。话语标记“得了”的基本功能的轮廓逐渐明晰，对句末助词“得了”的研究有一定启发性。

总的来说，语法学界对“得了”的历时演变和共时比较分析得较为全面细致，但对于句末助词“得了”的研究相对薄弱，主要停留在笼统概括其语法意义的阶段。孟琮（1986：16）最早关注到助词“得了”有“建议、请求、决定”的语气和“商量”的意味，后来的学者在此基础上提出“得了”有“干脆、尽快结束”的意义（王巍，2010：53）、“建议和随意”的语气（管志斌，2012：110）、“无奈”的情感（李小军，2009：81）和“不在意、轻描淡写”的态度（罗宇，2017：25），初步揭示出助词“得了”的话语功能、情感内涵和动作意向。然而，学者们对句末助词“得了”的分布规律缺乏精准定位，对其语法意义缺乏形式验证，对认知情态的提取缺乏系统解释（赵春利、孙丽，2015），从而导致了分歧和混乱。

本文试图以语义语法为理论基础，以语义地图为方法论，以北京大学中国语言学研究中心的CCL语料库为主要语料来源，首先界定清楚研究对象，将句末位置助词“得了”与动词“得了”区别开来；然后全面考察并正反验证句末助词“得了”的分布规律，根据分布规律提取其语法意义，揭示并解释其认知、情感和意向。

2. 句末助词“得了”与句末动词“得了”的差异

只有厘清研究对象句末助词“得了”的范围，才能为精准定位助词“得了”的分布规律并验证其语法意义奠定基础。那么，如何鉴别句末位置的“得了”究竟是动词还是助词呢？

句末动词“得了”和句末助词“得了”最直观的差别在于能否同“就、也”等关联副词毗邻同现，因此可采用同现法来区分二者。由于句末助词是虚词，不能直接和副词毗邻同现，所以凡是与“就、也”等关联副词同现的“得了”，一定是动词。如：

（1）a. 你只管把门前的碎石子好好收拾一下就得了。

b. 我也不想和别人跳，我只学会了就得了。

c. 他可以待在闹市区，说他有事就得了。

d. 你以前跟我说去澳洲当水管工挣钱，现在挖矿也得了。

多数句末动词“得了”前面有“就”“也”等标记动词的副词，但对于不带“就”“也”等标记副词的“得了”，则需要从语义功能上进行甄别。

从语义功能上看，一般来说，动词“得了”前的小句是被“得了”所认可的避繁就简的实现方式，如（2a），而助词“得了”前的小句则是被“得了”所建议的弃劣选优的应对手段，如（2b）。

（2）a. 只要把一些手提包送进房间得了。

b. 咱让老王这么犯愁，还不如自己走开得了。

（2a）的“把一些手提包送进房间”是被动词“得了”认可的轻松简易的处置办法，可以通过插入副词标记“就”显示出来，即“只要把一些手提包送进房间就得了”。而（2b）的“自己走开”则是助词“得了”建议的解决措施，是对“老王这么犯愁”的应对手段，因此，可以通过用表提议的助词“吧”替换助词“得了”而句子命题意义不变来验证，即“咱让老王这么犯愁，还不如自己走开吧”。除了副词插入和助词替换两种检验方法以外，不同的话语结构也是判定句末位置的“得了”是动词还是助词的重要依据。

从话语结构上看，动词“得了”的主要话语结构是基于条件关系的“只要 C1，那就得了”，动词“得了”前的小句 C1 是被“得了”认可的实现方式，有的有连词标记（3a、b），有的是零形标记（3c、d）：

（3）a. 只要你说这句话，那就得了。

b. 士兵只要按照命令办事就得了。

c. 这用不到问别人，问你内房侍女玛丽就得了。

d. 买菜的事，交给老妈子去做就得了。

而助词“得了”的主要话语结构是基于广义因果关系的“既然/如果/假如/要是 C1，不如 C2 得了”，C2 是说话者为了应对 C1 经过权衡比较后做出的决定或选取的建议，有的有连词标记（4a、b），有的是零形标记（4c、d）：

（4）a. 既然他的歌唱不好，还是干脆不唱，从节目中删掉得了。

b. 我长大后反正也要抽烟，不如现在就学会得了。

c. 现在我不念了，放在家里也没用，正好卖给你得了。

d. 又借又还的多麻烦，白送给你得了。

通过对比，可见句末位置的动词“得了”和助词“得了”在句法组合、语义功能和话语结构三个方面存在差异，从而初步勾勒出助词“得了”的基本特征。为了廓清“得了”句的话语功能、复句关系以及句末助词“得了”的句子分布、态度取向，就要遵循整体制约部分的原则，按照从话语功能、复句关系到单句分布的由大到小的描写顺序，逐渐提取并验证句末助词“得了”的语法意义。

3. “得了”句的话语功能和复句关系

首先，在话语功能上，句末助词“得了”的句子都有提议功能。根据CCL语料库的调查，可以发现，在口语对话中，“得了”主要位于应答句末，其引发句可以是询问事件处理办法的特指疑问句，“得了”句则针对说话者的困惑为对方提供建议，如：

（5）a. 学校汇到吉安的钱怎么办？

——那很容易，去个电报请高校长汇到韶关得了。

b. 吴卜微道：“那么，我们日后见面，怎样称呼呢？”

——王大嫂道：“叫她二姑娘得了。”

同时，“得了”句的主句动词常常是基于说话者视角的提议义动词，如

“提议、建议、商量、决定、觉得、劝、想、看、说”等，“得了”句作为这些传意动词的宾语起到了承载意愿信息的功能，如：

(6) a. 我建议你不要比下去了，直接认输得了。
b. 当我觉得难受时，我决定还是受一阵折磨得了。
c. 我劝她别去机关了，进公司得了。
d. 我看咱们笨有笨招，还是直接往下滚得了。

而当主句谓语为“告诉、同意、相信、答应、吆喝”等传知动词时，“得了”句就不能作宾语，如（7a、b）；当主句谓语为“怀疑、打听、盘问、讨论、调查”等传疑动词时，其小句宾语也不能是“得了”句，如（7c、d）。

(7) a. *“如果我是您的话”，我同意，“我就索性全部招认得了”。
b. *我相信她别去机关了，进公司得了。
c. *我怀疑如果还睡不着干脆就起来看书得了。
d. *如果不能取消，我打听就用人品课取代政治课得了。

助词“得了”的提议功能还可以通过“得了”句的时体态特征得到验证。由于建议的内容是为了应对某种情况而需要即将采取的行动，是说话人主动提出的可行方案，因此，从时间上看，“得了”句一般都是将来时（8a/b），多数没有时间标记（8c），但不能是过去时（8d）；在句法结构上，倾向于选择具有完成体意义的“V了”、述补结构或述宾结构（9a、b），而进行体、经历体很难进入“得了”句中（9c、d）；在谓语选择上，“得了”句的谓语以自主动词的主动态为主，尤其是位于“让字句”“处置把字句”中（10a、b、c），偶尔采用被动态（10d）。

(8) a. 那敢情好，以后艺人干脆把经济约都签给粉丝得了。

b. 干脆现在就拉出去毙了得了！

c. 你这么喜欢在家待着，要不然换一工作得了。

d. *他去年常来我家得了。

(9) a. 娘娘您让我说完了得了！

b. 我们哥儿俩把二位背进去得了。

c. *既然是看不出好坏，干脆把眼睛抠着得了。

d. *你要打听消息，就干脆问过我得了。

(10) a. 你们有没有未出阁的女儿，让我儿子倒插门得了。

b. 反正他要回汪家取帽子，替她把手提袋带来得了。

c. 我建议他把那个保姆辞掉得了。

d. 你就当被炸毁、被烧掉得了。

其次，在复句关系上，“得了”句位于二重复句中，第一层次是广义因果关系，第二层次是选择关系。第一层因果关系主要通过“既然、如果、假如、倘若、要是、因为、反正”引出一个已然或虚拟的原因句，第二层选择关系是其结果句，说话者基于前述情况舍弃了原本的计划或当前的做法，提出一个更为合适的应对方案，其标记词为“还是、不如”等。然而，并不是所有的“得了”句二重复句关系都很齐全，而是隐含在语境中，多数为出现因果关系而隐含选择关系，如：

(11) a. 如果你要魔鬼的话，就让我给你找个多嘴多舌的人得了。

b. 要是他不愿意再去，那就不必去得了。

c. 既然一时也找不到个合适的地方，不如干脆就让她跟您当秘书得了。

d. 既然那两处老窝都待不下去了，你还是另外找个地方避避风得了，不该上这儿来。

“得了”句是说话者根据客观情况提出的主观对策，这可通过句末助词

“得了”只能用于主体行为推断复句，不能用于客观事态推断复句得到验证，如：

（12）a. 开始以为只是一般性的昏迷，但脉搏却越来越弱，可见不是一般的昏迷。

→* 开始以为只是一般性的昏迷，但脉搏却越来越弱，可见不是一般的昏迷得了。

b. 乡镇里的人都知道起来抗争，可见中国不是几个官僚的中国了。

→* 乡镇里的人都知道起来抗争，可见中国不是几个官僚的中国了得了。

可以把“得了”句的话语结构归结为：“我提议：既然A，就别B1，不如B2得了。”其中，B1和B2都是应对前述情况的建议，说话者舍弃B1而选取“得了”句所表达的建议B2。所以，“得了”句的认知结构就是：针对某种情况通过舍前取后的比较提出建议和打算。但这一认知结构只是“得了”句的必要条件而不是充分条件，因为除了受话语提议功能和复句因果关系的制约外，“得了”句还受到句子功能的制约。

4. 助词“得了”与句子功能的双向选择关系

前人对句末助词“得了”在句子功能上的分布有所涉及，《现代汉语词典》（第六版）认为助词“得了”用于陈述句，而解亚娜（2013：28）则提出助词“得了”常用于祈使句末，表达“劝说的语气”。根据CCL语料库的调查，可以发现，句末助词“得了”对句子功能类型的选择具有较强的规律性。

4.1 “得了”与陈述句的选择关系

“得了”在陈述句中分布较广，但不是任何一个陈述句都能带上句末助词“得了”，它对陈述句有一定的选择性。陈述性“得了”句表达说话人的主观意愿，包括对自身行动的打算（13a、b）和对听话人的建议（13c、d），一般与“干脆、索性、不如、不妨、还是”等果决义副词同现。

（13）a. 做不成女神，就索性做个偶像得了。

b. 见姐姐的样子，小雨多少有些扫兴，心想还是找哥哥聊得了。

c. 索性上午都出来了，干脆你陪我去一趟邮局得了。

d. 过后，只要你想跟我分手，那就不妨分手得了。

从功能上看，陈述性“得了”句是为解决问题而果断决定采取的建议，我们可称之为果决性陈述句，一般包含果决义副词，即使没有也可以插入果决义副词而不改变句子的命题意义，如：

（14）a. 显微镜咱们买不起，买两个放大镜得了。

——显微镜咱们买不起，【干脆】买两个放大镜得了。

b. 早知道有这特长，中苏谈判请你去得了。

——早知道有这特长，中苏谈判【不如】请你去得了。

从认知分析角度看，“干脆、索性”等果决义副词都是在瞻前顾后权衡比较的基础上，下定决心直截了当地选取一种相对有效彻底的手段，具有一种基于果决义的不纠结态度。根据调查，果决义副词与句末助词“得了”具有非常高的同现率，而非果决义副词例如“明明、分明、明显、显然、当然、明摆着”等明知副词（15a）、“大概、也许、大抵、想必、恐怕、好像”等揣测副词（15b）、“幸亏、多亏、恰巧、恰好、刚好、偏偏”等幸巧副词（15c）、“必须、务必、一定、非得、执意、坚决”等决意副词（15d），几乎不能与“得了”同现。

(15) a. 这明明是一则广告。 ——*这明明是一则广告得了。

b. 费用大概一百元左右。 ——*费用大概一百元左右得了。

c. 幸亏你及时来了。 ——*幸亏你及时来了得了。

d. 学校必须端正办学思想。 ——*学校必须端正办学思想得了。

“得了”句前常有“我看，依我看，叫我说，让我来说的话”等话语标记，传达说话者的意志、心愿等意愿信息，如（16a、b），而传达认知信息的陈述句句末不能带上助词“得了”，否则不合法，如（16c、d）。

(16) a. 我看这样得了，咱们把没用的程序都省了吧。

b. 我看咱们笨有笨招，还是直接往下滚得了。

c. *真难以设想还会有这样荒唐的生物得了。

d. *怪不得你们县城建得这么漂亮得了。

4.2 “得了”与疑问句的选择关系

疑问句在结构上可以分为正反问、是非问、选择问和特指问。根据对CCL语料库的调查，这四种疑问句的句末均可以带上助词“得了”，但助词“得了”对其有一定的选择性。

在正反问中，只有表达商讨功能且以“是不是、要不要、能不能”等能愿动词为询问方式的正反问才可以带助词“得了”，如：

(17) a. 是不是干脆晚点休息得了？

b. 要不要干脆爬起来得了？

c. 你要不要干脆什么节日都当清明节过得了？

d. 能不能直接告诉我得了？

在是非问中，“得了”只能出现于商讨性是非问句的末尾，常与“要不”等商榷义连词同现，如（18）。“得了”不能置于非商讨性是非问的句末，否则句子不合法，如（19）。

（18）a. 这么办吧，打从今儿起，咱们加开夜课得了？

b. 要不小三儿也一块自杀得了？

c. 要不您把这壶也买走得了？

d. 要不你约我得了？

（19）a. 你现在能回深圳吗？ ——*你现在能回深圳得了？

b. 您看得懂中文吗？ ——*您看得懂中文得了？

c. 请问我有这么老吗？ ——*请问我有这么老得了？

d. 他能顶得住诱惑吗？ ——*他能顶得住诱惑得了？

在选择问中，“得了”句的前后选择项有难易、繁简等序列差，“得了”小句的命题内容是较为简便易行的建议，凸显出说话者鲜明的选择倾向性（20a、b），而判断客观事实等前后选择项无序列差的选择问句末不能带助词“得了”，否则造成句法不合法，如（20c、d）。

（20）a. 要不要买个夹子夹起来，还是直接一剪刀下去得了？

b. 下午要不要去那些年，新时代？还是金汇凑合得了？

c. 你是一位神明还是一个凡人？

→*你是一位神明还是一个凡人得了？

d. 给我回音的是男人还是女人？

→*给我回音的是男人还是女人得了？

在特指问中，只有表达寻因功能且以“为什么不、怎么不、干嘛不”为反问方式的特指问才可以带句末助词“得了”，尽管采用了征询的形式，但实质上是说话者直截了当地提出一个建议，蕴涵了不满的情绪，如：

(21) a. 我们为什么不直接就用那个开关逃跑得了?

b. 你怎么不开口直接要情趣用品得了?

c. 你那缺氧的大脑怎么不直接叫肘子得了?

d. 干嘛不直接花钱雇个甜嘴保姆得了?

总的来说，句末助词“得了”主要选择商讨性的疑问句，可插入“干脆、直接”等果决义副词而不改变命题意义，但缺乏意愿倾向的疑问句末不能带助词“得了”。在“得了”疑问句中，说话者基于自己提出的建议与听话者进行商讨，较为委婉，提高了建议的可接受度。

4.3 “得了”与祈使句的选择关系

袁毓林（1993：14）根据表意功能把祈使句分为“命令句和禁止句、建议句和劝阻句、请求句和乞免句”。根据对语料库的调查，助词“得了”可以出现在建议义（22a）、请求义（22b）、劝阻义（22c）和乞免义（22d）的祈使句末，以表达建议和请求的让字句和VV句为主。在人际关系上，当对方处于尊者地位时，听话者所提出的建议就成了请求，所劝阻的行为则成了乞免。

(22) a. 让他们见见面得了。

b. 大夫，让他早点去了得了。

c. 别那么累得了。

d. 你们别说话得了。

命令句和禁止句则因态度强硬、语气坚决而无法选择表建议的句末助词“得了”，如：

(23) a. 你给我滚开！ ——*你给我滚开得了！

b. 不许动！ ——*不许动得了！

4.4 “得了”与感叹句的排斥关系

“得了”句表达的是针对某种情况果断提出建议，而感叹句是说话者“以表达感情为基本作用的语句”（吕叔湘，1944/1982：312）。感叹句不在于传达意愿而在于情感体验，不在于交流对话而在于抒发情感。因此，基于传情的感叹句与基于传意的“得了”句存在语义冲突，句末助词“得了”既无法进入由副词“多么/多/好/真”为标记词的典型感叹句末尾，如（24），也无法进入由光杆形容词和名词组成的感叹句末尾，如（25）。

（24）a. 多么好看的红玫瑰！ ——*多么好看的红玫瑰得了！
b. 这个单位多有名啊！ ——*这个单位多有名得了！
c. 教练好厉害呀！ ——*教练好厉害得了！
d. 真是不容易啊！ ——*真是不容易得了！

（25）a. 快！ ——*快得了！
b. 无耻！ ——*无耻得了！
c. 我的妈！ ——*我的妈得了！
d. 天哪！ ——*天哪得了！

总的来说，以提议功能为核心语法意义的句末助词“得了”排斥感叹句而选择果决性陈述句、商讨性疑问句和建议性祈使句。助词“得了”具有跨句类的特征，其功能因分布于不同的句子功能类型而表现出不同的功能倾向，即提议功能的“得了”句在陈述句、疑问句、祈使句中分别表现出果决义、商讨义、建议义的具体功能。

5. 助词“得了”的态度取向

态度主要是由对事物的性质及其关系的认知、情感和意向三个要素构成的（康德，1964：15），其中，情感是连接认知与意向的桥梁，句末助词“得了”可以表达四种以情感为代表的态度取向：不纠结、不满意、不耐烦和无奈何。

5.1 不纠结

说话者认为事情无足轻重，问题很容易解决，针对听话者举棋不定的纠结心理，说话者无所顾忌、直截了当地做出选择，提出主观确信行之有效的建议。可以说，不纠结奠定了句末助词“得了”的情感基调，并驱动“当机立断”的意向。

（26）a. 我看你干脆直接回家得了。

b. 剩下的你随便收拾他得了。

c. 不要紧，找个人来修修，我花钱得了。

d. 假使七哥不肯出这个面子，我金梅丽不在乎，报上用我的名　字得了。

“得了”句的提议常由高确信的认识立场标记“我看”引出（徐晶凝，2012：212），且与“随便、随意”等随性义副词的同现率较高。“不要紧、不在乎、没什么、没关系、大不了”等评价性词语也有助于验证“得了”所蕴含的不纠结情感。

5.2 不满意

在说话者看来，针对原因句想出简便有效的解决方案是很容易的，对方对自己所提议的意愿信息在自己提出前就应该想到并执行，但听话人采取的解决问题的方式不符合说话者的预期，这就激活了说话者的气愤不满情感，驱动“避繁就简”的意向。

（27）a. 还找啥门呀，直接从窗口跳进来得了，这窗这么矮。

b. 既是要派汽车去接她，干脆就派汽车去得了，又何必打什么电话？

c. “别没完呵，说两句得了。”周瑾摔帘子出卧室。

d. 依芙琳咬牙切齿地说，日本人干脆留下他们，让他们充军得了！

“得了”句前后常有以“何必”为疑问词的反问句。“摔帘子、咬牙切齿地说”等伴随“得了”句的愤怒义行为也可以验证“得了”所蕴含的不满情绪。

5.3 不耐烦

说话者认为“得了”句的祈使信息是简单可行的，对方的易做而不做还需催促，激活了说话者的急躁不耐烦情绪，驱动“敷衍了事”的意向。

(28) a. 您直说得了，到底有什么坏事儿？

b. 删吧！删吧！都删了全删了得了！

c. 往西服袖子上一圈一圈绕上去得了。快一点，快一点。

d. 他身边的人就很不耐烦，“赶上绊脚尸了，快回家得了！”

“得了”祈使句通过重复句子来显示催促的多次性，后面可接以“到底、究竟”为标记词的追问句，同时，总括副词“全、都”和催促义副词“快、赶紧、直接”等也反映出说话者不耐烦的情感。当“得了”句作嵌套小句宾语时，主句谓语常为“不耐烦地说、暴躁地嚷”等，一部分“得了”句谓词结构或其修饰语带有尽快了结、自暴自弃的消极倾向，如：死了、删了、拆了、抠了、扔了、跑了、改了、卖掉、辞掉、删掉、打死、打消、分手、放弃、离婚、凑合、罢官、自杀、拉倒、取代、退还、寄走、搬出去、塞进去、拿回去、发配出去、赶紧死、受折磨、一刀切、对付着吃等。

5.4 无奈何

说话者面对突如其来的情况，找不到称心如意的解决方案，只能迫不得已退而求其次，带有较强的无奈感，驱动“无能为力”的意向。

(29) a. 只好用手提着得了。

b. 唉，算了，索性再也别想了，干脆打消这个念头得了。

c. 我连车都没下过一次，直接摆摆手让人走了得了，自认倒霉吧。

d. 罗登垂头丧气地答道：“这几个钱我还借得出，毕脱，你到一月还给我得了。”

这可以通过“得了”句与无奈义连词“只好、只得”、主句谓语动词修饰语“垂头丧气”、话语标记“算了”和叹词“唉”等的高同现率得到验证，常伴随“自认倒霉”等表示妥协让步的注解语。

6. 结语

任何一个句末助词的句子功能分布都是有规律的，这一规律性可以通过句末助词与句子功能的双向选择或排斥关系反映出来，从而构建句末助词的句子功能分布图和语义类型图，并进一步提取出句末助词的认知、情感和意向。提取句末助词语法意义和态度取向的关键是要找到句末助词所处的话语结构、复句关系和句子功能，按照从大到小的顺序定位其分布，借助分布规律来提取和验证语法意义。句末助词“得了”的分布规律、核心语义和态度取向可总结为表1：

表 1　句末助词“得了”的分布规律、核心语义和态度取向

<table>
<tr><td rowspan="7">分布规律</td><td>话语功能</td><td colspan="4">提议功能</td></tr>
<tr><td rowspan="2">复句关系</td><td colspan="4">原因句</td></tr>
<tr><td colspan="2">结果句</td><td colspan="2">带“得了”的选取句</td></tr>
<tr><td rowspan="4">单句分布</td><td colspan="2">陈述句</td><td colspan="2">果决义陈述句</td></tr>
<tr><td colspan="2">疑问句</td><td colspan="2">商讨义疑问句</td></tr>
<tr><td colspan="2">祈使句</td><td colspan="2">建议义祈使句</td></tr>
<tr><td colspan="2">感叹句</td><td colspan="2">排斥所有类型</td></tr>
<tr><td>核心语义</td><td colspan="5">提议功能</td></tr>
<tr><td rowspan="3">态度取向</td><td>认知</td><td>事情微小，问题易解</td><td>对方的选择不符合听话者预期</td><td>建议易于执行却需催促</td><td>找不到称心如意的方案，迫不得已退而求其次</td></tr>
<tr><td>情感</td><td>不纠结</td><td>不满意</td><td>不耐烦</td><td>无奈何</td></tr>
<tr><td>意向</td><td>当机立断</td><td>避繁就简</td><td>敷衍了事</td><td>无能为力</td></tr>
</table>

参考文献

管志斌：《“得了”的词汇化和语法化》，《汉语学习》2012 年第 2 期。

〔德〕康德：《判断力批判》（上卷），宗白华译，商务印书馆，1964。

刘丽涛：《现代汉语口语中“得了”“好了”“算了”“行了”的话语功能对比研究》，河北师范大学硕士学位论文，2013。

吕叔湘：《中国文法要略》，商务印书馆，1982。

中国社会科学院语言研究所编《现代汉语词典》（第六版），商务印书馆，2012。

李萌：《“得了/得了吧”语用功能及其演变》，《北方论丛》2016 年第 1 期。

李小军：《语气词“得了”的情态功能》，《北方论丛》2009 年第 4 期。

罗宇：《“得了”的词汇化研究》，《江西科技师范大学学报》2017 年第 3 期。

孟琮：《口语里的“得”和“得了”》，《语言教学与研究》1986 年第 3 期。

彭伶楠：《现代汉语双音词“X 了”的虚化与词汇化研究》，上海师范大学硕士学位论文，2006。

孙晨阳：《现代汉语话语标记“X 了”的研究》，南京师范大学硕士学位论文，2012。

田晓涵：《“X 了”类话语标记及其教学问题》，扬州大学硕士学位论文，2019。

温锁林：《汉语口语中表示制止的祈使习用语》，《汉语学习》2008 年第 4 期。

王巍：《“算了、得了、行了、好了、罢了”三个平面浅析》，《高等函授学报》2010 年第 2 期。

王秋云：《汉语口语话语标记“得了”研究》，吉林大学硕士学位论文，2015。

解亚娜：《现代汉语“X 了”组合研究》，上海师范大学硕士学位论文，2013。

薛艺苗：《“算了、得了、行了、好了、对了、完了、罢了”的语用功能研究》，福建师范大学硕士学位论文，2017。

徐晶凝：《认识立场标记“我觉得”初探》，《世界汉语教学》2012 年第 2 期。

袁毓林：《现代汉语祈使句研究》，北京大学出版社，1993。

赵春利、孙丽：《句末助词“吧”的分布验证与语义提取》，《中国语文》2015 年第 2 期。

赵春利、陈玲：《句末助词“算了”的分布验证及其心理取向》，《中国语文法研究》2016 年第 5 期。

On the Distributional Verification and Emotional Tendency of Sentence - final Particle "de le"

SHAN Yuhe ZHAO Chunli

Abstract: Abstract: Based on the theory of semantic grammar, this paper studies the syntactic distribution and emotional tendency of "de le" in terms of the methodology of bi - optional and semantic map, following the order of discourse function, complex clauses to sentence distribution. We discover four types of emotional tendencies: decisiveness, dissatisfaction, impatience, helplessness and summarize its grammatical meaning as proposing a solution without hesitation. First, the paper reviews previous studies and differentiate particle "de le" from verb "de le" . Second, the regularities of distribution are discussed based on the former three aspects. Finally, we analyse the cognition, emotion and intention of the particle.

Keywords: sentence-final particle, de le, propose a solution, emotional tendency

汉语反复体构式"一V一V"的互动研究*

张 娟

（中国社会科学院语言研究所/辞书编纂研究中心）

提　要　体有典型形态形式和非典型形态形式，汉语反复体"一V一V"属于非典型形态形式中构式这一类。本文基于构式语法理论对"一V一V"构式进行了多重互动分析：构式"一V一V"既有"反复"的体貌义，又有"状态"的非体貌义；"一V一V"中动词V受构式义的约束，是表示自发性事件或自返性事件的一次性情状动词，其中一部分是通过构式"压制"得到的；构式"一V一V"的构式义对进入该构式的成分进行语义整合，构成构式"一A一A"，这是基于新旧经验相似性发生范畴化的结果。

关键词　反复　体貌　重叠　构式　情状类型

1. 引言

"体"是表示动词时间的范畴之一，Comrie（1976：3）把"体(aspect)"定义为对情状内在事件构成所持有的不同的观察方式。主要的观

* 本文得到2013年度教育部人文社科重点研究基地重大项目"现代汉语构式知识库建设及其应用研究"（项目编号：13JJD740001）的支持。论文初稿得到博士生导师陆俭明先生的悉心指导，在此深表谢意。文章谬误之处概由本人负责。

察方式有完整体（perfective）和未完整体（imperfective）两类，前者从外部观察，后者从内部观察。反复体属于未完整体。陈前瑞（2005：20）论述，“体貌（aspectuality）”和“体”一样，也是表示动词时间的范畴之一，只是“体”这一术语侧重高度虚化的语法形式，而“体貌”这一术语涵盖表达体貌意义的各种形式。本文讨论的构式“一 V 一 V”就是用重叠手段构成的反复体，属于非典型形态形式的“体”或“体貌”。举例如下：

（1）你那一摸胡子，一甩袖子，纱帽翅一颤一颤的动，叫我没法子形容，我只好说真看见了古人，真看见了古代的美！（老舍《赵子曰》）

（2）小玉讲完，眼皮一眨一眨，两颗星星一闪一闪。（刘玉明《骚动之秋》）

（3）不是灯烛，而是一跳一跳的炉中的火光。（老舍《赵子曰》）

（4）高原的阳光透过大玻璃窗，把措赤戴在左耳上的绿松石照得一闪一闪。（1995 年《人民日报》）

（5）凤霞是越哭越伤心，肩膀也一抖一抖了，让我这个做爹的心里一抽一抽……（余华《活着》）

本文既注重构式“一 V 一 V”属于体（貌）范畴的时间特征，也注重它的非典型性所带来的时间特征以外的特点，运用构式语法理论，分析反复体与词汇体（动词情状类型）的互动过程和结果，具体包括三个方面：“一 V 一 V”的构式义、“一 V 一 V”中 V 的特征以及“一 V 一 V”的变异。

2. “一 V 一 V”的构式义

构式“一 V 一 V”是非典型形态形式的体，最典型的特征就是虚化程度不高。因此，一方面表示体貌义，但又不纯粹，涉及很多次范畴语义；另一方面，还表示与时间无关的非体貌义。

2.1 “一V一V”的体（貌）义：反复

前人对构式“一V一V”表示“反复”义基本达成了共识。张宁（1987：28）认为“一V一V”表示一次又一次的反复；殷志平（1996：110）进一步认为“一V一V”的重复是瞬时动作的重复，是间断性的重复。陈前瑞（2008：75）则明确把“一V一V”看作反复体的语言表现形式之一，认为这种反复是同一动作的简单反复。我们认同陈前瑞（2008：75）“简单反复”义的概括，并进一步认为这种“简单”表现在动作简单和动作反复方式简单两个方面。

（一）反复的动作简单。“一V一V”反复的动作在时间轴上占据的时间很短，具体性很强，如“闪、摇、拍、抖、颠、颤、咳、晃、眨”等。复杂动作通常由一系列简单动作组成，如“哭、笑、打、闹”等，“哭”包含嘴角“扬”、肩膀“抖”“颤”、眉毛“皱”、鼻子“吸”、嘴巴“撇”、眼睛“眨”等简单动作，且在时间轴上占据的时间明显比简单动作长。

（二）反复的方式简单。“一V一V”所表示的反复是同一动作的、短时间隔的、接续反复，反复的动作有明确的先后顺序，在时间轴上没有重合，是一种次第扫描（sequential scanning）。不同于“说啊笑啊”类、“进进出出”类以及“生生死死”类所描写的情景是在某一个时间段内，不同的动作（相关或相对）反复进行或出现，因动作主体不同，反复的动作在时间轴上是有重合的，是一种总括扫描（summary scanning）。[①] 从客观情景来看，“一V一V”表示的“接续反复”也是一种“交替反复”，如“一张一张”的情景是“张”和“合”的交替，也可用“一张一合”来表示；“一闪一闪”的情景是“闪”和“灭”的交替，也可用“一闪一灭”来表示等。殷志平（1996：111）已对此现象有所论述，认为“由反义动词充当的‘一V1一V2’更强调动作的两个相对相反状态，由同一动词充当的

① 总括扫描（summary scanning）和次第扫描（sequential scanning）的概念参考Langacker（1987：145）。

'一V一V'更强调同一动作的重复进行",[①] 实际上"表示的情状是一样的"。我们进一步从认知上进行解释，相同的客观现象，用不同的构式来表示，是因为"构式义来源于人们对经验情景的概念化"。（William & D. Alan，2006：46－47）人们注意力（attention）的不同，使得两个相对的动作中一个凸显，一个淡化进而被"忽略"，就会选择构式"一V一V"来表示；反之，两个动作没有明显的凸显程度差别，就会选择构式"一V1一V2"来表示。另外，又由于客观上两个相对的动作的凸显（salience）不同，一般选择相对凸显的"张、闪"等来构成构式"一V一V"，而较少选择不凸显的"合、灭"等。

2.2 "一V一V"的非体貌义：状态义

Goldberg（1995：5）论述构式是形式意义的配对，构式义不能从构式的组成部分推导出来，也不能从已有的构式推导出来，即构式义是不可预测的。如果说"反复"义与构式的重叠手段和重叠单位有关，具有一定的推导性，"一V一V"的"状态"义则不能从中推导出来。殷志平（1996：112）认为"一V一V"的"表义重点不在表示动作，而在表示动作的状态，描述性十分强"。这个观察是细致的，只是"动作的状态"这一说法还需要进一步明确。

关于"状态"，一种是严格意义上的界定，是情态类型（situation type）的一类，其语义特征是 [＋静态的（static）][＋持续的（durative）][－终结的（telic）]；一种是比较宽泛的理解，是相对于性质和动作来说的。相对于"性质"，"状态"相对不稳定一些；相对于"动作"，"状态"的动作力更弱一些。很明显，"一V一V"是 [－静态的（static）]，因此不是前一种意义上的"状态"，而是后一种理解上的"状态"。郭锐（1993：410）论述，状态和动作在动作力这个因素上形成了一个连续统，没有截然

① 殷志平（1996：111）中的"一V一V"既表示动词相对的，也表示动词相同的，为了论述的方便，本文用"一V1一V2"和"一V一V"区别表示。

区分的界限。“一V一V”处于连续统的中间地带，表示的情景是动作的反复，有动作力，但是整个反复事件的动作力不那么强。因此，在实际语料中，“一V一V”通常不能受“使劲儿（地）”“疯狂（地）”“用力（地）”“拼命（地）”等副词的修饰。如：

（6）他的眼睛不舒服，所以他不停地用力眨（*一眨一眨）。[①]

（7）他的手拼命地往上扬（*一扬一扬），露出了一段白色的胳膊。

“一V一V”这种“状态性”或者“弱动作性”具体表现在“动作无对外施为性”，即动作主体发出的动作不以其他事物为对象，对其他事物（包括主体的部分）没有造成直接影响，如：

（8）他们看见马拉着车子的时候脖子上的鬃毛怎样一耸一耸地动。（汪曾祺《下水道和孩子》）

（9）只剩一闪一闪的萤火虫，现在渐渐地更亮了。（季羡林《黄昏》）

（10）再说这火苗一跳一跳，也是你在烟地里的一个伴儿。（张炜《烟叶》）

三例中的“鬃毛耸”“萤火虫闪”“火苗跳”都只涉及动作自身，没有对其他事物造成影响。反之，施为性较强的情景，则不能用构式“一V一V”来表示。如：

（11）*他在一敲一敲地敲着那个腰鼓。

（12）*啄木鸟啄着树上的虫，一啄一啄的，动作十分迅速。

（13）*孩子们在一起拍皮球，一拍一拍地乐得不行。

① “眨（*一眨一眨）”表示如果“眨”替换为“一眨一眨”是错误的用法，下同。

综上分析，“一 V 一 V”表示的情景是“简单动作简单反复的状态”，“简单动作”指的是具体性强的动作，“简单反复”指的是同一动作的、短时间隔的、接续反复，“状态”指的是“动作对外无施为性”。

3. 构式“一 V 一 V”中的 V

张宁（1987：28）和殷志平（1996：110）都认为“一 V 一 V”中的 V 是非持续义（瞬时）动词，两个研究观察到的是该构式中 V 的语义特征之一。陈前瑞（2008：78）在探讨动词情状类型和反复体的关系时，例举了基础动作为一次性情状的构成了构式“一 V 一 V”。“一次性情状”是一种情状类型。Smith（1991：3）提出的体貌理论体系“双部理论（two-component theory）”中第一部分情状体，常被称作情状类型（situation type）。情状类型根据三组语义特征的分布组合分为五类，三组语义特征分别是［±静态（static）］［±持续（durative）］［±终结（telic）］，得到的五类情状类型分别是状态情状（state）、活动情状（activities）、一次性情状（semelfactive）、结束情状（accomplishment）和达成情状（achievement），具体见表 1。

表 1　Smith（1991）提出的五类情状类型

情状类型	静态性	持续性	终结性	例证
A 状态情状	［+］	［+］	［-］	爱、信、是
B 活动情状	［-］	［+］	［-］	走、找、欣赏
C 结束情状	［-］	［+］	［+］	迟到、吃饱、压断
D 一次性情状①	［-］	［-］	［-］	咳、踢、敲
E 达成情状	［-］	［-］	［+］	死、回、找到

① 关于一次性情状是应该单立一类还是归入活动情状类是有争议的。我们认为做某种分类，区分度和研究目的是两个不同层次的重要参考因素。从区分度来看，一次性情状与活动情状的区分不是那么明显，有相似性又有其特点；从研究目的来看，一次性情状单立一类使特点突出，能帮助我们更清楚地认识“一 V 一 V”的特点，因此本文主张把一次性情状看作活动情状中的一个次类，这也能更好地解释为什么活动情状动词较之其他三类情状类型的动词更容易被“一 V 一 V”压制进入该构式。

那么，为什么构式"一V一V"中的V表示一次性情状，汉语的一次性情状动词怎么判断，是不是所有的一次性情状动词都可以进入该构式？构式语法理论认为，构式对其中的组成部分尤其是V具有制约作用，下文将从这个角度来分析构式"一V一V"中V的特征。

3.1 构式的"反复"义对V的制约

构式"一V一V"的"反复"义是"同一简单动作的、短时间隔的、接续反复"。A状态情状，表示一种状态，具有［+静态］的特征。B活动情状，表示一种活动，包含多个子动作。C结束情状，是通过一个内含自然结果的动作持续进行完成以后的情状。E达成情状，表示一种结果，有的通常无反复可能，如"死"；有的通常经历一个相对较长的过程才能反复，如"分（手）—（复）合—分（手）"。A类、B类和C类具有［+持续］特征，C类和E类具有［+终结］特征，从而与"简单动作的、短时间隔的、接续反复"义不兼容。只有表示一次性情状动作的动词，同时具有［-静态］［-持续］［-终结］特征，与"一V一V"的构式义兼容，有进入该构式的可能性，如：

A. *一有一有　*一是一是　*一爱一爱　*一信一信
B. *一哭一哭　*一睡一睡　*一玩一玩　*一闹一闹
C. *一上一上（楼）　*一进一进（房）
　*一回一回（家）　*一过一过（马路）
D. 一咳一咳　一眨一眨　一闪一闪　一晃一晃
E. *一死一死　*一赢一赢　*一见一见　*一分一分（手）

如何通过句法手段来判断汉语中的动词所表示的情状是不是一次性情状呢？Smith（1991：29）论述过"一次性情状拥有固有的边界（intrinsically bounded）"，"典型的一次性情状所表示的事件是很快发生的，没有内在结果的"。基于一次性情状的这些特点，可以用是否能进入"十秒V了十下"

作为句法手段来测试动词所表示的情状是不是一次性情状。[①] “十秒……十下”的设置是为了确保该动作是短时的；“V了十下”的设置是为了确保V自身拥有固有边界。汉语中“V了十下”中的“十下”是对具体动作本身数量的计算，只有表示动作本身拥有固有边界而无须借助其他手段（“V了十次/遍”）有界化的动词才能进入“V了十下”。如：

A. *十秒有了十下　*十秒是了十下　*十秒爱了十下　*十秒信了十下

B. *十秒哭了十下　*十秒睡了十下　*十秒玩了十下　*十秒闹了十下

C. *十秒上了十下　*十秒进了十下　*十秒回了十下　*十秒过了十下

D. 十秒咳了十下　十秒眨了十下　十秒闪了十下　十秒晃了十下

E. *十秒死了十下　*十秒赢了十下　*十秒见了十下　*十秒分了十下

但是在实际语料中，我们发现，有些动词不是一次性情状的，却可以进入构式“一V一V”，如例（14）的“喷”是活动情状，例（15）的“坠”和“沉”是结束情状：

（14）膀一耸一耸的，鼻腔出气<u>一喷一喷</u>的：她困了，她累了……［孙见喜《贾平凹的情感历程（7）》］

（15）饿起来腹腔胸腔一抽一抽的，脑袋<u>一坠一坠</u>的，腿肚子<u>一沉</u>

① 动词的情状类型不是截然区分的，本文在判断一个动词的情状类型时，同时也考虑动词所表示的情状类型的典型性。有些动词虽然可以进入“十秒V了十下”，比如“打、动”等，但从典型性角度来看，应该归入活动情状。这些活动情状能够进入“十秒V了十下”中，跟动词的高频使用以及上位概念代替下位概念的用法有关。

一沉的，据他们说饿极了正像吃得过多了一样，哇哇地想呕吐。（王蒙《坚硬的稀粥》）

经过分析，其余四类情状类型中，状态情状因为具有［+静态］的特征不能被“一V一V”构式压制；达成情状因为具有［+终结］的特征且现实世界中同一主体不能短时间隔反复（比如，一个人不能反复地“死”），因而不能被“一V一V”构式压制；活动情状具有［+持续］的特征，但这种持续可以缩短，比如“喷、冒、动、抽、滚、涌”等，就有被“一V一V”压制的可能；结束情状具有［+持续］［+终结］的特征，如果这种持续可以缩短且同一主体可以短时间隔反复，比如“（心向下）沉、（脑袋）坠”，就有被“一V一V”压制的可能。可见，构式“一V一V”中的V有的是一次性情状动词，有的是经过构式压制后表示一次性情状的动词。

另外，从音节上来看，能够进入“一V一V”的V通常是单音节的，我们的概括中没有突出这一点，是因为动词表示一次性情状是其音节数量为单音节的充分条件，如果一个动词表示一次性情状，那么这个动词通常就是单音节的（如“咳”和“咳嗽”的区别就体现了这一点）。这是语言复杂性象似动因在起作用。“相对简单的概念普遍由相对简单的形式表达。”［见croft，1990，转引自张敏（1998：149）］

3.2 构式的“状态”义对V的制约

基于语料，并不是所有的一次性情状动词都能进入“一V一V”，因为其中的V还受到构式“一V一V”的“状态”义的约束。

Smith（1991）举例说明一次性情状类型包括：（A）自发性事件（internal event），如“（灯）闪”；（B）身体相关事件（bodily event），如“眨、咳”；（C）行为动作“敲、拍、啄、抓、踢、锤”等。

“自发性事件”类。这类一次性情状表示的是主体内部自发性的事件，特点是内部性，即不涉及其他对象，对外无施为性，与构式“一V一V”的状态义和谐，可以进入构式“一V一V”，如：

（16）不是灯烛，而是一跳一跳的炉中的火光。（老舍《赵子曰》）

（17）只剩一闪一闪的萤火虫，现在渐渐地更亮了。（季羡林《黄昏》）

从能量传递的角度来看，“自发性事件”属于“对外无能量传递事件”。

“身体相关事件”类。这类一次性情状表示的是由身体某个部位发出的动作，并且这个动作的承担者也是这个身体的部位，从能量传递的角度来看，是“自返性能量传递”，表示的是“自返性（reflexive）事件”，如：

（18）她是一直看着我从口袋里往出掏钱，几乎掏遍了身上四个口袋，掏出的尽是些零票子，她的眼睛就慢慢变圆变深，眼睫毛在一眨一眨 。（贾平凹《高兴》）

（19）往下看，只看见一把儿一把儿的腿，往上看只见一片脑袋一点一点的动；正象“车海”的波浪把两岸的沙石冲得一动一动的。（老舍《二马》）

关于“自返性事件”，李湘（2011：318）论述：“从能量流向来说，‘哼鼻子、跺脚、挥拳’这些事件是属于自返性（reflexive）事件，动作能量全都及于施事自身，亦即，动作的发出者既是施事也是受事。”在人们的认知中，人的身体内部是有动力的，当这种动力作用于该身体部分时，动作的能量返还于这个身体部分，动作的发出者和动作的承担者就合一了，对外无能量传递，对外无施为性，与构式“一V一V”的状态义和谐，因此表示“自返性事件”的动词可以构成“一V一V”。Smith（1991：29）中的“身体相关事件”其实可以更准确地概括为“自返性事件”，“自返性事件”同样具有自发性和内部性，也可以看作“自发性事件”中特别的一类。

如何通过句法手段来判断“自返性事件”呢？根据“自返性事件”要求“动作发出者和承担者合一”，我们采用“SV和VS之间是否可以转换

（且所表示的情景基本不变）”为句法测试手段。能转换的可表示自返性事件，否则不然。如：

头点—— 点头—— 头一点一点的

他点—— ＊点他—— ＊他一点一点的

（20）往下看，只看见一把儿一把儿的腿，往上看只见一片脑袋一点一点的动……（老舍《二马》）

（21）＊他特别认可我的注意，一点一点（头）地对我微笑。

考察语料，也有一些例外现象，动作的发出者是人，动作的承担者是人身体的部分，二者不是完全合一的，采用上面的句法测试方法则判断为不能表示自返性事件，却可以构成“一V一V”来描述动作发出者的状态。如：

她扭——＊扭她——她一扭一扭

他弯——＊弯他——他一弯一弯

（22）我是在拐弯处看到她，她一扭一扭地走过来，高跟鞋敲在石板路上，滴滴答答像是在下雨。（余华《活着》）

（23）我坐在父亲身边，听着身底下链条的喇喇响声，从小洞里看着车夫一弯一弯的背影，只感到困倦，想睡觉。（叶广芩《梦也何曾至谢桥》）

这类例外是可以解释的，两例中动作的对象虽没出现，但一般理解为“扭腰”和“弯腰”。而“扭腰”“弯腰”虽然作用于“腰部”，但实际上造成了几乎整个身体的扭动和弯动。因此，在人们的认知中，动作的发出者和承担者也是合一的，是作为整体的这个人。这也是为什么在动作对象不出现的情况下，“一扭一扭”和“一弯一弯”通常不理解为“扭（弯）脖子、扭（弯）手、扭（弯）腿”等这些不能带动全身的动作。

“行为动作”类。这类一次性情状最大的特点就是所表示的事件对外具有施为性，从能量的流向来看，能量施于另一对象，并对该对象产生影响。“行为动作”类也可以从能量传递的角度概括为“传递性事件”，与构式“一V一V”的“状态”义不兼容，通常不能构成“一V一V”，如：

（24）＊这小孩对鼓特别感兴趣，拿起鼓棒就一敲一敲地打起来。

（25）＊啄木鸟天天在树上一啄一啄的。

但是也有一些“例外”，有些动作力很强的动词也能构成“一V一V”，如：

（26）想到这里，他心中觉得一刺一刺的疼。（老舍《四世同堂》）

（27）朱老忠说：“甭说写信，一想起家乡啊，我心上就一剜一剜的疼！”（梁斌《红旗谱》）

这些是构式压制的结果，压制的条件是，“一V一V”只能做状语且修饰的是表示状态的形容词，也就是说在更大的语境中，整个“一V一V地A”仍旧对外没有能量的传递，“一刺一刺”“一剜一剜”的动作力并没有凸显出来，语义重在表示疼的方式，所在的更大的构式表示状态。像这样的非典型的“一V一V”句法功能单一，只能作状语；而典型的“一V一V”句法功能丰富，可以做谓语、定语、状语、“V得”补语，如：

（28）他发现何波的眼睛突然睁得很大，在灯光下一闪一闪的，显出一种灼人的神色。（张平《十面埋伏》）

（29）二妞慢慢从蒿里站起来，望着远处山上看，见敌人的炮楼上一闪一闪的火光，到后来机枪手榴弹停了，炮楼上着起一片大火。（赵树理《李家庄的变迁》）

（30）眼瞧着烛光在一闪一闪地晃动，融化的蜡油，一滴一滴地向

下流淌。（贾英华《夜叙宫廷秘闻》）

（31）高原的阳光透过大玻璃窗，把措赤戴在左耳上的绿松石照得一闪一闪。（1995年《人民日报》）

另外，值得注意的是，有一批动词，如“扭、拍、点、扇、扬、晃、摇”等，既可以表示“行为动作”，对外有能量传递，如例（32）；又可以表示“身体相关事件（自返性事件）”，对外无能量传递，如例（34），只有后者可以构成构式“一V一V”：

（32）他双手抓着丁香树，使劲晃了三晃。（莫言《食草家族》）

（33）他双手抓着丁香树，使劲*一晃一晃。

（34）……脚尖上挑着一只高跟鞋，一晃一晃和着店里音响的节奏。（贾平凹《高兴》）

可以看到，V能否进入“一V一V”表示自返性事件是相对于动作主体来说的。

综上来看，一个V能否进入构式“一V一V”与V本身、V所在的构式“一V一V”以及构式“一V一V”所在的更大的结构（“S一V一V”或“一V一V地A”）相关，三层在互动中实现语义上的和谐。[①]

总之，从构式义对构式中动词制约的角度分析得到，通常表示自发性事件和自返性事件的一次性情状动词可以构成“一V一V”，表示传递性事件的动词则不能。

① 施春宏（2016：15）的“互动构式语法理论”，明确指出“关于‘互动’内涵的多层次理解互动（interaction），意味着各个相关成分、结构的相互促发、相互制约，是多因素合力作用于特定结构和系统的运动状态和方式。互动是多重性的、交互的，而不是单层次的、单向的。大体而言，对互动的理解（即‘互动观’），可以从两个方面来认识：基于本体论的互动和基于观念、方法的互动”。从语义的角度来看，就是各个层面要达到语义上的和谐，参考陆俭明（2010：13）提出的“语义和谐律”。

4. “一V一V”构式的整合功能

按照上文分析，形容词属于状态情状且稳定性很强，应该不能构成“一A一A”，而实际语料中却存在这样的表达。如：

（35）计算机旁的调制解调器，一红一红在显示，清脆的拨号声在响。（1994年《人民日报》）

（36）平凹转回身，见那可怜的表在石板上一白一白地闪，他仿佛听见了……（孙见喜《贾平凹的情感历程》）

（37）呼天成仍坐在石磙上，一口一口地吸着烟，那烟雾把他的脸罩了，只有小火珠一明一明地闪着……他故意做出很沉稳的样子。（李佩甫《羊的门》）

（38）看，胡子像烟斗似地烧起来了，一亮一亮的。（靳以《萤》）

这是人类的范畴化能力在起作用。William& D. Alan（2006）具体说明范畴化的过程是判断过程，即将当前经验同以前的经验相对比，并判定它应该用哪种语言表达式来表示。当前场景与它将归入的范畴之间的比较过程被称为“归类过程”（sanction）。归类过程按程度可分为“完全归类”（full-sanction）和“部分归类”（partial-sanction）。“一A一A”就是属于部分归类。“一A一A”所对应的情景与“一V一V”相似而又有差异，相似表现在都是“短时间内动作接续进行的状态”，表现在语言形式上是，“一A一A”所修饰的核心动词是表示一次性情状的动词；差异表现在，在人们的认知中，“一A一A”所对应的情景中动作的伴随状况——颜色和光亮非常凸显，是人们想要表达的要点。此时人们的范畴化能力就开始起作用，将当前经验同以前的经验相对比，经历了部分归类过程，选取了“一A一A”的语言形式来表达。由于构式义对进入该构式成分的语义的整合，这里的“一A一A”不仅可以表示“动作在短时间内接续进行”的状态，而且还显示了细节，显示出动作接续出现时的伴随状况——颜色/光亮。这就是构式与组成成分互动的体现，前者是整合，后者是延伸，只是从实际语料来看，这种整合能力是比较有限的。

5. 结语

通过以上分析，构式“一V一V”的构式义包含两部分，一是表示反复，二是表示对外没有施为性。反复义可以从构式的组成成分和构成方式重叠推理得到，对外没有施为性的语义则不能这样推得，而是基于构式所对应的经验情景概括出来的。受构式“一V一V”构式义的制约，进入构式的动词都表示自发性一次性情状的，一种情况是动词本来就是一次性情状动词，一种情况是构式压制的结果。构式“一V一V”的构式义对进入该构式的成分进行语义整合，构成构式“一A一A”，这是基于新旧经验相似性发生范畴化的结果，并使得构式的语义得到延伸。通过对构式“一V一V”的分析可以看到，构式本身是在互动中形成、发展的，应该在互动的视角下进行构式研究。

参考文献

陈前瑞：《当代体貌理论与汉语四层级的体貌系统》，《汉语学报》2005年第3期。

陈前瑞：《汉语体貌研究的类型学视野》，商务印书馆，2008。

郭锐：《汉语动词的过程结构》，《中国语文》1993年第6期。

李湘：《从实现机制和及物类型看汉语的“借用动量词”》，《中国语文》2011年第4期。

陆俭明：《修辞的基础——语义和谐律》，《当代修辞学》2010年第1期。

施春宏：《互动构式语法的基本理念及其研究路径》，《当代修辞学》2016年第2期。

殷志平：《试论“一V一V”格式》，《中国语文》1996年第2期。

张敏：《认知语言学与汉语名词短语》，中国社会科学出版社，1998。

张宁：《昆山方言的重叠式》，《方言》1987年第1期。

Comrie, B. 1976 *Aspect.* Cambridge: Cambridge University Press.

Goldberg, Adele E. 1995 *Construction: A Construction Grammar Approach to Argument Structure.* Chicago: University of Chicago Press.

Langacker, Ronald W. 1987 *Foundations of Cognitive Grammar. Vol. 1: Theoretical Prerequisites.* Stanford, Cal: Stanford University Press.

Smith, C. 1991 *The Parameter of Aspect.* Dordrecht: Kluwer Academic Publishers.

William Croft, D. Alan Cruse. 2006 *Cognitive Linguistics.* Beijing: Peking University Press.

An Interactive Analysis on the Iterative Construction "yi V yi V" in Mandarin Chinese

ZHANG Juan

Abstract: There are typical form and non-typical form of aspect. Iterative Construction "yi V yi V" is a kind of non-typical one. Basing on the theory of Construction Grammar, this paper makes an interactive analysis on "yi V yi V" construction in mandarin Chinese. The conclusion is that: (1) The meanings of construction "yi V yi V" consist of two parts: iterative and state. (2) Due to the restriction of the meaning of "yi V yi V" construction, the verbs in the "yi V yi V" construction are the semelfactives verbs, which represent internal event or reflexive event, Some of the them are coerced by the construction. (3) Construction "yi A yi A" is the result of the integration which is basing on the similarities between the old and new experiences.

Keywords: iterative, aspect, reduplication, construction, situation types

琉球官话课本选择问句及相关问题*

王　琳

（北京华文学院）

提　要　有南方方言色彩的琉球官话课本中选择问句均使用连词“还是”连接，两项之间不使用语气词，与当时北方官话、北方方言作品中并用语气词、连词连接的方式不同。这种差异在更早的历史文献中就存在，直到现代汉语初期文献中仍继续保留。至今，现代南北方言依然保持着这种类型上的差异。

关键词　琉球官话课本　选择问句　南北方言　类型差异

吕叔湘先生（1990：284）：“叠用两个互相补充的是非问句，询问对方孰是孰非，就成为抉择问句。”现在学界通常将其称为选择问句。吕先生（1990：284）认为：“白话里这类问句可以在句末用语气词‘呢’或‘啊’（不用‘吗’），也可以不用；用语气词，可以上下句都用，也可以单用在上句或下句。上下两小句之间，多数用关系词来联络，也有不用的。”[①] 吕先生

* 本项研究受到国家社会科学基金重大项目“海外珍藏汉语文献与南方明清汉语研究”（项目号：12&ZD178）和北京华文学院“清末河间府方言文献《汉语入门》的多角度研究”（项目号：HW－19－B02）的资助。琉球官话课本即清中叶琉球国人学习汉语官话的课本，主要作于18世纪，其中语料价值较高的有：日本天理大学藏本《官话问答便语》（简称《官》）、《白姓官话》（简称《白》）、琉球写本《人中画》（简称琉本《人》）、《学官话》（简称《学》）。其中琉本《人》由五个故事组成，包括：《风流配》《自作孽》《狭路逢》《终有报》《寒彻骨》，为行文方便，均以首字简称，数字表示每个故事的回目。

① 吕先生还从形式上，把反复问句看作抉择问句。我们在这里讨论的并列项选择问句包括正反两项的情况，但与反复问句还有区别：前者有连词或语气词分隔开，后者则没有。

生把选择问句中语气词或关系词出现的主要形式概括得很精当，但是，他没有将这两种形式在汉语史中出现的情况和在方言中出现的倾向性分布情况做更进一步的说明。

不少学者对现代汉语选择问句进行了系统的考察，如邵敬敏先生（1996）探讨过现代汉语选择问句的形式特点、前后选择项的语义关系、相同项的省略规则等。也有不少学者对单点方言的选择问句进行了深入的研究，但至今仍未见到对选择问句的类型分布的研究。本文从珍贵的海外文献琉球官话系列课本中的选择问句谈起，纵向利用历时文献，横向考察现代南北方言中的类型差异。

1. 琉球官话课本中的选择问句

据徐正考（1996）对近代汉语文献中选择疑问句的系统考察，元明时期繁式系统以“A、B”式为主，而“是 A，是 B”式虽已表现出较强的活力，但并不占优势；到了清代“是 A，是 B”式才占了绝对优势。有鲜明的汉语南方方言色彩（李炜、濑户口律子，2007）的琉球官话系列课本中选择问句的使用情况与徐正考对清代选择问句考察的情况不大一致，课本中共出现的 16 例选择问句，均使用了连接词“还是”而非“是”。清代还有大量使用语气词的情况，我们在琉球官话系列课本中未曾见到。

琉球官话课本中并列项成分为谓词性成分的用例有：

（1）陪他还是作揖，还是磕头？（《琉/风/二》）

（2）还是坐着，还是站着？（《琉/风/二》）

（3）妹妹既然迎来，断没有空回的道理，还是通知他父母，还是交付给新郎？（《琉/风/三》）

（4）那人又相相说：“老先生还是要奉承，还是要直说呢？”（《琉/自/二》）

（5）你是万家丫鬟？叫甚么名字？还是给李春荣拐带出来，还是

有甚么冤苦自家投水?(《琉/狭/二》)

(6)大人既奉旨进京,孩儿还是跟大人上京,还是在这里住?(《琉/寒/一》)

(7)他的女儿如今还是嫁了人,还是没有嫁人呢?(《琉/寒/三》)

(8)如此看来,我想这神明有灵感,还是没灵感呢?(《官》)

(9)今年进贡,还是等这个船回来,才去得呢?还是另有船去呢?(《白》)

(10)恭喜恭喜,如今接贡船既回来,听见那霸造新船,又动工了,还是用接贡的船去,还是等那新船去呢?(《白》)

(11)你们国王,是称万岁,还是称千岁呢?(《学》)

(12)你们在大清是哨船,还是做买卖的船?(《学》)

(13)那苏州的光景,是城里热闹,还是城外热闹呢?(《学》)

在18世纪中叶以前的《官》、《白》和琉本《人》中,并列选择项第一项和第二项之前均使用“还是”,即为“(还)是……,还是……?”,这与现代汉语普通话不同;但在成书最晚的《学》(成书于18世纪末)中,我们发现了3例第一项连接词为“是”的句子,即“是……,还是……?”,这与现代汉语普通话相同。

琉球官话课本中并列项成分为体词性成分的用例如下。

(14)这黄舆还是你的亲戚,还是你的朋友呢?(《琉/自/二》)

(15)你这样讲,真是我的爹爹了!怎么在这里,是鬼,还是梦呢?(《琉/狭/三》)

(16)是大琉球国,还是小琉球国呢?(《官》)

现代汉语普通话可以使用连词,也可以仅使用语气词连接两个并列项。

(17) 你是学生，还是老师？

(18) 你吃馒头呢？吃大米（呢）？

琉球官话系列课本中没有出现例（18）这样只使用语气词的选择问句，两个并列项之间使用了语气词的用例仅见例（9）。虽然并列项的连接方式有两种，但琉球官话系列课本中仅使用连词连接选择问句的并列项占绝大多数。

2. 历史语料中选择问句的两种类型

在先秦两汉时期表示并列选择问句通常采用两种方式：一是在并列的两个分句之后加上一般相同的语气助词；二是将“将、且、抑”等选择连词置于第二分句句首，与句末语气助词相呼应。

据刘子瑜（1994）对敦煌变文的考察，并列选择问句以带连接词的用例为主，占78.7%。

张美兰（2001）通过将《祖堂集》《五灯会元》《元曲选》等书的选择问句与同时期前后作品做对比考查，总结出该句式在当时的用法特性：两个选择项之间的关联词可用可不用，多数不用句末语气词。

(19) 问：“啐啄同时，如何瞻睹？”师云：“是动是静？”问：“出壳时如何？”师云：“是末是本？”又云：“见么？”（《古尊宿语录》卷35）

徐正考（1988）指出，宋代的“是”字并列选择问句很普遍了，两宋禅宗语录用例更多。

我们认为这与禅宗语录的南方方言性质有很大关系，因为在与《元曲选》同时代的能够代表当时北方官话的古本《老乞大》《朴通事》中，并列选择问句多在选择前项末用语气词“那”，仅有几例例外。古本《老乞大》共10例，有 8 例使用语气词；《朴通事》共 11 例，有 9 例使用语气词。如：

(20) 客人，你要南京的那？杭州的那？苏州的那？（古本《老乞大》）

(21) 你这马是一个主儿的那？是各自己的？（古本《老乞大》）

另据丁勇（2007）对元代句中语气词使用的地域考察，《典》《条格》《元碑》《元杂》《老》等反映北方官话的作品习惯在选择项间使用句中语气词，出现率最高的是“那”；而《琵》《小》《宦》等反映南方官话的作品较少甚至不用语气词。与此相应的是，北方官话关联词的出现率要低于南方官话。在 13 种材料中，共有 65 例选择问句，其中北方官话 55 例，使用连接词的有 26 例，占 47%，如果剔除仿古的文言连接词 16 例，那么使用连接词的选择问句仅占总数的 18%，南方官话 10 例，使用连接词的有 5 例，占总数的 50%。这至少表明一种趋向：元代南方官话和北方官话连接并列项选择问句的方式是不同的：南方官话选择使用连接词，而北方官话更倾向于间入语气词。

年代稍后，成书于 16 世纪下半叶至 17 世纪初的反映山东一带方言的《金瓶梅词话》① 中共出现的 33 例选择问句中，没有使用连词而使用了语气词的用例有 26 例之多，占总数的 79%。如：

(22) 壮士，你是人也，神也？（《金瓶梅词话》第 1 回）

与琉球官话系列课本同时期或之后的语料是否延续了这种类型差别呢？我们考察了几乎与琉球官话系列课本同时期的北方官话作品《老乞大新释》和《重刊老乞大》，与古本《老乞大》一致的是共 10 例选择疑问句，分别有 8 例、7 例均使用语气词，语气词从古本的“那”换为“啊”。如：

① 《金瓶梅词话》是用北方官话写的，并且有大量的山东方言（刘一之，1988）。

(23) 20A—你这般学汉儿文书呵，是你自意里学来那，你的爷娘教你学来？是俺爷娘教我学来。(古本《老乞大》)

20C—你这样学中国人的书，是你自己要去学来啊，还是你的父母教你去学的么？是我父母教我去学的。(《老乞大新释》)

20D—你这样学中国人的书，是你自心里要学来啊，还是你的父母教你去学的么？是我父母教我去学的。(《重刊老乞大》)

在与琉球官话课本同时期且反映河南方言特色的《歧路灯》中，选择问句共有 48 例，其中使用连词的仅有 4 例，占选择问句总数的 8%，其余 44 例均不使用连词。在未使用连词的 44 例中，有 34 例在前一项后使用了语气词，使用语气词的选择问句占到了 77%。如：

(24) 我不懂的，你只说还叫我戴着驴遮眼，进衙门打那同胞兄弟争家业的官司，去也不去？(《歧路灯》第 70 回)

(25) 俺如今也伺候不上大叔来，大叔也不要俺伺候，情愿自寻出路，大叔放也不放？(《歧路灯》第 80 回)

以山东方言为背景的《聊斋俚曲集》共出现了 21 例选择问句，17 例在前一项后使用了语气词，占总数的 81%。如：

(26) 姐夫，你怎么一条汉子，还害怕么？有狼哩？有虎哩？(《聊斋俚曲集》第 14 回)

《小额》中仅出现 1 例选择问句，不使用连词，且在第一项末使用语气词。

(27) 这回事情，亲家太太可要细想想，事到如今啦，可也真没法子，是人要紧哪，是钱要紧哪？(《小额》)

《官话类编》中共出现 12 例选择疑问句，在第一分句句末均使用语气词，其中“呢”5 例，“吗”3 例，“啊”3 例，“呀”1 例。在第二分句句首也均使用了连词，其中“还是”6 例，“或者”1 例。所有出现的 12 例中，句子末尾均有语气词“呢”“呀”“哪”。如：

（28）是都要现钱呢，还是要几张票子呢？

（29）你真个要入一个股份吗，或者是作戏/说着玩呢？

（30）请说爽撇/爽快话罢，你是愿意呀，是不愿意呀？

（31）听说你四百钱买了一个手炉，是新的啊，是旧的呢？

反映 19 世纪末河间府方言面貌的《汉语入门》中共出现 26 例选择疑问句，其中有 22 例在第一分句句末均使用语气词“哎”，占 84.6%。第二分句句首没有用连词“还是”的用例如下。

（32）先有的男哎，先有的女哎？

（33）这烧饼，是死面的哎，是发面的？

（34）这个药是饭前吃哎，是饭后吃呢？

我们又调查了代表清末北京官话的《官话指南》，发现该书中出现的 15 例选择疑问句均有语气词。如：

（35）您行医是竟瞧门脉呀，是还出马呢？（《官话指南》第二卷官商吐属第二章）

在与琉球官话课本同时期且反映江淮方言特色的《儒林外史》中，选择问句共有 22 例，其中“还是……，还是……？”8 例，“是……，是……？”7 例，“是……，还是……？”3 例，“是……，……？”3 例，前一项后使用语气词的仅见 2 例。如：

（36）前日承老父台所惠册页花卉，还是古人的呢？还是现在人画的？（《儒林外史》第1回）

（37）众位先生所讲中进士，是为名？是为利？（《儒林外史》第17回）

（38）这不知是司官的学问，还是书办的学问？（《儒林外史》第46回）

（39）他的脚步散散的，知他是到南京去？北京去了？（《儒林外史》第52回）

在与琉球官话课本基本同时期且反映当时南京官话的《华语官话语法》里，语料较为集中的《解罪手册》中，共有选择问句18例，第一项问句后均无语气词。如：

（40）是你不肯与他和，还是他不肯与你和？（《解罪条问》10）

（41）你发的誓是真是假？（《第二诫》2）

据考察，在清末《官话指南》的粤语版《粤语全书》中，选择疑问句出现了12例，选择项目间的连接词是“嗥”或“啵”，如：

（42）今晚食羊肉啵食鸡好呢？（21）

（43）呢个火炉烧煤嗥烧柴嘅呢？（22）

（44）唔知你笪地係实地啵新填嘅呢？（39）

杨敬宇（2006）认为它们在当时类似语气词。我们发现，即使是语气词，它与真正表达语气意义的“呢”还是有所不同：真正的语气词“呢”是不能进入两项之间的位置的，“嗥”或“啵”可以被认为是与吴语“勒”相平行的一种介乎语气词与连词之间的连接词。

综上，北方方言色彩的文献和南方方言色彩的文献在选择疑问句的表达上存在语法表现方式的不同：前者语气词与连词并用，并倾向于使用语气词；后者不大使用语气词，以使用连接词为常。我们将考察的文献整理为表1。

表1 清代以降文献中选择问句的表达形式

形式 文献	A项后有语气词X					A项后无语气词				
	AX，B？	是AX，是B？	AX，还是B？	是AX，还是B？	还是AX，还是B？	A，B？	是A，（是）B？	A，还是B？	是A，还是B？	还是A，还是B？
聊斋俚曲集	10	7				1	3			
歧路灯	37					1	9		1	
老乞大新释	4		1	2					1①	
重刊老乞大	3			2				1	1②	
汉语入门	5	17					4			
官话类编		5	2③	5						
官话指南		4		9			1	1		
儿女英雄传	10		1	6	6	1	9	3	4	3
小额		1								
琉球官话课本					1			1	5	9
儒林外史	1				1	7	3		3	7
解罪手册						2	10	3	3	
粤语全书								12		
官场现形记				2	3		1	5	3	15

经过统计，我们发现，斜体标出的有南方方言色彩的文献多使用连词，语气词使用较少，基本上延续了古代汉语的使用情况；有北方方言色彩的文献则两种手段均使用。这种类型上的分野承袭了元代的表现模式，那么其在现代汉语中的表现如何呢？

3. 现代南北方言选择问句表达的类型差异

琉球官话课本中选择问句两项之间均不使用语气词，使用连词“还是”连接，与清中叶以后的南方文献中表现一致，而与北方文献中的表现存在差异。那么在现代南北方言中的情况又是如何呢？

① 此例的关联词为“却是”。

② 此例的关联词为“却是”。

③ 《官话类编》中，有1例第二项前面的连接词不是“还是”，而是“或者”。

3.1 典型南方方言中选择问句的表达

我们搜集、调查了典型南方方言吴语、闽语、粤语、客语等中选择问句的表达形式，发现典型南方方言选择问句两项之间也均不使用语气词，而使用与“还是”相对应的连词连接。我们将典型南方方言选择问句的用例整理如表2所示。

表2　典型南方方言选择问句用例

吴语	苏州话	倷起得早勒①晏？（你起得早还是晚）
	上海话	伊是苏州人，还是上海人介？（转引自钱乃荣，2003）。
闽语	福州话	汝（是）去北京抑是去上海？（转引自甘于恩，2007）
	厦门话	伊是卜读册抑是卜要做工？（他想读书还是想工作）（转引自甘于恩，2007）
	莆田话	厚厚还是薄薄？（是很厚还是很薄呢）（转引自黄伯荣，1996）
粤语	广州话	今晚你睇电影定（係）唱K？ 今晚一齐去唱歌跳舞，抑或睇电影？（转引自彭小川，2010）
	阳江话	你看书，也（系）看报？（你看书，还是看报）（转引自黄伯荣，1996）
客家话	连城话	送人抑还是卖撇佢抑还是自家留起来？（把它送人呢，卖了呢，还是自己留着）（转引自项梦冰，1997）
	石城话	打针更快些好，还就食药？（打针更快好还是吃药）②
江淮官话	盐城话	明呃会你去，还是我去呃/啊？（转引自蔡华祥，2008）
湘语	邵阳话	你吃饭还是吃面？

吴语苏州话、上海话，闽语福州话、厦门话、莆田话，粤语广东话、阳江话，客家连城话、石城话，江淮官话盐城话，湘语邵阳话中的选择问句均不使用语气词，而使用连词连接并列项。具体而言，苏州话使用连接词“勒”；上海话使用“还是”；福州话使用“抑是”；厦门话通常用“是……

① 刘丹青（1991）认为吴语中的“勒”是个连接助词；李小凡（1998）认为这个“勒”是个连词，不仅可以连接两个谓词性并列项，而且可以连接两个体词性并列项，还可以用在陈述句中，如“伊香烟勒酒侪勿吃”（他香烟和酒都不会），“北京勒上海随便倷拣”（北京和上海随你挑）。如果认为“勒”是语气词就不能解释以上用例。

② 此例转引自曾毅平（2010a）。客家石城方言中也有“X 啊 Y?”的句式。曾毅平认为该句式中的“啊”与北方方言中的语气词不同，是一个正在向选择连词过渡的疑问语气词（2010a），或称“准连词”（曾毅平，2010b）。

抑是……”或“是要……抑是要……”，口语中可略作“抑”；莆田话使用“还是”或“还□ [a^{11}]”；广州话在并列项之间一般使用连词“定（係）”或“抑或”，前者的口语色彩很浓，后者的书面色彩稍浓；阳江话使用“乜”或“乜系”；连城话用“抑还是”来连接，“抑还是”不能省略；石城话用“还”或“还就”连接，可以省略，但不用语气词；盐城话、邵阳话均使用“还是”，不使用语气词。

综上，典型的现代南方方言的选择问句以使用连词为主，不大使用语气词连接。

3.2 北方方言选择问句的表达

在北方方言中，选择问句的表达形式主要表现为两种类型，一种是只使用语气词连接，以西北方言和晋语为主；另一种是语气词与连词兼用，以中部地区方言为代表。

据谢晓安、张淑敏（1990），王森（1993）的研究，甘肃临夏方言选择问句的选择项不使用关联词“是” “还是” （“是”）相呼应，构成“是……，还是（是）……”一类的格式，而是在选择项的末尾出现语气词（前一项末尾一定出现语气词），由语气词构成格式。

（45）你吃些呢么喝些呢？［你吃点什么（呢），还是喝点什么（呢）］

（46）兀一千元钱盖了房子了么买了牲口了？［那一千块钱是用来盖了房子了（呢），还是用来买了牲口了（呢）］

（47）白杨树高么柳树高？［白杨树高（呢），还是柳树高（呢）］

另据宋金兰（1993）的调查，除了甘肃的临夏话，青海的西宁话亦然，都是以语气词作为句法标志的，有基式“A 吗 B”，还有变式“A 呢吗 B（呢）”①。

① 语气词“吗”，临夏话读 mu，西宁话读 ma。语气词“呢”，临夏话读 ni，西宁话读 li。

(48) 我们走上去吗跑上去?

(49) 明早晴呢吗下呢?

新疆霍城县方言虽属于中原官话北疆片区，但有明显兰银官话痕迹(李金葆、梅芳，2001)。其选择疑问句的格式为“A(呢)吗B(呢)”。

(50) 尕娃娶下的媳妇俊吗丑?(尕娃娶的媳妇漂亮还是丑)

(51) 你现在是去吗不去?(你现在去还是不去)

(52) 你是先吃些呢吗喝些呢?(你是先吃点儿还是先喝点儿)

(53) 明早晴呢吗下呢?(明天早晨天是晴还是下雨)

(54) 你饭哈吃呢么不吃?(你到底吃不吃饭)

(55) 今个学里你去呢么不去?(今天你上不上学)

另据我们的调查，新疆汉语方言的选择问句多不使用连词。位于中原官话和兰银官话交汇地带的宁夏，其同心话的常用句式是“X吗Y”“X哩吗Y哩”，连词可有可无，使用频率较低，在有的句子里用反而多余，不符合当地习惯(张安生，2003)。

(56) 生的丫头吗儿子?

(57) 吃面哩吗吃米饭哩?

(58) 去吗不去?

据我们的调查，同心话老派基本不用连词。此外，其他西北(新、陕、甘、宁)方言也有与同心话一致的表达。如[①]:

① 以下用例关中话转引自孙立新(2004)、西峰话转引自孙建强(1999)、洛塘话转引自莫超(2004)，其他方言转引自张安生(2003)。另外据我们的调查，以下地区方言中有使用“是……还是……”格式的，如太原，但据我们证实，这种格式多为新派的表达方式，且口语中常见的还是“……呀，……呀?”“……嘞，……嘞?”“……来，……来?”等格式。

新疆乌鲁木齐话：你大哩吗我大？

陕西西安话：啥最贵？金子吗银子？

陕西商县话：是“大”字吗是“太”字？

陕西华县话：不吃吗吃哩？

甘肃兰州话：走哩吗缓哩？

甘肃西峰话：你说碎杏核好砸吗大杏核好砸？（你说小杏核好砸还是大杏核好砸）

甘肃洛塘话：你今天去吗不去？

宁夏银川话：娃醒了吗是睡着哩？

宁夏固原话：去年冷吗啊不冷？

在陕北方言中也大量存在这种“X 么 Y”的选择问句的形式，可插入表达不同体貌意义的语气词，关联词的使用频率很低（马晓琴，2004），例略。

山西方言的选择问句的固有格式是由语气词（不同地区的语气词有不同的形式）互相呼应来体现的，一般不像普通话那样用“是……还是……”来连接（李改祥，2005）。如：

中区太原话：喝稀的嘞吃干的嘞？

西区汾阳话：你们吃米饭咧吃馍馍咧？

北区大同话：你吃米饭呢吃馒头呢？

北区忻州话：看电影呀看戏呀？

东南区长治话：你吃面哩吃大米哩？

屯留话（转引自王芳，2009）：吃米嘞吃面嘞？

吃米呀吃面呀？

你去来他去来？

武乡话（转引自史素芬，2002）：吃米嘞吃面嘞？

吃米呀吃面呀？

你可来他可来？（你去了呢？还是他去了？）

南区新绛话：你墙上上灰哩焉上泥哩唧？

娄烦话：你赢哩啊输哩？

原平话：你吃大米呀吃面呀？

据我们调查，表示未然事件时，选择问句的语气词多选用“嘞”“咧”“呢”“呀”“哩”等，表示已然事件时，多用“来”。由于受到普通话的影响，山西方言新派也有用“是……还是……”“……还是……”等连接词的格式，但是连接词常常被省略。

张安生（2003）认为，同心话选择问句中的“吗”是兼有一定连词功能的疑问语气词，是和并列问项的结构方式同样重要的表达“选择提问”义的结构要素。我们认为这不仅适用于同心话，在其他所举青、新、陕、甘、宁、晋等西北和晋方言地区，疑问语气词均是表达“选择提问”义的结构要素。

在中部地区方言中，选择问句的表达往往很自由，有连词和语气词兼用的形式，也有只使用语气词的形式，还有二者均不使用，以语调来表现的零形式，但仍以连词和语气词兼用的形式为主。如：

河南浚县话：是你去嘞？还是他去嘞？

河北唐山话：这双鞋，你是买欸，还是不买？

山东临沂话：你去啊，还是他去啊？

黑龙江哈尔滨话：你去啊？他去啊？

山东枣庄话：你吃米饭吃煎饼？

河南中牟话：你想吃面条想吃米？

由此可见，现代南北方言选择疑问句的语法表现也存在类型选择上的不同，即北方方言以并用语气词、连词为主；南方方言不大使用语气词，以连词为主。这种类型差异与元代、清中叶的南北官话的差异是平行一致的。

4. 结论

为何南方方言沿用古汉语使用连词的传统，而北方方言却以使用语气词为主呢？

语言的演变不但有本族语自身的变异，也难免有亲属语言、周边语言之间的相互渗透。关于汉语及其方言与汉藏系诸语言的相互关系和相互作用，这些年来引起了国内外学者很大的关注（李如龙，1997）。

宋金兰（1993）曾指出，阿尔泰语系诸多语言里的选择问句多属于“A吗，B吗”这种类型，如：

蒙古语：tʃiitʃîn baatrĩ goog uu, duu juu?
你 巴特尔 哥哥 吗 弟弟 吗
你是巴特尔的哥哥还是弟弟？

东裕固语：tʃəmadə qudaʁa bii ju, uɤui ju?
你 刀子 有 吗 没有 吗
你有没有刀子？

西裕固语：sen barɤəʂ me, men barɤəʂ me?
你 将去 吗 我 将去 吗
是你去还是我去？

阿尔泰诸语是不使用连词连接并列项的。众所周知，西北地区在历史上曾与邻近的阿尔泰文化有过长期而密切的接触，文化的接触不可避免地带来语言的接触。我们不能排除南北方言在选择问句的表达手段上存在的类型差异是语言接触引发的可能，这样也符合南方方言承自古代汉语，而北方方言在民族融合期，尤其是元代、清代发生较大变化的历史事实。

参考文献

蔡华祥：《江苏盐城话的疑问语气词》，《汉语学报》2008 年第 1 期。

丁勇：《元代汉语句法专题研究》，华中科技大学博士学位论文，2007。

甘于恩：《闽方言疑问句比较研究》，《暨南学报》2007 年第 3 期。

黄伯荣主编《汉语语法类编》，青岛出版社，1996。

李改详：《山西方言的疑问句》，《山西大学学报》2005 年第 3 期。

李金葆、梅芳：《简论新疆霍城县特色汉语土语的形成及其语法特点》，《语言与翻译》2001 年第 2 期。

李如龙："前言"，李如龙、张双庆主编《动词谓语句》，暨南大学出版社，1997。

李炜、濑户口律子：《琉球官话课本中表使役、被动义的"给"》，《中国语文》2007 年第 2 期。

李小凡：《苏州方言语法研究》，北京大学出版社，1998。

吕叔湘：《中国文法要略》，商务印书馆，1990。

刘丹青：《苏州方言的发问句与"可 VP"句式》，《中国语文》1991 年第 1 期。

刘一之：《关于北方方言中第一人称代词复数包括式和排除式对立的产生年代》，《语言学论丛》1988 年第 15 辑。

刘子瑜：《敦煌变文中的选择疑问句式》，《古代汉语研究》1994 年第 4 期。

马晓琴：《陕北方言的选择问句》，《社会科学家》2004 年第 2 期。

莫超：《白龙江流域汉语方言语法研究》，南京师范大学博士学位论文，2004。

彭小川：《粤方言（广州话）疑问范畴研究》，邵敬敏等主编《汉语方言疑问范畴比较研究》，暨南大学出版社，2010。

钱乃荣：《北部吴语研究》，上海大学出版社，2003。

邵敬敏：《现代汉语疑问句研究》，华东师范大学出版社，1996。

史素芬：《山西武乡方言的选择问句》，《语文研究》2002 年第 2 期。

宋金兰：《甘青汉语选择问句的特点》，《民族语文》1993 年第 1 期。

孙建强：《甘肃西峰话中的疑问句》，陈恩全主编《双语双方言（六）》，汉学出版社，1999。

孙立新：《陕西方言漫话》，中国社会出版社，2004。

王芳：《山西屯留方言的疑问句》，《语言应用研究》2009 年第 1 期。

王森：《甘肃临夏方言的两种语序》，《方言》1993 年第 3 期。

项梦冰：《连城客家话语法研究》，语文出版社，1997。

谢晓安、张淑敏：《甘肃临夏方言的疑问句》，《兰州大学学报》1990 年第 3 期。

徐正考：《唐五代选择疑问句系统初探》，《吉林大学社会科学学报》1988 年第 2 期。

徐正考：《清代汉语选择疑问句系统》，《吉林大学社会科学学报》1996 年第 5 期。

杨敬宇：《清末粤方言语法及其发展研究》，广东人民出版社，2006。

张安生：《宁夏同心话的选择性问句——兼论西北方言“X吗Y”句式的来历》，《方言》2003年第1期。

张美兰：《近代汉语语言研究》，天津教育出版社，2001。

曾毅平：《客家方言（石城话）疑问范畴研究》，邵敬敏等主编《汉语方言疑问范畴比较研究》，暨南大学出版社，2010a。

曾毅平：《汉语方言选择问比较研究》，邵敬敏等主编《汉语方言疑问范畴比较研究》，暨南大学出版社，2010b。

On the Selection Questions in Ryukyu's Mandarin Chinese Textbooks and the Questions Related

WANG Lin

Abstract: In the Ryukyu Mandarin dialect textbooks, the selection questions are connected by the conjunction "Hai shi", and no mood words are used between the two items, which is different from the use of the conjunction of the mood words and conjunctions in the northern Mandarin and northern dialect works at that time. This difference existed in the earlier historical documents, and continued to be retained in the early modern Chinese literature. So far, the modern dialects of North and South still maintain this type of difference. Meanwhile, this finding is of typological significance.

Keywords: Ryukyu's mandarin Chinese textbooks, selection questions, northern and southern dialect, typological differences

粤语判断义的“话”*

邓思颖
（香港中文大学中国语言及文学系）

提　要　本文研究粤语判断义“话”的语法问题。在陈述句里，“话”的主语指向说话人，在疑问句里，主语指向听话人，不能指向第三人称的主语。“话”呈现根句现象，只用于根句层面，不能在非根句层面出现。本文认为，对说话者而言，判断义“话”表达了说话人的判断或意图。句法上，判断义“话”所组成的短语，内部结构已“固化”，并附接到跟程度相关的FP2，作为FP2的状语，不能低于FP2，但也不能置于句子最高的位置。

关键词　言谈动词　状语　言语行为　制图理论　粤语语法

1. 粤语“‘话’字家族”

香港粤语（以下简称“粤语”）中“话”有多种用法，语法分布也很广，形成一个“‘话’字家族”，有不少值得注意之处。“话”[wa²²]是一个言谈动词，等于普通话的“说”，有言语表达义，如（1），也有所谓告诉义，如（2）。除“话”外，粤语的言谈动词还有一个“讲”[kɔŋ³⁵]。两者

* 本文部分内容曾在“第二十届粤语讨论会”（香港2020年6月）报告过，与会者提出不少建议，对改进本文很有帮助。此外，本研究获香港特别行政区研究资助局优配研究金（General Research Fund，GRF）题为“Sentence-Final Particles in Cantonese Interrogatives：An Interface Study”研究计划（编号：14621719）的部分资助，特此致谢。

虽有相似之处，但语法特点有差异（邓思颖，2018）。粤语动词“话”还可以表示劝说、责备的意思，如（3）和（4），还表示认为，如（5）。

（1）佢话听日会落雨。他说明天会下雨。

（2）我话你知啦。我告诉你吧。

（3）你话吓佢啦。你劝劝他吧。

（4）佢畀人话。他被人责备。

（5）你话点好呢？你看怎么办才好？

此外，“话”还有一些较为“虚”的用法，用作标句词（complementizer），引领小句宾语（Hwang，1998；Yeung，2006；Matthews and Yip，2011），如（6）；用作疑问类句末助词，用于回声问句（echo question），读作阴上调［wa35］（Tang，1998；邓思颖，2006a/2015；Matthews and Yip，2011）；句末的“话”改变了元音，成为“喎”［wɔ13］（Chao，1947；张洪年，2007），属于祈使类句末助词（邓思颖，2015），表示转达别人的意见（饶秉才、欧阳觉亚、周无忌，1981/2016；Tang，2015），如（8）；也有一个出现在小句末的“话”，既可读阳去调［wa22］，也可读阴上调［wa35］，并跟“嘅”组合，用以标记条件句，如（9）。

（6）我呃佢话天文台报告气温跌到十度。我欺骗他说天文台报告气温下降到十度。

（7）你食乜嘢话？什么？你吃什么？

（8）佢会去喎。听说他会去。

（9）佢去嘅话，我就唔去。他去的话，我就不去。

上述有关“话”的种种用法，无论是“实”还是“虚”，都值得深入研究，有助于我们了解“话”各种意义和功能的关系，探索其在句法结构中的层次高低问题，甚至扩展到其他方言和语言言谈动词的研究，从而对人类语言言谈动词有更全面的认识。

本文集中讨论表示认为、判断的“话”，如（5）。为方便讨论，这种例子的意义，称为“判断义”。假如把粤语的“话”对应为普通话的“说”，显然（5）的“话”不能直译为“说”。研究粤语判断义“话”的特点，对方言语法的研究，应有一定的启示作用。事实上，判断义“话”的用法，文献好像较少关注和讨论，怎样跟典型的言谈动词区分开来，确实是个饶有趣味的课题。本文尝试填补这个空缺，描述判断义“话”的语法特点和限制。

2. 文献回顾

Lau（1977）把“话”的几种意义翻译为英语，其中一种翻译为“be of the opinion”。虽然没有举出例子，但相信这个意义就是本文所讨论的判断义。饶秉才、欧阳觉亚、周无忌（1981：220；2016：280）注意到判断义的“话”，认为这个“话”表示“观察并加以判断”，并举了例子（5）和（10）。郑定欧（1997：23）记录了表示“认为”的“话”，如（11）。张励妍、倪列怀（1999：378），张励妍、倪列怀、潘礼美（2018：597），刘扳盛（2008：387）等认为“话”表示“看、认为”，如（12）。此外，张励妍、倪列怀（1999：378），张励妍、倪列怀、潘礼美（2018：597）还举了例子（13）。这个“计”的用法挺有意思，表示“照、按照、依”（饶秉才、欧阳觉亚、周无忌，1981/2016；郑定欧，1997；张励妍、倪列怀，1999；张励妍、倪列怀、潘礼美，2018 等），（14）来自饶秉才、欧阳觉亚、周无忌（1981：68；2016：84）。

（10）我话佢唔错。我看他不错。

（11）你话点算吖？你看怎么办？

（12）我话你噉做唔啱。我认为你这样做不对。

（13）计我话你就唔好去。依我看你就别去。

（14）计你话点好吖？依你说怎么好呢？

3. 判断义“话”的条件

言语表达义、判断义、责备义的“话”，最明显的差别，是责备义的“话”只选择体词成分做宾语，如（4）的代词“佢”，而言语表达义和判断义的“话”，选择谓词成分做宾语，如（1）的小句“听日会落雨”（明天会下雨）和（5）的“点好”（怎么办才好）。

言语表达义的“话”所表达的事件属于达成类事件（achievements）（邓思颖，2018），虽然过程是极短的，但属于动态事件，经历体动词后缀“过”可黏附在“话”之后，如（15）；相比之下，判断义的“话”不能跟“过”共现，如（16）。假如（16）可以接受的话，“话”应理解为言语表达义，而不是判断义。简单来讲，后接小句的“话”，所表达的意思原则上有歧义，既可表示言语表达义，又可表示判断义。

（15）佢话过听日会落雨。他说过明天会下雨。

（16）（*）我话过佢唔错。我看（*过）他不错。/我说过他不错。

（17）*你话过点算？你看（*过）怎么办？

不过，加上（13）的“计我”，“话”就只能表示判断义，没有言语表达义，“过”的出现不能接受，如（18）。这里的“计”，可对应为普通话的“照、按照、依”（饶秉才、欧阳觉亚、周无忌，1981/2016）。

（18）计我话（*过）佢唔错。依我看（*过）他不错。

除经历体“过”，表示完成体的“咗”也有类似的情况。加上“咗”的“话”，如果能够接受的话，应理解为言语表达义，而不是判断义，如（20）。加上“计我”的“话”只表示判断义，（21）不能接受的语感更为明显。

(19) 佢话咗听日会落雨。他说了明天会下雨。

(20) (*) 我话咗佢唔错。我看(*了)他不错。/我说了他不错。

(21) 计我话 (*咗) 佢唔错。依我看(*了)他不错。

判断义“话”不能被否定词否定，如 (22)；也不能形成反复问句，如 (23)。

(22) *计我有/唔/未话听日会落雨。依我(*没/不/还没)看明天会下雨。

(23) *计你有冇话听日会落雨?依你(*有没有)看明天会下雨?

判断义的“话”，对主语有一定的限制。(1) 的主语是第三人称“佢”(他)，“话”不表示判断义，只能理解为言语表达义。除代词外，(24) 的主语是“小明”或“嗰个人”(那个人)，“话”也只能理解为言语表达义。如果把主语换成第一人称“我”，“话”的理解有歧义，既可以是言语表达义，也可以是判断义，如 (25)。

(24) 小明/嗰个人话佢唔错。小明/那个人说/*看他不错。

(25) 我话佢唔错。我说/看他不错。

第一人称的主语必须是单数。除非第一人称复数主语所指是说话人本人，否则接受度稍逊。如能接受的话，“话”理解为言语表达义比较好，如 (26)。如果主语改为“我同其他老师”(我和其他老师)，如 (27)，“话”就只能理解为言语表达义。

(26) (?) 我哋话佢唔错。我们说/?看他不错。

(27) (*) 我同其他老师都话佢唔错。我和其他老师都说/*看他不错。

如果把主语换成第二人称的“你”或“你哋”（你们），“话”的判断义不太彰显，只保留了言语表达义，如（28）。

（28）（＊）你/你哋话佢唔错。你/你们说/＊看他不错。

（5）和（11）的主语虽然是“你”，“话”却理解为判断义。（5）跟（28）不同之处，就是（5）是疑问句而（28）是陈述句。（5）和（11）的“话”，后面的小句是疑问句。除疑问词“点”（怎么）外，由其他疑问词形成的特指问句，都可以接受。

（29）你话边个会去呢？你看谁会去呢？

（30）你话佢食咗乜嘢呢？你看他吃了什么？

（31）你话几时会落雨呢？你看什么时候会下雨呢？

（32）你话佢点解会去呢？你看他为什么会去呢？

“话”后接反复问句或选择问句，也可以表示判断义，如（33）、（34）和（35）。

（33）你话佢去唔去呢？你看他去不去呢？

（34）你话佢去未呢？你看他已经去了没？

（35）你话佢饮奶茶定咖啡呢？你看他喝奶茶还是咖啡呢？

综上所述，“话”后接疑问句，里面所包含的疑问词或表示疑问的成分，有广域（wide scope）的解读，即整个句子理解为疑问句。

无论是通过疑问代词［如（36）］还是句末助词［如（37）］所形成的疑问句，主语是第三人称的话，“话”都只能理解为言语表达义，而判断义却消失了。

(36) (*) 佢话几时会落雨呢?他说/*看什么时候会下雨呢?

(37) (*) 佢话听日会落雨哦嗬?他说/*看明天会下雨吧,对吗?

疑问句（38）和（39）的主语都是第一人称，“话”不能理解为判断义，好像说话人在功能上难以问对方自己的判断，即使说话人有失忆症，也不能这样问。(40）和（41）的动词换作“估”（估计），问题更容易凸显出来，间接印证了（38）和（39）判断义“话”的语感。

(38) (*) 我话几时会落雨呢?我说/*看什么时候会下雨呢?

(39) (*) 我话听日会落雨哦嗬?我说/*看明天会下雨吧,对吗?

(40) *我估几时会落雨呢?*我估计什么时候会下雨呢?

(41) *我估听日会落雨哦嗬?*我估计明天会下雨吧,对吗?

判断义“话”对主语的要求，简单总结一下：陈述句的主语指向说话人，疑问句的主语指向听话人，第三人称的主语不能接受。对主语的要求，可以通过加上“计”作为验证。(42）是陈述句，“话”的主语只能是指向说话人的“我”；（43）是疑问句，主语指向听话人的“你”。疑问句以“你”作为主语的例子，也见于本文例（14）。

(42) 计我/*你/*佢话听日会落雨。依我/*你/*他看明天会下雨。

(43) 计*我/你/*佢话几时会落雨呢?依*我/你/*他看什么时候会下雨呢?

在所谓倒装句中，即使词序改变了，“话”的位置改变了，对主语的要求依然不变，如（44）和（45）。

(44) 听日会落雨，计我/*你/*佢话。明天会下雨,依我/*你/*他看。

(45) 几时会落雨呢？计*我/你/*佢话。什么时候会下雨呢?依*我/你/*他看。

第一人称主语指向说话人，加上“计”更容易凸显语感的差异。如果(46)、(47)能接受的话，第一人称复数主语“我哋”（我们）其实指向说话人本人。如果换成“我同其他老师”（我和其他老师），如（48）和(49)，明显不合语法。

(46)（?）计我哋话听日会落雨。依我们看明天会下雨。

(47)（?）听日会落雨，计我哋话。明天会下雨，依我们看。

(48) *计我同其他老师都话听日会落雨。我和其他老师都说/*看明天会下雨。

(49) *听日会落雨，计我同其他老师都话。明天会下雨，依我们看。

“话”的主语不能是疑问代词，(50）和（51）是不合语法的。

(50) *计边个话听日会落雨？*依谁看明天会下雨？

(51) *计几多人话听日会落雨？*依多少人看明天会下雨？

“话”在不少情况下会有歧义，容易模糊了言语表达义和判断义，为避免混淆，以下的讨论，将主要以加上“计”的“话”字句作为示例，容易凸显“话”的判断义。

4. 根句现象

判断义的“话”，只能用于根句层面，不能在非根句层面出现，如作为复句分句的（52)、关系小句的（53)、小句宾语的（54)，都不能接受。

(52) * [如果计我话听日会落雨]，我就唔去。*如果依我看明天会下雨，我就不去。

(53) *呢个就系［计我话钟意语言学］嘅人。*这个就是依我看喜欢语言学的人。

(54) *小明信［计我话听日会落雨］。*小明相信依我看明天会下雨。

相比之下，言语表达义的“话”所组成的小句，可以用作复句的分句［如（55）］、关系小句［如（56）］、小句宾语［如（57）］。判断义“话”呈现根句现象，而言语表达义的“话”却没有这个要求。

（55）［如果佢话过听日会落雨］，我就唔去。如果他说过明天会下雨，我就不去。

（56）呢个就系［佢话过钟意语言学］嘅人。这个就是他说过喜欢语言学的人。

（57）小明信［佢话过听日会落雨］。小明相信他说过明天会下雨。

假如判断义“话”跟后面的成分构成选择关系，即该成分由“话”所选择，理论上，这个成分应属于小句，作为“话”的小句宾语。既然是小句，就不能包含层次较高的句末助词，如属于情态类、疑问类、祈使类的句末助词（邓思颖，2015）。然而，（58）的“得㗎”［$tɐk^{55}$ ka^{35}］表示应该，属于情态类句末助词，（59）的“咩”［$mɛ^{55}$］是疑问类句末助词。从意义来看，（58）“得㗎”的辖域所覆盖的应该是小句内的“识飞”（会飞）而不是“计我话”，而（59）的“咩”的辖域所覆盖的是小句所表达的命题，即问明天会否下雨，而不是问听话者是否有这个判断。

（58）计我话我识飞先得㗎！依我看我会飞才行！

（59）计你话听日会落雨咩？你看明天会下雨吗？

跟言语表达义的“话”作一比较，可见两者有别。（60）的“得㗎”不能在“话过”的小句宾语内，语义上“得㗎”只能跟表示应该等情态意义的谓语搭配，不能表示经历体的谓语搭配，[①] 因此，（60）的“得㗎”不能

① 试比较以下两例的差异，（i）的谓语表示情态意义，属于未然事件，（ii）的谓语表示经历体，属于已然事件。

有关“得㗎”的语法特点，可参考黄卓琳（2014）的讨论。

（i）佢肯话先得㗎。（他肯说才行。）

（ii）＊佢话过先得㗎。（他说过才行。）

分析为出现在根句层面的句末助词。无论如何，（60）不合语法。虽然（61）可以接受，但“咩”的辖域覆盖根句，问是否说过，而不是问是否下雨，说明（61）的“咩”出现在根句，而不是小句宾语“听日会落雨”（明天会下雨）内。

（60）＊佢话过佢识飞先得㗎！他说过他会飞（＊才行）！

（61）佢话过听日会落雨咩？他真的说过明天会下雨吗？

“当然……定啦［$tɪŋ^{35}$ la^{55}］”和“最好……好喎［$wɔ^{33}$］”分别组成情态类和祈使类框式结构（邓思颖，2006b/2015），即状语“当然、最好”和句末助词“定啦、好喎”组成一个短语，位于同一个小句内，呈现局部（locality）效应。（62）和（63）两个例子，显示了组成框式结构的状语只能在小句“佢去”（他去）内，而不能在“计我话”的层面出现。

（62）（＊当然）计我话（当然）佢去定啦！（＊当然）依我看（当然）他去了！

（63）（＊最好）计我话（最好）佢去好喎。（＊最好）依我看（最好）他去最好！

至于指向听话人的疑问句，情况也差不多。“唔通……咩”组成一个框式结构，状语“唔通”（难道）只能在小句“听日会落雨”（明天会下雨）内，不能在“计你话”的层面出现。

（64）（＊唔通）计你话（唔通）听日会落雨咩？（＊难道）依你看（难道）明天会下雨吗？

通过移位的测试，进一步显示句末助词并非在“话”的层面出现。假如（58）的“我识飞”（我会飞）移出去，留下“（先）得㗎”，如（65），绝对不合语法；假如把（59）的“听日会落雨”（明天会下雨）移到句首，留下句末助词“咩”，(66) 的语感显然不能接受；相比之下，上述例子 (61)，作为言语表达义“话过”的小句宾语“听日会落雨”(明天会下雨)，如果移到句首，“咩”留在原位，如 (67)，这个例子合语法，由此说明了 (66) 的“咩”跟 (67) 有别。

(65) *我识飞，计我话____先得㗎！*我会飞，依我看才行！

(66) *听日会落雨，计你话____咩？*明天会下雨，依你看吗？

(67) 听日会落雨，佢话过____咩？明天会下雨，他说过吗？

根据本节的讨论，判断义“话”呈现根句现象。“话”后面的成分可包含句末助词，尤其是句法层次较高的情态类、疑问类、祈使类的句末助词，也就是一般根句所拥有的特征。包含这几类句末助词的成分，理论上，属于句子，即根句，而不是小句。假如由这些句末助词所组成的句子是根句，则不能作为任何述语（动词）的宾语，也不能跟“话”构成选择关系，那么，“话”的句法性质该怎样理解？这个问题，对句法学理论来说，显然是一个挑战。

5. 制图分析

既然判断义“话”跟后面的成分不构成选择关系，而“话”又呈现根句现象，本文假定“话”是附接于根句的状语。为了论证判断义“话”在句子里的层次高低，本文首先通过测试“话”和助动词的相对关系，找出“话”所处的位置，尤其是通过“制图理论”(cartography)(Cinque，1999；Rizzi，2004 等）的研究方法，以较为精准的句法结构，把“话”的句法特点描绘出来。为方便以下的讨论，本文假定汉语的句法结构主要由动词短语（VP）、轻动词短语（*v*P）、时间词短语（TP）、标句词短语（CP）和语气词短语（FP）组成（邓思颖，2010），简单的结构如（68）所描绘。

(68) [$_{FP}$ F [$_{CP}$ C [$_{TP}$ T [$_{vP}$ v [VP ……]]]]]

汉语的助动词可以划分为：知识（epistemic）、义务（deontic）、能愿（dynamic），它们在句法结构里有层次高低的分布。蔡维天（2010）认为知识助动词最高，在时间词短语 TP 之上；能愿助动词最低，在轻动词短语 vP 之下；义务助动词夹在中间，即 TP 和 vP 之间，如（69）所示，“MP”是由助动词组成的短语。

(69) [$_{MP}$知识助动词 [$_{TP}$ T [$_{MP}$义务助动词 [$_{vP}$ v [$_{MP}$能愿助动词 [$_{VP}$ V ……

根据蔡维天（2010）所提出的句法框架，粤语的知识助动词如“可能”，位于句法较高位置；能愿助动词如“肯、敢”最贴近谓语；义务助动词如“必须、应该”则在两者之间。下面的例子显示了“计我话”最容易接受的位置是句首；如果在“佢”（他）之后出现，除非有个停顿，否则不太能接受；如果在助动词之后出现，无论是（70）的知识助动词“可能”、（71）的义务助动词“必须”还是（72）的能愿助动词“肯”，语感都不好。根据上述（69）的句法结构，知识助动词在 TP 之上，那么，说明了判断义“话”必须在 TP 以上的层次出现，而不能在 TP 之下。

(70)（计我话）佢（？计我话）可能（＊计我话）帮手。依我看他可能帮忙。

(71)（计我话）佢（？计我话）必须（＊计我话）帮手。依我看他必须帮忙。

(72)（计我话）佢（？计我话）肯（＊计我话）帮手。依我看他肯帮忙。

（73）的“咪”［mɐi²²］跟焦点类句末助词“啰”［lɔ⁵⁵］组成框式结

构，而“啰”是语气词短语 FP 的中心语，在 CP 之上（邓思颖，2010/2015）。（73）的语感，说明了“话”在句法上应该在框式结构“咪……啰”之上，即在 CP 之上，不能附接到 FP 之下的 CP。①

（73）（＊咪）计你话我（咪）帮手啰。依你看我不就是帮忙嘛！

（64）［重复于（74）］的“唔通”（难道）跟疑问类句末助词“咩”组成框式结构，组成一个短语，而“咩”是语气词短语 FP 的中心语，在 CP 之上。（74）的“唔通”只能出现在“计你话”之后，说明了“话”要附接到 FP，而不能在 FP 之下的 CP。至于（75）的“或者”，跟情态类句末助词“啩”［kwa33］组成框式结构，位于 FP 层次。（63）［重复于（76）］的“最好”跟祈使类句末助词“好嗝”组成框式结构，也位于 FP 层次。这些例子都说明了同一个现象，那就是“话”不能位于 CP 层次。

（74）（＊唔通）计你话（唔通）听日会落雨咩？（＊难道）依你看（难道）明天会下雨吗？

（75）（＊或者）计我话（或者）听日会落雨啩。（＊或者）依我看（或者）明天会下雨吧。

（76）（＊最好）计我话（最好）佢去好嗝。（＊最好）依我看（最好）他去最好！

（74）的疑问类句末助词“咩”、（75）的情态类句末助词“啩”、（76）的祈使类句末助词“好嗝”，由于呈现互补分布现象，在句法上可以合并为一个大类，占据相同的句法位置：程度类（邓思颖，2010）。由程度类句末助词所组成的短语，之上还有一个层次，或许跟感情类句末助词有关（邓思颖，2010/2015），或许跟回应层次（Call on the Addressee，简称“CoA”）

① 汉语根句标句词 C 可能跟语调有关，也可能跟连词有关（邓思颖，2010），它的性质暂时存疑，本文不作讨论。

（Wiltschko and Heim，2016；Tang，2020）有关，作为根句最高的层次，称为“XP”。假设叹词如“哇”［wa^{53}］、“喂”［$wɐi^{53}$］在这个句法结构最高的层次XP出现（邓思颖，2010），而这种叹词作为句子“封顶”的成分——没有任何成分能超越叹词。（77）和（78）两例显示了“计我话”只能在“哇、喂”之后出现而不能超越“哇、喂”，结构上叹词的位置应比“话”高。

（77）（哇）计我话（＊哇）听日会落大雨。哇！依我看（＊哇）明天会下大雨。

（78）（喂）计你话（＊喂）听日会落雨咩？喂！依你看（＊喂）明天会下大雨吗？

综上所述，判断义“话”只出现在FP层次，不能在FP之下出现，而FP组成根句，因此可以解释为什么“话”呈现根句现象。FP由两类短语组成：焦点类FP1和程度类FP2，还加上句法上最高的XP（邓思颖，2010；Tang，2020），“话”只能附接到程度类的FP2，不能超越最高的XP。由于不能超越XP，因此“话”只可以在叹词之下，在程度类和焦点类句末助词之上，如（79）的句法结构所示。根据这样的分析，判断义“话”位于FP2的层次，跟程度有关。

（79）$[_{XP}$ X $[_{FP2}$ 话 $[_{FP2}$ 程度 $[_{FP1}$ 焦点 $[_{CP}$ C ……

至于“计我话、计你话”的内部结构，本文假设“计”是一个虚词，[①]跟后面的“我话、你话”组成一个短语。这个短语，附接到FP2之上，作为修饰FP2的状语。因此，上述（79）的句法结构，严格来讲，应该描绘成（80）。“计我/你话”是一个附接到FP2的短语。

（80）$[_{XP}$ X $[_{FP2}$ ［计我/你话］$[_{FP2}$ 程度 $[_{FP1}$ 焦点 $[_{CP}$ C ……

① “计”也可能是一个较为“虚”的谓词，或分析为连词，或分析为介词，组成短语，地位跟“依、照”等相约。至于表面上没有“计”的例子，暂时假定有一个无声成分，作用跟“计”一样。有关“计”的词类问题，暂时从略。

(80) 这样的分析，也有一定的道理，对说话者而言，“计我话”表达了说话人对命题的判断，跟情态意义有关；而“计你话”表达了说话人希望听话人回答问题，是说话人的意图，跟言语行为（speech act）有关，与疑问和祈使都有关联。由于“计我/你话”是附接到根句 FP2 的成分，句内的疑问词肯定有广域的解读，而并非在任何嵌套小句内。

虽然粤语的“话”本来是个动词，也跟动词有密切的关系，但判断义“话”的语法性质较“虚”，不具备动词的典型特点，如不能加上动词后缀［见例子（18）和（21）］，不可受否定词修饰［如（22）］。跟“计”组成短语的“话”，一来，语法较“虚”，不能附加任何的动词后缀［如不能加“过”的（18）和不能加“咗”的（21）］；二来，“计我话、计你话”的结合较为紧密，不能扩展，也不能插入任何状语，如上文提及不能加入否定词的（22）、不能形成反复问句的（23），又如（81）和（82）的状语“特登”（故意）和“坦白”，都不能加入；甚至那个主语“我、你”也不能再扩展或用别的方式表达，如（83）的“我本人、我自己”、（84）的“你本人、你自己”。我们不妨大胆假设，这个“计我话、计你话”，在句法上，已经是一个“凝固”的说法，在词库里成为一个“固化”的表达式。

(81) 计我（*特登/*坦白）话听日会落大雨。依我（*故意/*坦白看明天会）下大雨。

(82) 计你（*特登/*坦白）话听日会落雨咩？依你（*故意/*坦白）看明天会下雨吗？

(83) *计我本人/我自己话听日会落大雨。依我（*本人/*自己）看明天会下大雨。

(84) *计你本人/你自己话听日会落雨咩？依你（*本人/*自己）看明天会下雨吗？

从动词虚化过来，用作表示情态意义，甚至达到某些言语行为的效果，而在句法上好像“凝固”了，属于一种“固化”的表达式，用作状语，用来修饰句子，这种现象在粤语中其实并不罕见。除本文讨论的判断义“计我话、计你话”以外，还有（85）的“话唔定”（说不定）、（86）的“话唔埋”（说不定）、（87）的“话晒”（不管怎么说、毕竟）、（88）的“话嗻”[wa^{22} tsɛ^{55}]（说是这么说）。[①] 这些例子，都跟说话者的判断、评价有关；（89）的“听讲（话）”（听说）跟传信情态（evidentiality）有关。这些例子当中的“话”，意义较“虚”，跟其他搭配的成分有“固化”的现象，不能随意扩展或分解，而在语法上好像扮演状语的角色。

（85）话唔定听日会落雨。说不定明天会下雨。

（86）话唔埋听日会落雨。说不定明天会下雨。

（87）话晒佢仲细。不管怎么说，毕竟他年纪还小。

（88）话嗻，都系好麻烦嘅。尽管这样，还是很麻烦的。

（89）听讲话听日会落雨。听说明天会下雨。

总的来说，粤语“话”的光谱很宽，从实义的“话”[如言语表达义的（1）]到本文提及的用法较虚的“话”，可见“话”的灵活多变。深入研究，可以联系“话”的意义和句法层次的关系：实义的“话”构成动词短语 VP 的中心语，位于句法结构的最低层，作为句子的核心部分；判断义的“话”，意义较虚，位于句法层次较高的位置，甚至作为句子的状语，作修饰之用。越实的越低，越虚的越高。以此出发，对粤语“‘话’字家族”和其他言谈动词的全面研究，肯定能对粤语的语法面貌有更清楚的认识。

6. 结语

本文研究粤语判断义“话”的语法问题，这个“话”在文献中较少被注意。本文发现，“话”对主语和句类有一定的要求和限制，在陈述

① 饶秉才、欧阳觉亚、周无忌（1981：220；2016：281）收录了“话唔定、话唔埋”这两个词条，而饶秉才、欧阳觉亚、周无忌（2016：281）补充了“话晒、话嗻”。

句里，“话”的主语指向说话人，在疑问句里，主语指向听话人，第三人称的主语不能接受。本文也发现，判断义“话”呈现根句现象，只用于根句层面，不能在非根句层面出现。本文假定“计我话、计你话”是“固化”的短语，附接于根句的状语。按照制图理论的框架，这个包含判断义“话”的短语，附接到跟程度相关的FP2，不能低于FP2，但也不能超越句法结构最高的短语XP。对说话者而言，判断义“话”表达了说话人的判断或意图，跟程度（情态、疑问、祈使）有关，符合FP2的本质。

参考文献

蔡维天：《谈汉语模态词其分布与诠释的对应关系》，《中国语文》2010年第3期。

邓思颖：《粤语疑问句“先”的句法特点》，《中国语文》2006（a）年第3期。

邓思颖：《粤语框式虚词结构的句法分析》，《汉语学报》2006（b）年第2期。

邓思颖：《粤语语法讲义》，商务印书馆，2015。

邓思颖：《粤语的“说”类动词》，《中国语文》2018年第4期。

黄卓琳：《粤语复合助词的研究》，香港中文大学博士学位论文，2014。

刘扳盛：《广州话普通话词典》，商务印书馆，2008。

饶秉才、欧阳觉亚、周无忌：《广州话方言词典》，商务印书馆，1981。

饶秉才、欧阳觉亚、周无忌：《广州话方言词典（增订版）》，商务印书馆，2016。

张励妍、倪列怀：《港式广州话词典》，万里机构，1999。

张励妍、倪列怀、潘礼美：《香港粤语大词典》，天地图书有限公司，2018。

郑定欧：《香港粤语词典》，江苏教育出版社，1997。

Cinque, Guglielmo 1999 *Adverbs and Functional Heads*. New York and Oxford: Oxford University Press.

Hwang, Jya-Lin（黄嘉琳）1998 A comparative study on the grammaticalization of saying verbs in Chinese. Proceedings of the 10th North American Conference on Chinese Linguistics, ed. Chaofen Sun. 574 – 584. Los Angeles: GSIL, University of Southern California.

Lau, Sidney（刘锡祥）1977 *A Practical Cantonese-English Dictionary*. Hong Kong: The Government Printer.

Matthews, Stephen, and Virginia Yip（叶彩燕）2011 *Cantonese: A Comprehensive Grammar*（*2nd edition*）. London and New York: Routledge.

Rizzi, Luigi 2004 Locality and the left periphery. In Adriana Belletti (ed.), *Structures and Beyond: The Cartography of Syntactic Structures*, Vol. 3, 223 – 251. New York and Oxford: Oxford University Press.

Tang, Sze-Wing (邓思颖) 1998 *Parametrization of features in syntax.* Doctoral dissertation, University of California, Irvine.

Tang, Sze-Wing 2015 Cartographic syntax of pragmatic projections. In Audrey Li, Andrew Simpson, and Wei-tien Dylan Tsai, eds., *Chinese Syntax in a Cross-Linguistic Perspective.* 429 – 441. Oxford and New York: Oxford University Press.

Tang, Sze-Wing 2020 Cartographic syntax of performative projections: evidence from Cantonese. *Journal of East Asian Linguistics* 29, 1 – 30.

Wiltschko, Martina, and Johannes Heim 2016 The syntax of confirmationals: a neo-performative analysis. In Gunther Kaltenböck, Evelien Keizer, and Arne Lohmann, (eds.), *Outside the Clause. Form and Function of Extra-clausal Constituent*, 303 – 340. Amsterdam: John Benjamins.

Yeung, Ka-wai (杨家慧) 2006 On the status of the complementizer *waa6* in Cantonese. Taiwan Journal of Linguistics 4.1, 1 – 48.

Evaluative Verbs of Saying in Cantonese

TANG Sze-Wing

Abstract: The grammatical properties of the evaluative verb of saying *waa6* "say" in Hong Kong Cantonese are examined in this paper. The subject refers to the speaker in declaratives while it refers to the hearer in interrogatives. The third person subject is not permitted. The verb is used in root clauses, not in embedded clauses, giving rise to the root clause effects. It is argued that the phrases with the evaluative verb of saying *waa6* "say" are kind of "frozen" expressions and are analyzed as adverbials adjoined to FP2 syntactically that is associated with degree, conveying the evaluative judgment or the intention of the speaker, and cannot be in a position below or beyond FP2.

Keywords: verb of saying, adverbial, speech act, cartography, Cantonese grammar

温州话的言说动词“讲”

林静夏

（南洋理工大学人文学院）

提　要　“讲”是吴语温州话中使用频率最高的言说动词。除了用作动词，“讲”也表现出语法化的特征。本文以温州口语为数据来源，重点考察“讲”的语法化，发现其具有多种语法功能，并出现在多种语法位置。本文的发现可为言说动词语法化的类型学研究提供参考资料。

关键词　温州话　言说动词　语法化

1. 背景

世界上许多语言中都存在言说动词（speech act verbs）发生语法化的现象［详见 Chappell（2008）的总结］，汉语也不例外。当前关于汉方言的讨论较多，比如北京话的“说”（方梅，2006）、广东廉江方言的“讲”（林华勇、马喆，2007）、揭阳方言的“呾”（黄燕旋，2016）、湖南新邵话的“喊”（周敏莉，2016），以及跨方言的比较（Chappell，2008）；也有一些研究涉及标准汉语，比如普通话的“说”和“道”（随利芳，2007），台湾“国语”的“说”（曾心怡，2003），新加坡华语的“说”和“讲”（Lin，2018）。

言说动词在吴语温州话中的使用，目前尚未有较为全面的研究，因此本文将对此做一个初步考察，重点描述言说动词“讲”语法化后的功能及分布，希望本文的发现可填补温州话研究中的这一空白，也为言说动词的语法化研究提供更多参考资料。本研究的语料来自“温州方言口语语料库”（*Wenzhou Spoken Corpus*，简称 WSC，Newman et al.，2007），于 2004～2006 年收集，包括方言电视新闻、亲友电话录音、面对面交谈这三类口语，共约 15 万字。本文所有温州话例子均来自该语料库，因此不再逐例标出来源。

2. 温州话的言说动词概况

汉语中主要的言说动词有“说、话、讲”等。前人考察发现这些言说动词在地域分布上呈现一定的特点，比如“说”主要用于北方（长江流域和长江以北），“讲”见于长江以南，“话”用于江西以及福建、湖南、湖北、江苏等部分地区［详见汪维辉（2003）以及邓思颖（2018）基于曹志耘（2008）的总结］。

温州话中，“话”和“说”都不能用作言说动词。其中“话”可单独用作名词，如“讲几句话”。“说”不能单独使用，主要出现在名词“说话”中，表达“话”的意思，但使用频率极低。“讲”是温州话中主要的言说动词。我们在 WSC 中共发现 1995 例“讲”（不包括由于上下文缺失而无法理解的 5 个例句），其中 1578（79.1%）例用作动词，120（6.0%）例与其他成分组成实词词组（如“讲话、讲经”），其余 297（14.9%）例为语法化用法。

我们进一步观察动词“讲”时，发现其以本义用法为主，表达言说动作，如（1）中例句所示；也有少数例子发展出引申义，比如责备（2）、协商（3）、相处（4）、认为（5）。

（1） a. 该个男个讲自是湖南人。（这个男的说自己是湖南人。）

b. 检查人员再伉渠讲遍添。（检查人员又和他讲了一遍。）

（2） 主要是老个电线，该，该个讲人家讲不着。［主要是（因为）

老的电线，这个不能责备别人。]

(3) 双方呢赔偿个事干讲不拢。(双方谈不成赔偿的事情。)

(4) 两夫妻讲不来。(两夫妻相处不来。)

(5) 人琐读书个本事几倈好，你讲是啊不呢？(人小但读书的本事这么好，你说是不是啊?)

尽管 WSC 中只有 14.9% 的“讲”蕴含语法化意义，我们发现这些语法义相当多元，且语法化后的“讲”可出现在多个句法位置。下面第 3 节将主要介绍“讲”语法化后的功能。

3. “讲”语法化后的功能

“讲”在温州话中表现出至少 8 种不同的语法化功能，以下分小节逐一介绍。

3.1 话语标记

本文采用 Fraser（1999：946）的观点将“话语标记”（discourse marker）分为两类：第一类为关联信息（“relate messages”）的标记，如转折、因果等语义关系，汉语中的关联词（比如“所以、但是”）属于这一类；第二类为关联话题（“relate topics”）的标记，比如话题转移标记等。我们发现温州话的“讲”可出现在这两类标记中，甚至直接用作该标记。表 1 所列的是我们在语料库中统计的包含“讲”的话语标记的形式及其使用频率。

表 1 WSC 中含“讲”的话语标记及使用频率

话语标记功能		话语标记形式	频率(%)
关联信息(语义关系)	a. 结果	好虽讲(20)/ 恁新讲(11)/ 新讲(4)/ 所以讲(2)许新讲(1)/新恁讲(1)“所以说”	39(22.4%)

续表

话语标记功能		话语标记形式	频率(%)
关联信息（语义关系）	b. 转折	虽然讲“虽然说”(25)，反转讲“反过来说”(1)，讲呢讲(9)/不过恁讲(1)/界恁讲(1)“话虽这么说”	37(21.3%)
	c. 补充或解释说明	正式讲(5)“严格来说”，阿就是讲(4)“也就是说”，好比讲(3)“就像是”，就是讲(3)“就是说”，等于讲(2)“等于说”	17(9.8%)
	d. 举例	譬如讲（15）/好比讲（2）“比如说”	17(9.8%)
	e. 递进	再讲“再说”(15)	15(8.6%)
	f. 条件①	着…讲(5)/讲…讲(3)/讲(2)/如果讲（1）“如果说”	11(6.4%)
	g. 让步	当讲“就算”(1)，甚讲“宁愿”(2)	3(1.2%)
	h. 总结	讲到底“说到底”(1)	1(0.6%)
关联话题	a. 引介话题	讲起“说起”(20)，对…走来讲(3)/伉…讲(1)/从…讲(1)“对于…来说”	25(14.4%)
	b. 转换话题/引介新话题	讲牢显(8)/讲牢(1)“对了”	9(5.2%)
总数			174(100%)

我们从表1可以看到，“讲”可与多种关联信息的话语标记（关联词）搭配使用，包括结果、转折、补充或解释说明、举例、递进、条件、让步、总结。比如（6）中“讲”与表假设的“着”一起搭配使用，标示假设条件，而（7）中“讲”与“好虽”组成连词“好虽讲”表达因果关系。其他一些汉方言中也存在言说动词出现在关联词后的现象，如黟县方言［徽语。黄维军（2019）］，邵阳方言［湘语。蒋协众、蒋遐（2019）］，揭阳、永春方言［闽语。分别见黄燕旋（2016）；颜铌婷（2019）］。这类言说动词自身的意义已消失，同时也不表达语义关系，因此被分析为“从句标记”（黄燕旋，2016）。本文也遵循这些研究，将温州话中功能和分布类似的“讲”分析为从句标记。

① 本文的“条件”（conditional）包括假设（hypothetical）、充分（sufficient）、必要（necessary）和完全（exhaustive）这四种情况（Huang and Shi，2016）。有关言说动词语法化的研究中，Heine and Kuteva（2002）和方梅（2006）等也将假设归为一种条件，不过也有一些研究做了更细致的分类，即把假设单独归为“假设”，充分、必要、完全归为“条件”（黄燕旋，2016）。

(6) 着走中国讲，恁是不会唔。（如果去中国的话，那是不会差的。）

(7) 渠啦医院条件呢阿有限，好虽讲最好呢着走大医院里覩。（他们医院的条件呢也有限，所以最好呢去大医院里看病。）

与其他方言一样，温州话的“讲”在这些标记中一般可省略；我们发现省略“讲”的话语标记所表达的语气相较省略前要更严肃一些。从表1中的频率看，“讲”引介最频繁的分句是结果和转折，而条件、让步、总结分句则较少引介。这一点与揭阳方言存在差异，根据黄燕旋（2016）的调查，该方言中的言说动词“呾”用作从句标记时，倾向出现在条件（包括假设）分句中。

上文指出“讲”作从句标记时，分句间的语义关系一般由关联词表达，不由“讲”标示，如（6）中的假设条件由“着”表达。然而值得注意的是，我们发现在温州话中，表条件的关联词“着”可省略，即整个从句只有“讲”来引导，如（8）所示。尽管在语料库中我们只发现两个例句，这个省略说明表条件的结构可能在经由“着 + 分句”→“着 + 分句 + 讲”→“分句 + 讲”的变化。从当前文献看，北京话的“说”也可单独作假设类的条件从句标记（方梅，2006），如（9）所示，不过类似的现象在其他汉方言中较少见。

(8) 算人民币讲大概廿一个番钱下斤。（算人民币的话，大概21块左右一斤。）

(9) 你自己得有主意。说你父母什么的家里人都不在你身边儿，你怎么办哪？[方梅，2006：115（32）]

关联话题是话语标记的第二个功能（Fraser，1999）。温州话的“讲”也可作话题标记，如（10a）的“讲起”引介一个话题，（10b）的“讲牢显”转移并引介新话题。

（10）a. 讲起望江路，温州人沃晓得，老早望江路条路哪，相当宽个。（说起望江路，温州人都知道，以前望江路这条路哪，是非常宽阔的。）

b. 日里有日里个味道，黄昏有黄昏个风格。哦，讲牢显伐，我俫温州电视剧制作中心伉经济科教频道相伴拍个廿集电视剧《第五个空弹壳》该日黄昏就放道伐。（白天有白天的味道，晚上有晚上的风格。哦，对了，我们温州电视剧制作中心和经济科技频道一起拍的20集电视剧《第五个空弹壳》今天晚上就要开始播放了。）

我们在WSC中还发现不少包含“讲”的语用标记（pragmatic marker），比如“我讲啊、你讲讲覰”，用来表达说话者的立场、态度或对听话者的提醒。类似的标记在标准汉语（比如“我说啊”“你说说看”）和其他方言中也存在，然而学界对这类标记及其言说动词是否经历语法化这一问题尚有争议［方梅（2006）；董秀芳（2007）；刘嵚（2008）；李宗江（2010）等］。温州话中的“讲”在这些标记中也无明显的语法化特征，因此本文将其归为动词，未包括在讨论范围内。

3.2 引语标记、准标句词、标句词

不少汉语方言均存在言说动词发展为标句词（complementizer）的现象［方梅（2006）；Chappell（2008）等］。根据标句词所能搭配的动词类型（如言说动词、认知及感知动词、静态及情感动词、情态动词等），Chappell（2008）比较多个汉方言中言说动词向标句词语法化的程度，发现闽南话和台湾“国语”最高，其次分别是北京话、香港粤语、四县客家话，而她所调查的长沙湘语、南昌赣语、上海吴语、获嘉晋语还没有出现语法化的迹象。

我们的调查发现，尽管温州话与上海话同属吴语，温州话中的“讲”已向标句词语法化，且程度相对较高。如（11）中的例句所示，“讲”可出

现在言说动词（如“交待”）后作引语标记（quotative marker）。

（11）个姓陈个人交代讲该俫过期爻罢个饮料是渠走买来个。（这个姓陈的人交代说，这些过期的饮料都是他去买来的。）

我们也在 WSC 中找到不少包含两个“讲”的结构。在这些结构中，第一个“讲”为言说动词，而第二个“讲”应理解为引语标记，例如（12a）的“讲＋讲＋引语”，（12b）的“讲＋代词＋讲＋引语”，（12c）的“讲＋引语＋讲”。（12c）中的引语标记“讲”出现在引语末，不再紧靠言说动词，说明在语法化程度上可能有了进一步的发展。

（12）a. 你阿妈恁讲哪，讲讲阿 a 讲。（你妈妈这么说的哪，说阿 a 说的。）

b. 你阿爷讲自讲我有瓶开水背上伐。（你爷爷说：“我拿了一瓶开水上去了。”）

c. 考场门头有个小显小个嬷嬷，我俫问一问新晓得，渠还只十个月日大，是渠啦娘娘逮渠佗来，讲匄渠感受一下高考个气氛讲。（考场门口有一个非常小的小孩，我们问了一下才知道，他才十个月大，是他外婆把他抱来的，说给他感受一下高考的气氛。）

“讲”也可出现在非言说动词后作准标句词（semi-complementizer），如例（13a）中的认知动词“晓得”，和（13b）中的系动词“是”。

（13）a. 阿想走碰碰运道覰，狃晓得讲真真匄渠摸摸拉牢讲。（也想去碰碰运气看，没想到说真的被他抽中了［奖］。）

b. 想贼不偷呢个做不到个，问题是讲有贼能界时节，大家人呢着齐起。（想要贼不偷这点是做不到的，问题是说有贼的时候，大家要联合起来［对付贼］。）

另外，方梅（2006）指出北京话中的“说”可作释名从句标记（noun phrase complementizer），该标记所引导的小句是对句内某个名词性成分所表达的内容的说明，例如（14）。

（14）而且社会上还会传出谣言，说这几个人都跟吴士宏谈过恋爱。［方梅（2006）］

“讲”在温州话中也有类似的分布，如例句（15）所示，“讲”所引导的小句是对“举报”内容的说明。如果遵循方梅（2006）的分析，“讲”在该例句中也是一个释名从句标记。当然，这样的例句或许也可分析为连动结构，而“讲”是其中一个动词。

（15）管理所接到群众个举报，讲有部龙车底面有多显多假个香烟。（管理所接到群众的举报，说有一辆货车里有许多假烟。）

3.3 听说示证标记

言说动词发展成为听说示证标记（hearsay evidential）也是一个较为常见的现象［例子见 Heine & Kuteva（2002）；Aikhenvald & Dixon（2003）；Aikhenvald（2005）等］。在 WSC 里，我们也发现不少例子中，说话者转述信息，但不标明信息来源，属于听说示证标记。如例（16a）的句末使用了“讲”，标示说话者关于天气的信息来源于新闻或他人，而非本人。我们可以比较（11）和（16a）：例句（11）使用“讲”作为引语标记，同时还明确包含信息来源及言说动词，因此删除“讲”并不影响句子所表达的信息；但如果删除（16a）中的“讲”，该句子所表达的命题就会变成说话者自己的判断，而非转述。

除了句末位置，“讲”也可出现在句中表达听说示证，如（16b）所示，“讲”出现在话题“五月十五号”后。此外，（16）两个例句中的“讲”也可移到句首位置，标示听说。

（16）a. 下日界接下落雪每日落道讲。（说是接下来每天都会下雪。）

b. 五月十五号讲拆个，到拉能界几日罢，还不拆。（说是五月十五号拆的，到了现在多少天了，还不拆。）

3.4 意外标记

当说话者描述的信息是自己的亲身经历时（如看过、听过），“讲”的使用不再表达引用或转述；根据语境，“讲”的功能可理解为意外（mirative）标记。比如（17a）表达吃饭的人数超过说话者理想的数目，（17b）则表达出乎说话者意料，虽然听话者念了很多佛经，却不知道观音菩萨的性别。

（17）a. 俫米你讲着几俫吃，吃饭讲十一个人。（这些米你说得吃多少，竟然有十一个人吃饭。）

b. 男个哪。你该眼阿晓不得讲。你念经阿念一世人，观世音女个男个阿晓不得。（男的哪。你怎么这一点都不知道。你念经都念了一辈子了，连观音菩萨是女的男的都不知道。）

这些例子中也经常同时出现其他可辅助表达意外的词语，如（17a）中的“几俫（多少）”，（17b）中的“该眼（这一小点）”。另外，作意外标记时，“讲”可出现在句中，一般在话题后，如（17a）的“吃饭”；WSC 中也存在“讲”出现在句末表达意外的例子，如（17b）。

当前对汉语中意外范畴的研究较少（如 Tseng，2008；陶寰、李佳樑，2009；王健，2013；陈秋实，2019）。其中王健（2013）发现吴语（如常熟话、苏州话、富阳话、新派上海话、海门话、宁波话）、台湾闽南语和香港粤语中，都存在言说动词发展成为意外范畴标记的现象。本文的调查表明这一方言列表还可加入温州话。

3.5 引语/听说示证 + 意外（ + 停顿）

我们在 WSC 里还看到一些例子中，“讲”表达引语或听说示证的时候，还兼表说话者的意外。例如（18）中，子句末的“讲”除了引述或标记听说示证，还含有说话者很意外这一理解。

（18）a. 你讲 97 <u>讲</u>，你不伉伉 aa 拉共班嘎？（你是 97 级的啊？你不是跟 aa 同班级的吗？）

b. 前景来，温州有个乘公共车个旅客，乘拉半路呢想落车。渠妆难过起哪就逮车个玻璃逮［hɛ］［hɛ］爻<u>讲</u>，只管自望出爬。（前段时间，温州有个坐公交的乘客，坐到半路呢想下车。他一生气哪就把车玻璃打碎了，什么也不管自己爬出去了。）

此外，很有意思的是，“讲”在一个句子中，可多次重复出现在该句子的不同成分之后，形成“X 讲 X 讲 X 讲……”结构。如（19a）共出现 5 个“讲”，且“讲”出现的位置，除了句子主要的句法成分后面（如话题“个阿爸的病呢”、动词词组“割来、匄渠喝底”），也可出现在某个句法成分的内部。例如定中名词词组“奶儿个手（女儿的手）”是动词“着”的宾语，“讲”出现在该宾语中的定语“奶儿个”和中心语“手”之间。

这样的结构在 WSC 中较为多见，（19b）是另外一个例子。这些例子所描述的一般是较出人意料的故事，比如把女儿的手割下来给生病的父亲做药，或者妻子打扮得太丑，使得丈夫看了之后被吓死，因此，“讲”除了标明转述信息外，也包含“意外”义。

（19）a. 个阿爸的病呢讲着奶儿个讲手讲 割来讲乞渠喝底讲。（爸爸的这个病呢，需要把女儿的手割来［煎药］给他喝进去。）

b. 两下儿讲真真讲逮渠老公讲靓靓死爻讲。（没多久，真的把她老公给看死了。）

此外，这些例子中多次出现的“讲”，可能也具有话语停顿的作用，为说话者提供构思语言的时间，或者为听话者提供处理或接受信息的时间。

3.6 表停顿

我们也发现少数例子中，尽管多个“讲”同时出现在一个句子中，但并不具有转述信息或表达意外的功能。比如（20）中，说话者所描述的事件（即听话者前一晚打电话给说话者）是双方都了解并参与的事件，因此无须转述；此外从语境可判断打电话并不属于让说话者很意外的事件，所以这个例句中的“讲”可能只具有停顿的功能。与（19）比起来，删除（20）中的“讲”对句子所表达的意思基本没有影响，但如果（19）中的“讲”被删除，则表明说话者可能亲身经历了所描述的事件，且对这些事件不感到意外。

（20）你昨夜个电话打来讲乞我讲，我就想到个事干。（你昨天晚上打电话给我，我就想到这个事情。）

3.7 表强调

林华勇、李敏盈（2017）指出广州话和廉江话中，句末的“喎[33]”具有直述功能，表达说话者对听者的提醒。我们发现 WSC 中也有一些句末带

“讲”的例句，如（21～22）。这些例句所表达的信息不是说话者的转述，而是表达说话者对事物的主观判断，比如（21b）中的表达坏的“用不着”和（22）中表幸福的“爽”。因此，这些句末的“讲”不作引语或听说示证标记，但或许也存在直述功能，并表达说话者对命题的强调（assertion）。

（21）a：太婆讲勠走我就要走！（曾外婆说不要去，我偏要去。）

b：你恁用不着。（你这么坏。）

（22）恁嘎？恁爽讲。（这样啊？这么幸福啊。）

3.8 表罗列

Chappell（2008）指出当前汉方言的资料中尚未发现言说动词具有罗列（listing）的功能，目前其他针对汉方言的研究也没有提到这一功能。然而我们的调查发现，温州方言的“讲”可表罗列，尽管在语料库中只找到（23）这一个例子。该例句中，“讲”出现在三个罗列的动词短语后，即“陪讲、陪嬉、陪吃”。

（23）该年呢还只廿二岁，屋里个条件好，朋友阿多，新西兰留学呢新走拉来，人耶幽默，心地耶好。人耶肯讲逮自租，个租匄别人讲陪讲讲，陪嬉讲，陪吃讲，皇天讲牢显，该个不是三陪伐，恁用不着个喏。（今年呢才22岁，家里的条件好，朋友也多，新西兰留学呢才回来，人也幽默，心地也好。这个人呢愿意把自己出租了，租给别人陪聊天、陪玩、陪吃。老天爷，对了，这个不就是三陪，这是不行的嘛。）

4. 跨方言比较

第3节的介绍说明温州话中“讲”语法化后的功能较为多元。当前有不少针对不同语言中言说动词语法化现象的研究，Chappell（2008）在前人研究的基础上，从类型学角度总结言说动词语法化后的功能，如表2第二列所示；还指出汉语言说动词已发展出（1－5）和（10－12）这些功能，但尚未发现（6－9）这四种用法。对比温州话的“讲”，我们发现以下几点：第一，尽管“意外范畴标记”和“罗列”在汉语中较少见，但“讲”具有这两个功能。第二，除了条件（2）、原因/目的（3）、因果（4）这三种语义关系，温州话的“讲”还出现在表达其他关系的话语标记中，包括总结、转折、递进、让步等（详见表1）。不过除了可以直接表示假设条件，“讲”需与关联词搭配使用来引导从句。第三，如第3.6节所示，在一些句子中，“讲”常见的功能（如听说示证、意外、强调）并不明显，因此可能只起到停顿的功能，这一点在前文研究中尚未有所讨论。第四，“讲”虽然可用作话语标记，但我们没有发现其出现在句首表达感叹（12）的用法，这一点也有待进一步查证。

表2 温州话“讲”的语法化功能和分布

序号	言说动词语法化后的功能（Chappell,2008：49）	温州话的“讲”	可直接使用	分布
1	quotative marker or complementizer; marker of embedded questions；引语标记或标句词，内嵌问句标记	√	√	引语前、后
2	conditional conjunction；条件从句连词	√	√	从句后
3	reason or purpose conjunction；原因或目的从句连词	√	×	从句前
4	causal conjunction；因果关系从句连词	√	×	从句前
5	hearsay marker of evidentiality；听说类传信标记	√	√	句首、句中、句尾
6	marker used with onomatopoeic words；与拟声词连用的标记	—	—	—
7	comparative marker；比较标记	—	—	—
8	mirative marker；意外范畴标记	√	√	句首、句中、句尾

续表

序号	言说动词语法化后的功能（Chappell,2008：49）	温州话的“讲”	可直接使用	分布
9	listing constructions;罗列标记	√	√	罗列短语后
10	topic marker;话题标记	√	√	句首
11	clause-final discourse particle expressing self-evident assertions, warnings and echo questions (different construction types);句末话语标记	√	√	句末
12	clause-initial discourse marker for exclamations;表感叹的句首话语标记	—	—	—

综合来说，温州话的“讲”已发展出相当丰富的语法义，在分布上也较灵活。如第1节所介绍，汉方言中言说动词的语法化现象已有不少研究，为方便比较，表3[①]对此做了一个总结。

表3将较为常见的功能（如标句词、听说示证）单独列出，而一些只在个别文献中提及的功能（如罗列、反驳语气）放在“其他”列中。我们可以看到，温州话的“讲”语法功能较丰富，同样较为丰富的包括永春话（闽南语）、邵阳话（湘语）、黟县话（徽语）和北京话（官话），而其他方言中的言说动词所发展的语法功能相对较少。此外，表3中大部分方言的言说动词已发展为标句词、听说示证和意外范畴标记，表明这些功能是汉方言言说动词较为常见的语法化结果；同时，一些言说动词发展出了较为独特的功能，比如温州话的“讲”可标示罗列、停顿、强调，揭阳话的“呾”具有反驳语气，新邵话的“喊”可表达强求证，这些现象值得做更加细致深入的考察和比较。

① 表3只包括综合讨论某一方言中的言说动词语法化功能的文献，不包括讨论个别语法化功能的文献。另外需要注意的是，一些文献对同一个功能的命名存在差异。为方便比较，表3采用统一命名，其中“语义关系”指言说动词与关联词搭配形成复合话语标记，表达语义关系；“听说示证”指信息来源不明的示证（hearsay evidential），即一些文献中的“传信”；“意外”包括一些文献中的“反预期”。

表 3　汉方言中言说动词的语法化

方言		言说动词	话语标记		引语标记、标句词	听说示证	意外	其他
			话题	语义关系				
吴语	温州	讲	√	√	√	√	√	罗列;停顿;强调
粤语	廉江(林华勇、马喆,2007)	讲	—	√(假设条件)	√	√	—	自我表述(重申或首次表达)
官话	北京(方梅,2006)	说	√	√	√	—	—	可单独作话题、例举、条件从句、虚拟情态从句标记
	岳池(蔡黎雯,2019)	说	—	—	√	√	√	—
湘语	新邵(周敏莉,2016)	喊	—	—	—	√	√	重申;强求证
	邵阳(蒋协众、蒋遐,2019)	讲	√	√	√	√	√	—
	汨罗(陈山青,2019)	话	√	—	√	√	√	—
闽语	揭阳(黄燕旋,2016)	吅	—	√	√	—	—	反驳语气
	陆丰(陈伊凡,2019)	讲	√(假设条件)	—	√	—	√	—
	永春(颜铌婷,2019)	说	√	√	√	√	√	从句连词;补语小句、比拟、比较、重申标记
赣语	攸县(蔡晨,2019)	讲、话	—	—	√	—	—	—
客家话	惠州(陈淑环,2019)	讲、话	—	—	√	√	√	"讲":自我表述(重申或首次表达)
徽语	黟县(黄维军,2019)	讲	√	√	√	√	√	重申;比拟标记

5. 总结

综上所述，本文利用口语语料考察温州话中言说动词“讲”的使用情况，我们发现“讲”虽然主要用作言说动词，但已发展出多项语法义，且从类型学以及跨汉方言的角度看，“讲”的语法化程度较高，路线较广。本研究的下一步将在现有语料和分析的基础上，进一步探讨这些语法义之间的关联及其在类型学上的意义。

参考文献

蔡晨：《攸县方言中的言说动词——讲、话》，《第五届方言语法博学论坛论文摘要集》，中山大学中国语言文学系，2019 。

蔡黎雯：《岳池方言的言说动词及其虚化的句法表现》，《第五届方言语法博学论坛论文摘要集》，中山大学中国语言文学系，2019 。

陈山青：《汨罗湘语言说动词“话”的语法化》，《第五届方言语法博学论坛论文摘要集》，中山大学中国语言文学系，2019。

陈秋实：《“说”与“讲”：四川资阳方言的两个意外范畴标记》，《第五届方言语法博学论坛论文摘要集》，中山大学中国语言文学系，2019。

陈淑环：《惠州方言“话/讲”的多功能性及其语法化》，《第五届方言语法博学论坛论文摘要集》，中山大学中国语言文学系，2019。

陈伊凡：《陆丰闽南语中的言说动词“讲”及其语法化分析》，《第五届方言语法博学论坛论文摘要集》，中山大学中国语言文学系，2019。

曹志耘主编《汉语方言地图集·词汇卷》，商务印书馆，2008。

邓思颖：《粤语的“说”类动词》，《中国语文》2018 年第 4 期。

董秀芳：《词汇化与话语标记的形成》，《世界汉语教学》2007 年第 1 期。

方梅：《北京话里“说”的语法化：从言说动词到从句标记》，《 中国方言学报 》2006 年第 1 期。

黄维军：《黟县方言言说动词“讲”及其语法化进程》，《第五届方言语法博学论坛论文摘要集》，中山大学中国语言文学系，2019。

黄燕旋：《揭阳方言言说动词“呾”的语法化》，《中国语文》2016 年第 6 期。

蒋协众、蒋遐：《湘语邵阳话中的言说动词“讲”及其语法化》，《第五届方言语法博学论坛论文摘要集》，中山大学中国语言文学系，2019。

李宗江：《关于话语标记来源研究的两点看法——从“我说”类话语标记的来源说起》，《世界汉语教学》2010 年第 2 期。

林华勇、马喆：《廉江方言言说义动词“讲”的语法化》，《中国语文》2007 年第 2 期。

林华勇、李敏盈：《转述和直述：粤语言说性语气助词的功能分化》，吴福祥、陈前瑞主编《语法化与语法研究（八）》，商务印书馆，2017。

刘嵚：《“我说”的语义演变及其主观化》，《语文研究》2008 年第 3 期。

随利芳：《语法标记“说”和“道”》，《解放军外国语学院学报》2007 年第 4 期。

陶寰、李佳梁：《方言与修辞的研究接面——兼论上海话“伊讲”的修辞动因》，《修辞学习》2009 年第 3 期。

王健：《一些南方方言中来自言说动词的意外范畴标记》，《方言》2013 年第 2 期。

汪维辉：《汉语“说类词”的历时演变与共时分布》，《中国语文》2003 年第 4 期。

颜铌婷：《永春方言中的言说动词及其演变》，《第五届方言语法博学论坛论文摘要集》，中山大学中国语言文学系，2019。

曾心怡：《当代台湾国语的句法结构》，台湾师范大学硕士学位论文，2003。

周敏莉：《新邵湘语言说动词“喊”的语法化》，《语言学论丛》第五十三辑，2016。

Aikhenvald Alexandra Y. and R. M. W. Dixon (eds.) 2003 *Studies in Evidentiality.* Amsterdam/ Philadelphia: John Benjamins.

Aikhenvald Alexandra Y. 2005 *Evidentiality.* Oxford: Oxford University Press.

Chappell, Hilary 2008 Variation in the grammaticalization of complementizers from verba dicendi in Sinitic languages. *Linguistic Typology* 12 (1): 45 - 98.

Fraser, Bruce 1999 What are discourse markers?, *Journal of Pragmatics* 31: 931 – 952.

Heine, Bernd and Tania Kuteva 2002 *World Lexicon of Grammaticalization.* Cambridge: Cambridge University Press.

Huang, Chu-Ren and Dingshi Xu 2016*A Reference Grammar of Chinese.* Cambridge: Cambridge University Press.

Lin, Jingxia 2018 Grammaticalization of *shuo* and *jiang* in Singapore Mandarin Chinese: A Spoken-Corpus-Based Study. In Jia-Fei Hong, Qi Su, and Jiun-Shiung Wu (eds.) *Chinese Lexical Semantics* (*CLSW* 2018, *Lecture Notes in Computer Science*), 82 – 90. Cham: Springer.

Newman, John, Jingxia Lin, Terry Butler and Eric Zhang 2007 Wenzhou Spoken Corpus. *Corpora* 2 (1): 97 – 109.

Tseng, Ming-hua 2008 *The multifunction of Taiwanese Southern Min kong*2. Hsinchu: National Tsing Hua University MA thesis.

The Speech Act Verb *kɔŋ* in Wenzhou

LIN Jingxia

Abstract: As the most frequently used speech act verb in the Wenzhou dialect, *kɔŋ* has also developed multiple grammaticalized uses. With data from a spoken Wenzhou corpus, this paper provides a comprehensive investigation of its distribution and functions. The findings of this paper will serve as a reference for the typological study on the grammaticalization of speech act verbs.

Keywords: Wenzhou dialect, speech act verb, grammaticalization

客语言说动词“话”的功能及其演变初探*

——以《客家社会生活对话》为例

田中智子

（关西国际大学国际交流系）

提　要　《客家社会生活对话（上）（下）》是1937年由法国传教士雷却利（Charles Rey）编纂出版的会话教材。本书所反映的是嘉应州（梅县）的客语方言。本文收集与统计出现在此书里的言说动词“话”的例句，指出当时“话”虚化的程度并不算高。

关键词　客家话　言说动词　话　语法化

1. 引言

Chappell（2008）讨论了言说动词虚化为complementizer（小句表句词）的历史发展过程。她举桃园县的四县客家话为例，认为台湾客家话“说”类动词“讲”的语法化程度只达到阶段二，也就是言说动词接在另一个言说动词后面，主要作为引语标记使用，但是不能接在认知类动词和感知类动

* 本文曾在第五届“方言语法博学论坛”（2019・广州）上宣读，庄初升、邓思颖等与会专家提出很多宝贵意见，在此深表感谢。本文若有任何不周到的地方皆由作者负责。

词后面，还没成为真正的补句标记。根据她的看法，若是以语法化过程来说，粤语似乎更进一步（Chappell，2008：80）。

江敏华（2018）根据 19 世纪至 20 世纪初的传教士客语文献，探讨了“话”和“讲”的语法化与词汇化现象。江敏华（2018）指出这些动词高度虚化的语法功能词往往在长篇文中才会出现，Chappell（2008）分析的语料分量不够多，所以认为语法化程度并不太高，但是其实“话”和“讲”都具有语法化程度更高的用法。

江敏华（2018）对传教士文献做了横向调查，并将“话”与“讲”用法的整体性倾向加以阐明，对言说动词语法化的研究做出了很大的贡献。可惜的是，江文只指出了“话”与“讲”的用法，我们虽然可以了解到当时已经存在语法化的用法，但是无法确认其语法化的程度。Hopper and Traugott（2013［2003］：157）指出：“根据频率所得统计是有价值的，可提供实证上的证据来支持单向性假设。”借由分析统计资料，可以更进一步地了解语法化的过程。

本文使用江敏华（2018）进行调查的其中一份资料《客家社会生活对话》（*Conversations Chinoises prises sur le vif avec Notes Grammaticales*：*Langage Hac-Ka*，以下简称《对话》），对“话”的用法做量性分析，通过观察文献中例句的使用频率来探讨语法化的过程。

本文的结构如下：第二节我们将简单介绍 Chappell（2008）与江敏华（2018）对言说动词语法化的研究。第三节则针对《对话》里“话”的各种用法分别加以讨论。第四节是结论，指出现代高雄县美浓区客家话里动词“话”语法化的可能性。

2. Chappell（2008）与江敏华（2018）的研究

Chappell（2008）讨论了言说动词的语法化问题，她分析了闽南语和广东话，也谈到客家话等其他 10 种汉语方言中言说动词的语法化情形，并将汉语“言说动词”从动词语法化到成为补句标记的过程分为五个阶段。

STAGE Ⅰ: Quotative

STAGE Ⅱ: Semi-complementizer (Bridging context)

STAGE Ⅲ: Complementizer (Switch context)

STAGE Ⅳ: Extended Complementizer

STAGE Ⅴ: Onset of conventionalization

(Chappell, 2008: 65)

Chappell（2008）认为四县客家话言说动词语法化的过程到达第二阶段。

江敏华（2018）根据中研院语言典藏计划第二期子计划之一“闽客语典藏资料库”讨论言说动词的语法化。其中的资料包括《客家书启蒙浅学》(*First Book of Reading*: *In the Romanised Colloquial of the Hakka-Chinese in the Province of Canton*)（1879），《新约圣经·使徒行传》(*The New Testament in the Colloquial of the Hakka Dialect*)（1883/1893），《圣经书节择要》（1884），《客家社会生活对话》（1937）等。

江敏华（2018）指出这些传教士文献中有“心肝打算话（心中打算说）”“禺兜莫愁，话（你们不要忧虑说）”等例子，这些例子中“话”都和 Chappell（2008）所说的认知动词（perception verb）、情感类动词(emotion verb）等一起出现。而且根据现代台湾客家话的语感，这类例子中的“话”都可以省略不必出现。她据此认为这些用法相当于 Chappell(2008）所说的第四阶段。根据这些现象，江敏华（2018）主张客家话里“说”类动词的语法化程度比 Chappell（2008）所说的要高，至少到达第四阶段。

传教士文献之中还有两种虚化用法，这些“词汇化”的用法分别是“敢话”和“系话”。“敢话”表示说话者对事件的主观判断，而“系话”则是出现于假设条件句中，相当于“如果说”的用法。“话”的这种用法和 Chappell（2008）所指出的言说动词语法化的用法相符（江敏华，2018：717～719）。

江敏华（2018）将“话”与“讲”在客语传教士文献中的出现分布列表说明，请参考表1。

表1 “话”与“讲”在客语传教士文献中分布

		话					讲				
		启蒙	新约	择要	医界	对话	启蒙	新约	择要	医界	对话
动词	不带宾语	√	√	√	√	√	√	√	√	√	√
	受话者+VP	√	√	√	√	√	√	√	√	√	√
	吩咐、教唆	√	√	√	√	√	×	×	×	×	×
	+直接引语	√	√	√	√	√	×	×	×	√	√
	+间接引语	√	√	√	√	√	×	×	×	×	×
	+名宾	×	×	×	×	×	√	√	√	√	√
引语标记		√	√	√	√	√	×	×	×	×	×
补句标记		√	√	√	√	√	×	×	×	×	×
其他虚化用法	与“敢”结合为认知情态词	√	×	×	×	√	×	×	×	×	×
	用于假设条件句	×	×	√	×	√	√	√	√	√	√
	话题标记	×	×	×	×	×	√	√	√	√	√
	传信或意外标记	×	×	×	×	×	√	×	×	×	×

（江敏华，2018：723）

第3节我们以其中的《对话》为例，配合统计资料的分析来探讨“话”的语法化程度。

3.《对话》中“话”的用法

3.1 《对话》里的“话”

《对话》是法国传教士雷却利在1937年编纂出版的会话教材，有法文、中文以及客家拼音。雷却利神父从1889年起在嘉应州工作了7年，1929年之后在汕头工作（庄初升，2010：98）。这本书所反映的是当时嘉应州（梅县）的客语方言，但是涵盖了梅县周围的客语方言（Lamarre，1996：

48)。我们使用《对话》重印版与中研院“闽客语典藏”这两份资料加以分析。

根据我们的调查，出现在《对话》里的“话”有 vá（去声），fá，以及 và（上声）、chôt（下入）这四个语音形式。

fá 作为名词，表示“话，语言”。và 和 chôt 的例子不多，只有下面三例，其中 và 都是作为名词使用。发 chôt 这个音的言说动词，基本上都以“说”这个字来表示，所以我们认为不能排除是雷却利神父写错的可能性。例（1）（2）是“và”，例（3）则是“chôt”的例子。

（1）听话（và），就可以修得佢身，也修得佢心。(《对话》：81)
“听话，就可以在身体上和道德上训练他们。”

（2）里系齐家都知个话（và）；(《对话》：159)
“这是每个人都知道的（事）。”

（3）佢又话（chôt）：日头系代表天子，月光系代表皇后。(《对话》：280)
“我们又说：日头代表天子，月光代表皇后。”

vá 在《对话》中的出现频率相当高。《对话》当中带有“话”这个词的例子总计有 312 例，其中的 250（80%）例是 vá。如同江敏华（2018）所指出的一般，vá 同时具有动词与名词的用法，下面的例句（4）（5）是看起来似乎是名词而非动词。如：

（4）好里，唔使讲闲话。(《对话》：37)
“够了，我们不要说不必要的话。”

（5）个个𤃫都唅贤，唅孝，又唅听话，真系家势兴旺。(《对话》：131)
“个个孩子都聪明，孝顺，听话，对家庭的繁荣预示着好兆头。”

《对话》里可以认为是名词的“话（vá）”有 59 例，但是这 59 例不在我们这次的分析范围之内。

3.2 从出现频率来看“话”的语法化过程

3.2.1 言说动词

“话”作动词时，有以下 5 种用法。

（一）“话”为及物动词

根据江敏华（2018）的表 1，“话”不接名词性宾语，但是我们可以认为下面是后面接名词性宾语的例子。不过这些例子并不多，只有 6 例。如：

（6）阿中，佢单单话里三样，你还知有别那个也系金属物么？（《对话》：305）

“阿中，他只说了三个物种，你知道还有其他金属吗？”

（7）就哙惹人牙齿笑跌得！齐家都哙话我：咁老还咁古怪！（《对话》：607）

“我们会笑着把下巴拆下来！每个人都会说我：这么老又这么古怪！”

（8）唉！不堪对镜话童年，今就老里者。（《对话》：622）

“唉！在镜子前，我们再也不能自称年轻了，我们已经老了。”

（二）不及物动词

不带宾语的例子有 31 例，表“说话”义。其中有 12 例“话”后面有补语的例子。如：

（9）你讲有个限度，都做得，总爱话得定。（《对话》：260）

“你定了一个期限，那很好，总要说定的。”

（10）你话都么差。（《对话》：307）

“你说得没错。”

此外，其中有 2 例也可以认为具有“吩咐”的意思。

（11）我唅听神父话。(《对话》：8)

“我会听神父吩咐（=我会服从神父)。”

（12）(木工)（前略）总系你爱去买便桐油和乌烟来。

“（前略）所以，你要买一些桐油和黑色烟来。”

（经理）你话里，我唅打算，但系我唔知爱买几多正足用。(《对话》：227)

“既然你这么说，我会处理的。但是我不知道要买多少才够用。”

（三）“话” + 受话者 + VP

《对话》中，受话者后面接 VP 的例子有 13 例。其中有 11 例的动词是“知”，表示“告诉”之义。比如：

（13）系有别样小工夫，我当时唅话你知。(对话：16)

“如果还有别的小工程，我会告诉你的。”

受话者后面接其他动词的只有 2 例。这时“话”具有吩咐义。如：

（14）昼时，阿福来爱去打猎，我就话佢瞻礼六唔好去打猎不如和我钓鱼过好。

(《对话》：180)

“今天早上，阿福来要去打猎，我告诉他星期五不该去打猎，不如和我去钓鱼更好。”

（15）话佢爱带蚊帐来，惊怕唅唔肯来，样得呀？(《对话》：233)

“如果我告诉他们要带上蚊帐，恐怕他们再也不想来了，那么我该怎么办？”

（四）“话” +直接引语

因为客家话与英文不一样，直接引语与间接引语在形式上并没有明显的差别。根据 Chappell（2008：57），直接引语前面会有停顿，但分析文献资料时无法确认是不是存在这种停顿，所以我们暂时将前面有冒号与逗号的例子视为直接引语。

根据上面的规矩，可以认为后面接引语的一共有60[①] 例。如：

（16）佢兄弟话：标金拿出来看。看了一下就话：里系假个。（《对话》：405）

“他哥哥说：‘把金块给我看。’看了一会儿，就说：‘这是假的。’”

值得注意的是，这些例子中有 24 例是“俗语话”“古人话”等后接俗话的例子，我们可以说这些“话”已经渐渐失去具体的“言说”义了。

（五）“话” +间接引语

“话”后面接间接引语的有 55 例。如：

（17）好，我愿题两个银，唔爱话我咁啬。（《对话》：25）

“好，我捐两元，不要说我吝啬。”

（18）阿伯，东西俭齐里，你话唔使预备食个东西，今就好起程了。（《对话》：185）

“伯伯，一切都准备好了，既然你说没必要准备食物，我们就走吧。”

这些例子之中的“话”有一例，虽然依旧保存原有的“言说”义，但在构造上却像是补句标记，如：

① 这些例子也包括例（3），它们的发音与其他动词不一样，念“chôt”。

(19) 阿春，你试话有触角个虫有几多样？(《对话》：330)

“阿春，你告诉我（试说 = 告诉我）有多少种昆虫是有触角的？”

3.2.2 作引语标记

江敏华（2018）认为其他言说动词后面的“话”是当作引语标记，就是 Chappell（2008）所说的语法化的第二阶段。根据她们的定义，作引语标记的有 12 例。如：

(20) 我当时爱出门个时候，就吩咐我个儿子话：你爱小心奉事你个老母。(《对话》：544)

“当我离开的时候，我向我儿子提出了建议说：你要小心服侍你母亲。”

(21) 牧童看我去，佢就问我话：你来里作那个？(《对话》：545)

“牧羊人看见我来找我，他就问：‘先生，您为什么来这里？’”

3.2.3 作补句标记

认知动词、感知类动词后面的“话”则是作为补句标记使用。这是 Chappell（2008）所说的语法化的第三阶段。作补句标记的例子有 4 例，其中出现在“话”前面的感知类动词都是“听”。如：

(22) 我听话你今发财了。

“我听说你现在发财了。”

后面接引语的用法中有 4 个“听人话 + 引语”的例子。这些例子里的“人”都是不特定的。

3.2.4 其他虚化用法

江敏华（2018）还指出传教士文献中“话”有两种虚化的用法，“（唔）敢话”与“系话”。前者表示“可能”，而“系话”的意思则是“如果说”。如：

（23）你个间房咁菁，唔敢话，多人来寻你嬲。（《对话》：65）
“您的房间太漂亮了，大概有很多人来找您聊天。”

（24）三千金，系话纸做个银，纸做个金，唔系真真个银，真真个金。（《对话》：166）
“三千金币，我指的是纸钱，纸黄金，这不是真正的钱，真正的金子。”

江敏华（2018）指出这些也是虚化的用法，也就是所谓的“词汇化”（lexicalization）（江敏华，2018：717）。《对话》中“（唔）敢话”的用法有9例，而“系话”的出现概率很少，只有3例。

除了江敏华（2018）指出的两种虚化用法以外，我们还发现另外一种虚化的用法。这种虚化用法的“话”出现于“你”或“我”的后面，像普通话的“你说怎么样？”的“你说”一样，应该可以省略，不必出现。如：

（25）你话，个样蹊跷板呀，系样得搅法？（《对话》：585）
“告诉我，这种跷跷板，如何玩？”

（26）我话天地间必有一真神，系唔使疑义个。（《对话》：627）
“我保证，在这个世界上，肯定有一个真正的上帝，这是一个不可怀疑的事情。”

3.2.5 小结

我们把“话”的各种用法与出现频率列表说明。请看表2。

表 2 “话”在《对话》的出现频率

<table>
<tr><td>总数</td><td></td><td></td><td></td><td>311</td></tr>
<tr><td rowspan="3">名词</td><td>fá</td><td></td><td>53</td><td rowspan="3">115</td></tr>
<tr><td>và</td><td></td><td>2</td></tr>
<tr><td>vá</td><td></td><td>60</td></tr>
<tr><td rowspan="6">动词</td><td rowspan="6">言说动词 vá</td><td>+名宾</td><td>6</td><td rowspan="11">196</td></tr>
<tr><td>不带宾语</td><td>31</td></tr>
<tr><td>受话者+VP(知)</td><td>11</td></tr>
<tr><td>受话者+VP(其他动词)“吩咐,教唆”</td><td>2</td></tr>
<tr><td>+直接引语</td><td>60</td></tr>
<tr><td>+间接引语</td><td>56</td></tr>
<tr><td colspan="2">引语标记</td><td></td><td>10</td></tr>
<tr><td colspan="2">补句标记</td><td>听话</td><td>4</td></tr>
<tr><td colspan="2" rowspan="3">其他虚化用法</td><td>“你/我话”</td><td>4</td></tr>
<tr><td>与“敢”结合为认知情态词</td><td>9</td></tr>
<tr><td>用于假设条件句</td><td>3</td></tr>
</table>

透过表 2，我们可以看到《对话》中“话”后面出现引语的用法相当多，其中名词之外的用法大约占总句数的 60%。如此看来，虽然从《对话》可以看到有些语法化的用法，但是出现的频率并不高，可以结合的动词也有限，因此我们可以说“话”虚化的程度并不算高。

4. 结语

本文以 19 世纪传教士文献《客家社会生活对话》为例，配合统计资料的分析，探讨“话”的语法化程度。本文统计了出现在该书里的言说动词“话”的例句及其用法，指出当时“话”虚化的程度并不算高。此外，我们也发现“话”用作引介引语的例子相当多。Chappell（2008）指出“说”类动词从言说动词虚化为引语标记（第二阶段）和补句标记（第三阶段），根据表 2 的统计，我们也可以推测客语言说动词的“话”从言说意义衍出引介引语的用法，然后虚化成作引语标记与补句标记的过程。

现在台湾的美浓客家话（属于“南四县话”）主要使用言说动词“讲 gong42”，也用表示劝说的动词“话 va55”，如：

（27）a. ia42ge55 sii55 gong42 het32 e42[①]。（这件事讲忒 e。）

“这件事已经说了。”

b. ia42ge55 sii55 va55 het32 e42。（这件事讲话歇 e。）

“这件事已经劝过了。”

除此之外，我们发现这位发言人说话时偶尔会出现作为引语标记和补句标记的“话 va55”[②]，如：

（28）a33kung33 kong42 va55 ia42ke55 han11 he55 fan33su11 kuang42。

（阿公讲 va 这个还系番薯梗。）

“阿公说说这是番薯梗。”

（29）ngai11 ti33 va55 ia42 ke55 t'ung33si33 he55 ma42ke55。

（我知 va 这个东西系么个。）

“我知道这是什么。”

（30）ng21 ti21va44 ki11 he55 man42ngin11 （你知 va 佢系么人？）

“你知道他是谁吗？”

① 本文所使用的资料来源主要是发音人的访问记录。这位发音人出生于 1927 年（已过世），高中时曾经到台北求学，其他大部分时间则是住在高雄县美浓区龙肚里，日常生活中都是使用客家话。

② 1967 年出生的发言人说，他听过这种说法，但是他认为这些句子当中的 va 是一种语气词，应该不会是“话”。其实当词汇虚化后往往会出现说话者感受不到本来的意思的情况。如果要证明 va 的本字是“话”字，我们还需要收集更多老一辈的口语资料。

如果美浓客家话的“va55”真的是从动词“话”虚化而来，透过本文的分析我们可以提出以下假设，见图1。

动词“话”	言说动词(后接引语的用法) → 引语标记→补句标记 <虚化>
	言说动词(“吩咐”类“说话”类) → 言说动词(忠告,劝说) <意义窄化>
	⇑ 动词“讲”侵入“话”的功能领域

图1 动词“话”的虚化和意义窄化

我们将本文所得的结果与其他传教士文献相比较，同时观察其中“讲”的功能对比，得知上述假设的正确性很高。

参考文献

江敏华：《客语传教士文献中所见“话”与“讲”的语法化与词汇化》，何大安等主编《汉语与汉藏语前沿研究：丁邦新先生八秩寿庆论文集》，社会科学文献出版社，2018。

庄初升：《清末民初西洋人编写的客家方言文献》，《语言研究》2010年第1期。

Chappell, Hilary. 2008. Variation in the grammaticalization of complementizers from *verba dicendi* in Sinitic languages. *Linguistic Typology* Vol. 12: 45 - 98.

Hopper, Paul J. and Traugott, Elizabeth Closs. 2013 [2003]. 《语法化（第二版）》，张丽丽译，中研院语言学研究所。

Lamarre, Christine. 1996. 「可能补语考（Ⅱ）—客家语资料の场合（上）」『女子大文学国文篇』47：47 - 60。

Rey, Charles. 1988 [1926]. *Dictionnaire Chinois-Français Dialect Hakka*, Hong Kong. Reprinted in Taiwan. Taipei, Southern Materials Center（南天书局）, INC.

Rey, Charles. 1973 [1937]. *Conversations chinoises prises sur le vif avec Notes Grammaticales: Langage Hac-Ka. Vol.* 1 - 2 [《客家社会生活对话（上）（下）》] Hong Kong: Nazareth press. Reprinted in Taiwan, Taipei: The Orient Cultural Service（东方文化书局）.

On the Development of the Speech Act Verb “vá (话)” in the Hakka Language: With Special Reference to *Conversations Chinoises Prises sur le vif avec notes grammaticales: Langage Hac-Ka. Vol. 1 – 2.*

Tomoko TANAKA

Abstract: *Conversations chinoises prises sur le vif avec notes grammaticales: Langage Hac-Ka. Vol. 1 – 2* is a conversation textbook compiled and published by French missionary Charles Rey in 1937. This book reflects the Hakka dialect of Jiaying prefecture (Meixian County). This paper collects and counts the examples of the speech act verb “vá (话)” appearing in this book, and points out that the extremely low frequency “vá (话)” with non-speech verbs shows that the grammaticalization of “vá (话)” has not proceeded so far that it functions as a fully “extended complementizer”.

Keywords: Hakka dialect, speech act verb, vá (话), grammaticalization

绍兴方言的通用言说动词及其历史演变*

盛益民

（复旦大学中文系/复旦大学现代语言学研究院）

提　要　通用言说动词作为核心词，是诸多语法化路径的词汇来源。吴语绍兴方言共时层面只有一个通用言说动词“话”，发展出了传闻标记等功能；而历史上，存在另一个通用言说动词“道”，发展出反叙实认知动词、间接引语标记等功能。本文结合早期吴语的文献材料，考察了绍兴方言通用言说动词的历史。

关键词　绍兴方言　通用言说动词　词汇层次

引言

我们把表达言说义语义场的动词称为“言说动词”，而将该语义场的上位词①称为“通用言说动词”，其余则称为“非通用言说动词”。

通用言说动词是学界研究的重要领域，一方面，通用言说动词位列

* 本文得到上海哲社 2021 年度一般项目“近代上海方言词典的整理与词汇演变研究”（2021BYY002）和国家社科基金重大项目“上海城市方言现状与历史研究及数据库建设”的支持。承蒙汪维辉、戴佳文、卢笑予诸位师友的指正，绍兴话语料也与陶寰、宋天鸿两位多有讨论。特此感谢《汉语语言学》编辑部及匿名审稿专家的意见。尚存问题，文责自负。

① 汪维辉（2003）把只有核心义素而无限定义素的词称为某语义场的上位词，比如“说”是现代汉语言说义语义场的上位词。

Swadesh（1955）的一百核心词表之中，是人类语言非常重要的基本词汇；另一方面，通用言说动词也是诸多语法化路径的词汇来源，比如曹茜蕾（Chappell，2008）就总结过跨语言普遍可见的由言说类动词发展而来的12种功能：1）引语标记（quotative marker）或标句词（complementizer），内嵌疑问小句的标记；2）条件连词；3）结果/目的连词；4）原因连词；5）表示证/传信义的传闻标记（hearsay marker）；6）拟声词中的标记；7）比较标记；8）惊异/意外标记（mirative marker）；9）用于列举结构；10）话题标记；11）小句末的话语标记，表达不言自明的断言、警告和回身问等意义；12）表感叹的句首话语标记。

根据曹志耘主编（2008：123），吴语的通用言说动词主要是“讲”和“话”。① 对于吴语言说动词的共时面貌与历史演变，学界已有不少讨论：汪维辉（2003）根据《型世言》，对明末杭州话的言说动词有所说明；王一萍（2015）通过分析传教士文献，发现上海话清末以来经历了“话”到“讲”的更替；林静夏（2019）考察了温州话言说动词的共时面貌；戴佳文（2020）通过《山歌》《缀白裘》《海上花列传》等文献，对苏州话言说动词的历史演变有所讨论；林素娥（2021）则根据上海、苏州、宁波、台州、温州五地的传教士文献，对近代吴语的言说动词做了深入探讨。

本文着重讨论绍兴话言说动词的基本面貌及其历史演变。篇幅所限，文章只讨论与通用言说动词密切相关的“话、道”②，在此基础上进一步讨论

---

① 《地图集》以“说~话”来确定方言中的通用言说动词，其实并非很好的做法。不少吴语方言用“讲闲话”等表示“说话”，导致“讲”的比例特别高，其实，很多方言通用言说动词是“话”而非“讲”。

② 绍兴话的“讲”只有“和解、协商”（例1）、“谈论、交谈”（例2）、“讲解”（例3）等义，因此并非通用言说动词。

(1) 倷桩事体有有讲好咚唻？那件事情你们有没有协商好？

(2) 诺喕事体伽都拉讲哩。别人都在谈论你的事情呢。

(3) 桩事体诺拨我好端端个讲带来。那件事情你给我详细地讲一下。

绍兴话口语中也并不使用“说”，“说”的白读音［soʔ⁷］用于言语名词“说话话”中，而文读音［seʔ⁷］主要用于读字或“说大书讲评书、小说”等文读词中。

吴语学界关注较少的“道”。本文绍兴话的注音主要依据柯桥话，音系详参盛益民（2021）的讨论；文章所引资料一律注明出处，未注明者均由笔者调查所得。

1. 通用言说动词“话”及其相关功能

1.1 通用言说动词用法

绍兴话中，“话”［ɦuo⁶］是通用言说动词。“话”可带各类体标记，也可以重叠。下面根据宾语的不同具体描述其用法：

第一，常常不带宾语，可重叠或带补语，例如：

（1）渠个人蛮蛮会话嘅。他这个人很会说。

（2）亨桩事体诺弗话我话。那件事你不说我说。

（3）诺豪慢来话话清爽。你快点来说清楚。

第二，“话”可以带泛义的言语类名词“说话”，如：

（4）话说话说话、话嘚两句说话说了几句话

也可以带其他的言语类名词，如“话刁话说刁钻不讲理的话、话钝话说不近人情的话、话呆话说傻话、话瞎话说瞎话、话附话说神神叨叨的话、话搡话说讽刺、讥笑人的话、话破话背后说人坏话、话斜话/话横话说不讲理的话、话大话”等。①

① “讲”也常与部分“话”类名词搭配表达互动性的言谈场景，如“讲破话与人一道说人坏话、讲白话闲聊、讲空话闲聊、讲滩头闲聊”等，符合“讲”表示“交谈”义。这也是其与“话”用于单向言谈场景的重要区别，以上搭配都不能替换成“话”。而“讲造话说谎”虽然没有“话造话”常用，不过也可接受，已经开始偏离“讲”的语义限制。我们认为，其他吴语方言的“讲”就是在与言说名词搭配中发生语义泛化，从而发展为通用言说动词的。

第三，宾语为语言、方言名称，表示用这种语言、方言说话，如“话英语、话绍兴说话说绍兴话”。

第四，宾语为所指的人或事物，例如：

（5）伽头卯拉话诺他们刚刚在说你、话㖞桩事体说了件事情

第五，“话”也可以带内容宾语，包括直接引语和间接引语，引介间接宾语时之后还可加引语标记“道”（进一步讨论见2.2节）。例如：

（6）阿兴话：“我明朝再去喫过。”阿兴说：“我明天重新再去吃。”

（7）阿兴话（道）今朝弗来哉。阿兴说今天不来了。

第六，与事成分不能充当宾语，必须由伴随介词“捉”或接受者标记“味（老派）、拨（新派）”引介，例如：

（8）渠捉我话过哉。他跟我说过了。

（9）快些话味/拨我听嚒！快点说给我听呀！

绍兴没有专门的“告诉”义言说动词，由“捉……话”表示，例如：

（10）渠捉我话㖞桩事体。他告诉了我一件事情。

“话”还用于构成一些特定的词语，比如“话得来”表示“合得来”，“话弗来”表示“合不来、说不定”，“奈个怎么话”用于询问发生了什么事情，“是［ze4］话”是假设连词“如果”的意思。

1.2 其他动词用法

除了通用言说动词用法，“话”也可以表示责备义，属于非通用的言说

动词，这在言说语义场内是非常常见的语义演变，如例（11）。此时“话”的句法也发生了变化，可以带双宾语，如例（12）。

（11）我晓得错哉，诺覅来话嘚我哉。我知道错了，你就别来说我了。

（12）阿兴话嘚我两句。阿兴说了我几句。

此外，“话”还常常可以与第一、第二人称代词“我、诺你”等搭配表达认知义，例如：

（13）我话渠弗大做得好哉嘞。我说/觉得他不大做得好了。

（14）诺话好弗好？你说/觉得好不好？

不过这些认知义主要还是语境推导的结果，不是完全规约化的用法，所以我们将其看成言说义到认知义的过渡状态，“话”并未发展出典型的认知动词用法。

1.3 传闻标记与惊异标记

关于汉语是否已经有语法化的传信/示证范畴（evidenciality），学界尚有争议。比如曹茜蕾（Chappell，2008）就认为汉语尚未发展出语法化的传信/示证范畴；而李佳樑（2014）则主张判断一个语言是否具有示证范畴以及具有何种示证范畴，必须依据该语言里的示证语，文章通过考察普通话“说是”的各种用法，确定了其示证语的句法地位，并据此认为普通话具有“传闻性（hearsay）来源”和“其他来源”的两项选择体系示证范畴。本文采纳李佳樑（2014）的观点。

言说动词发展为传闻/听说示证标记是非常普遍的现象。（Heine & Kuteva，2002：265；林华勇、马喆，2007；王健，2013 等）绍兴话就可以用“话”或“话道”作为传闻/听说示证标记，这个示证标记的句法位置相对比较自由，可以用于主语之前［例（15）］，主谓之间［例（16）］，也可以作为补说成分用于句末［例（17）］。

(15) 话（道）亲家亲嬷都弗去。说是亲家亲家母都没去。

(16) 舅舅拉话（道）去过哉。舅舅一家说是去过了。

(17) 伽爿厂益卯布做来有些好咚哉话（道）。他们厂现在布做得好起来了说是。

“话（道）”之外，“□［kɔ¹］话（道）”也有类似的功能，不过多为报道负面信息，例如：

(18) 渠还是闲卯好，益卯□［kɔ¹］话（道）有高血压。他（身体）还是以前好，现在据说有高血压。

跨语言来看，传信/示证范畴与惊异/意外范畴（mirativity）具有密切的关系。① 在绍兴话中，“话”或“话道”可以表达说话人出乎意料和吃惊的反预期用法，至少可以看作一个词汇性的惊异/意外标记。当然，口语中以“话道”更为常用。例如：

(19) 我去介光，伽话（道）昧亨搓麻将！我去的时候，他们竟然在打麻将。

(20) 阿兴介慧［uɔ⁵］个人，话（道）死患哉。阿兴这么健壮的人，竟然死了。

由于“□［kɔ¹］话（道）”本身就是报道消极事件为主，其发展为惊异/意外标记也顺理成章，例如：

(21) 上外刚刚买来只戒指□［kɔ¹］话（道）无有哉。昨天刚买来的那只戒指竟然没了。

---

① 王健（2013）详细分析了听说示证标记发展为惊异标记的认知基础：“引述”表明说话人没有亲历所发生的事件，因而对所发生的事件缺乏控制，甚至缺乏认识；由此，说话人对所发生的事件缺乏心理准备，并进而表现出“出乎意料”“吃惊”，这是转喻机制在起作用，是由“因”（没有亲历或亲见其事）代“果”（出乎意料、吃惊）。

除了用“话（道）”“□［kɔ¹］话（道）”，绍兴话还可以用“渠话（道）”表示出乎意料，例如：

（22）介好个东西渠话（道）㝡一块洋钿一个够哉。这么好的东西竟然只要一块钱一个就行了。

（23）阿兴渠话（道）弗来哩！阿兴竟然没来！

类似的现象也多见于南方方言中，吴语的情况请参陶寰、李佳梁（2009）和王健（2013）等文的讨论。

2. “道”与言说义相关的用法

汪维辉（2003）指出，“道”是汉语史上非常重要的言说动词。共时层面，绍兴话“道”［dɔ⁴］已经没有言说动词的用法了，但是有诸多由通用言说动词发展而来的虚化①用法，包括认知动词、引语标记、副词或连词的词内成分等，下面逐一讨论这些功能。

2.1 认知动词用法

“道”是绍兴话中非常典型的认知动词。根据叙实性，可将认知动词分成叙实（factive）动词、非叙实（nonfactive）动词和反叙实（contrafactive）动词三类。“道”既可以表示非叙实的“认为”义，也可以表示反叙实的“以为”义。

先来看“道”的非叙实用法。一方面，与“话”不同，“道”在绍兴话已经没有言说类动词的用法，因此例（24～26）只能做认知动词理解，这与例（12）有很大的区别；另一方面，“道”的搭配不再限于第一、第二

① 认知动词虽然仍然是动词用法，不过其中的反叙实用法有很强的主观性（李明，2003），因此本文也将其算作一种虚化的用法。

人称，见例（27）。

（24）闲卯来得早，只管要等，今朝我道就迟些来。以前来得太早，经常要等，今天我想就迟点来。

（25）诺道好弗好？你觉得好不好？

（26）今朝日子诺道我趁㖞多少？你觉得我今天赚了多少钱？

（27）渠道伢坎⁼板有㖞，啥嘞弗拨伢。他觉得我们肯定有，所以不给我们。

此外，“道”可以构成“道弗好”（认为不好）一类的固定说法。

不过“道”的非叙实用法也有一定的限制：一方面，其使用频率远没有其反叙实用法来得高；另一方面，与普通话的非叙实动词“认为”不同，“道”并不能被否定①，例如：

（28）＊渠弗道伢有介许多东西。他不认为我们有这么多东西。

再来看“道”的反叙实用法，这在口语中很常见，也常与副词“还”共现。例如：

（29）A：伽为啥要讴伢喫饭去？B：伽道诺还昧咚唻。A：他们为什么要来叫我们吃饭？B：他们以为你还在家呢。

（30）我还道是啥个大头寸，弄到槁来是个小八瘌子。我还以为是什么大人物呢，弄到最后是个小角色。

这个反叙实用法的“道”也可以说成“定道”、“□［ɦueʔ⁸/ɦueŋ⁴］道”，例如：

① 许宝华、宫田一郎主编（1999：778）认为绍兴话的“勿道”有“不料”义，但并未举例。笔者咨询了多位绍兴话母语者，均指出未听说过这种说法。

(31) 我定道渠死患哉。我还以为他死了。

(32) 我□ [ɦueʔ⁸/ɦueŋ⁴] 道张地契是阿兴撕破嗰。

我还以为那张地契是阿兴撕破的。

李明（2003）指出，言说动词发展为认知动词是汉语史上非常常见的现象，汉语史上“谓、道、话”等词都有这个发展，这是一种以身喻心的演变方式。言说动词首先发展出的是非叙实的“认为”义，当受话人能够从上文推理出动词之后的命题为假，“认为”义就会转化为反叙实的“以为”义。

“道”的认知动词用法也见于其他吴语，比如苏州话可用“道仔”、吴江话可用“道仔”“当道”、嘉定话可用“道嘚”、宁波话①可用“道”作为反叙实认知动词表示“以为”义。

2.2 间接引语标记

“道”还可以作为引语标记（quotative marker），不过只能加在动词“话、譬”之后。

上文 1.1 节已经提到，绍兴话用“话”引出直接引语和间接引语。不过，两类引语在是否可以加引语标记“道”上存在不同：“话”引介直接引语小句时不能加“道”，引介间接引语小句时则可以加“道”，例如：

(33) 阿兴话（＊道）：“我明朝弗来哉嗰。”阿兴说：“我明天不来了。”

(34) 阿兴话（道）渠明朝弗来哉嗰。阿兴说他明天不来了。

① 汤珍珠等（1997）《宁波方言词典》虽并未出条，不过举例中多次使用，比如【眼花祺】条“眼花：我打只～，还道（还以为）前头走过来该人是老王”，再如【钉】条“（3）以言词攻人的短处：渠还道（还以为）我勿晓得渠个老底，拨我～勒一句，总算老实一眼”。汪维辉教授（私人交流）告知，“道”是宁波话中很常用的反叙实认知动词，语流中声母往往还会发生清化音 tɔ。

在这一点上，绍兴话与英语的引语表达一致而不同于普通话：英语直接引语不能加宾语从句标记 that，而间接引语可以加从句标记 that，例见（35）；而刘丹青（2004）指出普通话的从句标记“道”则只能用于直接引语，而不能用于间接引语，例见（36）。

（35）a、He said（*that）：“I deceived you.”

b、He said（that）he had deceived me.

（36）a、张三说（道）：“我骗了你。”

b、张三说（*道）他骗了我。

言说动词“话”“讲”等经过引语标记发展为宾语从句标记的现象在南方方言中非常常见。曹茜蕾（Chappell，2008）总结了汉语诸方言言说动词虚化为标句词的情况，提出与标句词共现的动词类型的蕴涵序列：①言说动词＞②认知动词/感官动词＞③情感动词/静态动词＞④情态动词＞⑤叙实动词。曹文把只能加在言说动词或认知动词后的称为“准小句标句词”，认为扩展到第③阶段以后的才真正语法化为小句标句词；而方梅（2006）、丁健（2015）等则把言说动词之后的称为引语标记，认知动词之后的都称为准标句词。绍兴话的“道”不能加于“话”之外的其他言说动词“问、讲”等，更是不能加于认知动词之后，语法化程度还非常低。

此外，绍兴话中，“譬”表示“权当、就当”这样的意思时，强制性要求带“道”，“道”可以说已经成为词内成分了，例如：

（37）伢譬*（道）渠死患哉。我们就权当他死了。

（38）诺譬*（道）十万洋钿买股票折患哉。你就权当十万块钱买股票亏了。

“譬”本有“打比方”之义，“比方”义词带引语标记的现象很常见，比如普通话就有“比方说、譬如说、比如说、好比说”等，“譬道”也是类似的形式。如果拿一种假设或者现实当中某个更坏的后果做譬，以求得心理上的慰藉，那么“譬道”就很容易发展为“权当、就当”的意思。① 因此，“譬道”原为“譬”加引语标记“道”，伴随着语义演变，其后的小句已经与引语有了一定的差距，“譬道”发生了陌生化而凝固成词。

“譬道”表示“权当、就当”的意思，也见于上虞、丰惠等地，而且“譬道”还有“比如”之义，可以为我们的推测提供佐证。比如：

（39）譬道是侬，譬道是渠。比如是你，比如是他。

“道”的引语标记功能在现今吴语中并不多见，不过在早期吴语文献中比较普遍，详见 3.1 节的讨论。

2.3 副词、连词词内成分

董秀芳（2003）等指出，普通话中的“说”可以与部分副词、连词等通过短语词汇化而形成“如果说、所以说”等作为一个单位使用，发展成了副词、连词的词内成分。董秀芳（2004：161）认为变为虚词的“X 说”具有的共同特点是“主观化程度高，都具有一定的篇章衔接功能，都是与话语相关的成分”，并认为其话语相关性是与“说”原本的言说义相联系的。②

---

① 汪维辉（1993）提到，近代汉语中“譬如”有“权当；就算”这样的意思；周志锋（2012：99）也指出，宁波话的“譬如”本用来举例，当所举情况是假设性的，且往往是与事实相反或更加糟糕的一种情形时，就引申出“权当；就算”这样的意思。

② 董秀芳（2004：158）认为：“连词‘X 说’中‘说’似乎可以分析为一个标句词（complementizer），因为其后所引出的都是小句形式”；方梅（2006）将北京话对应的连词后“说”界定为从句标记（subordinator）。我们认为以上两个界定均并不准确。一方面，丁健（2015：140）指出，标句词（complementizer）要求所接小句为补足语，而连词与之后的小句不具有补足语关系，称为“标句词”不妥；而从句标记的作用是引导整个小句，“说”只是从句中连词的组成部分或辅助成分，并非单独引导一个状语小句，称为“从句标记”也并不合适。另一方面，“说”除了用于连词之后，也可以用于副词等之后，而两者的功能是一致的，“标句词”或者“从句标记”无法对此做出解释。而丁健（2015：140－141）则认为普通话连词后的“说”是一种语用标记，体现说话人自我主观态度，同时也承认连词与“说”可能进一步词汇化，使得“说”的功能逐渐凝固下来，从而形成新的连词。聊备一说。

绍兴话的“道”也有类似的功能，并对副词和连词具有较强的选择性[①]，因此我们认为都可以看成是整体词汇化的形式。具体可以分成两类：一类是加不加“道”两可，包括副词“怕$_{\text{难道}}$、可来$_{\text{难道}}$、横竖$_{\text{反正}}$、横故$_{\text{反正}}$”和连词“是话$_{\text{如果}}$、为之$_{\text{由于}}$、何怕$_{\text{哪怕}}$”，如例（40～42）；另一类是“道”只能作为构词成分而不能省略，包括副词“共道$_{\text{一共才}}$、孤道$_{\text{一共才}}$、本道$_{\text{原本、本来}}$、诚果道$_{\text{果然}}$、果真道$_{\text{果然}}$、真果道$_{\text{果然}}$”，如例（43～45）。

（40）诺好去哉，渠横竖（道）/横故（道）弗大会来哉嗰。

你可以走了，他反正不大会来了。

（41）伽可来（道）弗晓得？他们难道不知道？

（42）诺是话（道）弗想去个说话，诺早些捉我话。

你如果不想去的话，你早点跟我说。

（43）伢屋里头共 *（道）/孤 *（道）三个人。我们家总共才三个人。

（44）渠本 *（道）话弗来哉嗰，后首想嘚想还是来哉。

他本来说不来了，后来想了想还是来了。

（45）我想渠会来嗰，渠果真 *（道）/真果 *（道）来哉。

我想他会来的，他果然来了。

不过，前一类是否加“道”也存在一定的差异，主要有以下几点：第一，当副词或者连词作为追补成分出现时，必须加“道”，例如：

（46）是个些下饭我会喫弗完，怕 *（道）！这么点儿菜我会吃不完，难道！

（47）拨渠骗嘚骗为之 *（道），遭我益卯弗相信渠哉。

由于被他骗了一下，那我现在不相信他了。

---

① 比如可以说“为之道$_{\text{由于}}$”但不能说“啥嘞道$_{\text{所以}}$”，可以说“横竖道$_{\text{反正}}$”但不能说“反正道”，可以说“何怕道$_{\text{哪怕}}$”但不能说“何管道$_{\text{哪怕}}$”。此外，绍兴柯桥话表示“不知”义的不确定副词“弗浇⁼”［feʔ^{33} tɕiɔ^{55}］，我们认为来源于“弗知道”的合音。由于周边方言多说“弗知［tɕieʔ］”，“道”应该是副词后缀。

第二，复句存在行、知、言三域（沈家煊，2003），如果复句是行域用法，“道”可加可不加；但是知域用法，以加“道”为常；如果是言域用法，必须加“道”。例如：

（48）a 是话（道）渠弗想去，诺覅去劝渠哉。如果他不想去，你就别劝他了。

[行域]

b 是话?（道）渠弗想去，坎板是伽娘弗讴渠去嗰。如果他不想去，肯定是他母亲不让他去的。 [知域]

c 是话*（道）渠弗想去，天里有个洞咚哉！如果他不想去，那天上就有洞了！ [言域]

第三，当可以自由替换的时候（如例40～42），加“道”时的主观性更强，语气也更加强烈一些。

“道”以上几个方面的限制均与其言说动词的用法有密切的关系。

“道”的这种用法也见于其他浙江吴语，比如海宁话（海宁市史志办公室等，2009）有“作（兴）道可能、横竖道反正、假使道假如”等词。

3. 绍兴话言说动词的历史演变

根据第1、第2节的讨论，绍兴话共时层面言说动词“话、道”的言说类及相关虚化用法，可以总结为表1。

表1 言说动词“话、道”的相关功能

	通用言说动词	非通用言说动词	认知动词	引语标记	示证标记、惊异标记	副词、连词词内成分
话	+	+	(+)		+	
道			+	+		+

根据林素娥（2021）的研究，清末以来的传教士文献中并未发现言说动词“道”的踪迹。下面结合苏州一带更早期明清吴语“道”的用法来讨论绍兴话通用言说动词的历史。

3.1 早期吴语文献中的“道”及其扩展用法

苏州一带的早期吴语文献中，言说动词“道”及其扩展功能主要有如下几种。

第一，言说动词功能和引语标记。戴佳文（2020）统计了《山歌》（明末）、《缀白裘》（清中期）、《海上花列传》（清末）三书各类言说动词的使用情况。本文将戴文对三书的统计总结为表2，其中表格中的数字为使用次数，按照《山歌》《缀白裘》《海上花列传》依次排列。

表2 《山歌》《缀白裘》《海上花列传》的通用言说动词

宾语类别	道	说	说道	话	话道	讲	讲道
不带宾语	0－0－0	15－377－647	0－0－0	2－18－17	0－0－0	2－15－12	0－0－0
所说的人或事物	0－0－0	16－72－189	0－0－0	6－0－0	0－0－0	1－7－2	0－0－0
间接引语	3－2－0	15－180－425	4－16－5	1－0－0	0－0－0	0－0－0	0－0－0
直接引语	141－21－0	1－106－79	19－65－5	0－0－0	1－0－0	0－0－0	1－0－0
“话”类宾语	0－0－0	7－51－125	0－0－0	0－0－0	0－0－0	0－0－23	0－0－0
语言、方言名	0－0－0	0－20－0	0－0－0	0－0－0	0－0－0	0－0－0	0－0－0
宾语由介词引介	0－0－0	1－4－0	0－0－0	0－0－0	0－0－0	0－0－0	0－0－0
总计	144－23－0	55－810－1465	23－81－10	9－18－17	1－0－0	3－22－37	1－0－0

从表2可知，《山歌》中最主要的言说动词是“道”和“说”，其中“道”的主要功能就是带直接引语和间接引语，由其充当引语标记构成的“说道、话道、讲道”也只能带直接引语和间接引语，尤其是“道”的直接引语标记用法，比例极高。在《缀白裘》中，单用的“道”使用频率急剧降低，除了“说道”，《山歌》中出现不多的“话道、讲道”已不再使用。到了《海上花列传》，“道”几乎完全不再使用，只剩下“说道”还有零星

的用例。

第二，认知动词。早期吴语文献中，“道”“定道”“道仔”有“以为，认为”的认知动词用法（尤其是反叙实用法），“弗道”也可以表示“不料，没料到”的认知义。如以下几例(石汝杰、宫田一郎，2005)。

（49）你拿个冷水来泼我个身上，我还道是你取笑。(《山歌》卷9)

（50）遇着子$_{\text{了}}$承天寺里个和尚，定道请渠领表、入木；撞见子玄妙观里道士，定道请渠退煞、念经。(《山歌》卷9)

（51）耐$_{\text{你}}$心里只道仔我是蹩脚倌人，陆里$_{\text{哪里}}$买得起四十洋钱莲蓬。(《海上花列传》22回)

（52）弗道是一只脚踏挟子，谷碌碌直滚到山溪下，一只脚笋头才$_{\text{都}}$跌子出来！(《缀白裘》5集4卷)

第三，副词的词内成分。早期吴语文献中，构成“弗壳道$_{\text{不料}}$、弗匡道$_{\text{不料}}$、怕道$_{\text{难道}}$、像道$_{\text{好像}}$”等副词，暂未见连词的用例。例如以下几例（石汝杰、宫田一郎，2005）。

（53）我出身元是湖州个大细$_{\text{子女}}$，当初跟随子织女天仙，弗匡道沉埋得我更个凌替，吃个姐儿扯到身边。(《山歌》9卷)

（54）至于眼门前生意，可得可失，才$_{\text{全都}}$勿勒奴心浪，下埭回转来，怕道吃不佬。(《九尾狐》44回)

（55）个句话听得别人说歇$_{\text{过}}$个，像道有个。（《缀白裘》7集1卷）

结合第2节的论述，我们认为吴语中言说动词“道”经历了如下的演变：

↗认知动词
通用言说动词 → 引语标记
↘副词、连词词内成分

3.2 绍兴话通用言说动词的历史

绍兴话通用言说动词的历史有两种可能性：一种是“道”早期具有通用言说动词的功能，各项虚化用法为自身演变的结果，只是言说动词的用法在现代已经消失；另一种是“道”的各种虚化功能并非绍兴话自发演变的结果，而是外来的。

上一节结合苏州一带的早期吴语文献，已经表明“道”的各项虚化用法是从其通用言说动词用法发展而来的。我们认为绍兴话历史上也存在通用言说动词“道”，各项虚化用法也由通用言说动词发展而来，理由如下。

首先，绍兴话有“道”作为言说动词的痕迹。绍兴话存在一个“我道”表示恍然大悟，例如：

(56) A：阿兴生毛病亨哉。B：我道奈个渠弗来。

A：张三生病了。B：我说他怎么没来。

(57) A：渠已经睏熟亨哉。B：我道奈个声响也无有哉。

A：他已经睡着了。B：我说怎么没有声响了。

“我道”可以看成是降级保留了“道”言说动词用法。而苏州一带早期吴语中“道”的言说动词用法，则可以作为旁证。

其次，“道”在绍兴话中的功能表现，也难以从外来成分上得到解释。结合上文通用言说动词的相关演变路径，绍兴话中“话”和“道”的演变可以表示如下：

↗认知动词
通用言说动词 → 引语标记　　　“道”
↘副词、连词词内成分

通用言说动词 → 传闻标记 → 惊异标记	"话"

一般说来，实词比功能词更易受外来影响而发生词汇兴替，如果认为“道”是外来的，且借用了多种虚化用法，而作为词内成分时所加的副词、连词又都是吴语自身的成分，这种可能性相对来说还是比较小的。

最后，“道”如果是外来成分，基本上只可能来源于官话或者苏沪一带的吴语，不过“道”在官话和苏沪吴语中的情况似乎也不支持外来说。官话中“道”构成的标记词只能引导直接引语（刘丹青，2004）；苏州一带早期文献中，“道”虽可以引介直接引语和间接引语，但也是以直接引语为主；而绍兴话的“道”却只能带间接引语，存在功能上的参差。

综上，我们认为早期绍兴话存在通用言说动词“道”，各类虚化用法是由通用言说动词发展而来的，只是其通用言说动词用法后来消失了。这也是与苏州一带文献中“道”的历史演变情况相一致的。

排除“道”各类虚化功能外来的可能性，剩下的问题是早期绍兴话中“道”和“话”的关系：是“道”与“话”的前后相继兴替，还是“道、话”的词汇分工？

汪维辉（2003）指出“道”的通用言说动词在中古时期就已经发展出来，而“话”要到唐代之后才成为言说动词的新成员。可见在汉语史上，“道”的历史更为悠久，吴语的情况大概也是如此。“道”在绍兴话中的语法化路径远比“话”要深，也可以从侧面反映出其可能是更具有时间深度的形式。

等到“话”“说”等在吴语中也发展出通用言说动词的功能之后，其与“道”很可能经历了一个长期的并存或者分工的过程。早期苏州一带的文献中，“道”只有后接引语的功能，与其他通用言说动词“说”“话”存在明显的词汇分工，就是这方面很好的体现。伴随着“话”“说”等在言说语义场的全面胜出，“道”只剩下一些虚化的用法还在吴语中有所保留。

总　结

本文的结论及相关启示主要有以下两点。

第一，现代绍兴话的通用言说动词为“话”，“讲”只有“交谈、讲解”等义，并未发生其他吴语中发展为通用言说动词的变化；而“道”则很可能是比“话”更古老的通用言说动词，只不过其言说义基本上已经在现代吴语中消失。从中可以看出，方言词汇同样存在历史层次问题，需要在方法和理论上进行探讨。[①] 而“道”是汉语史上常见的通用言说动词，但是在现今的方言中却未见分布，[②] 其在言说语义场中的具体表现以及在方言言说动词历史中扮演的角色，都有待于深入研究。

第二，“话”“道”这两个通用言说动词在绍兴话中都发生了诸多历史演变，“话（道）”发展成了传闻标记和惊异标记，“道”发展出认知动词、间接引语标记、副词和连词的词内成分等多种功能，这些演变都是汉语方言中非常常见的演变现象。不过，有一个与演变的区域性相关的问题颇值得注意：闽语、粤语等方言中，言说动词发展为标句词的现象非常普遍，在吴语中却并未发现言说动词发展为标句词的现象。这也许与吴语通用言说动词的更新速度较快有密切关系，未及演变就已经发生词汇更新了。

当然，吴语通用言说动词的历史颇为复杂，还需要做更为深入的专题研究，希望本文能起到抛砖引玉的作用。

参考文献

贝罗贝、曹茜蕾：《论汉语言说动词的历时发展》，吴福祥、邢向东主编《语法化与

---

① 感谢汪维辉教授启发笔者思考方言词汇的历史层次问题。关于词汇成分的层次分析，笔者容专文讨论。

② 《嵊县志　方言》的词汇部分，记录到“道”有“说”义，有待核实。

语法研究（六）》，商务印书馆，2013。

曹志耘主编《汉语方言地图集·词汇卷》，商务印书馆，2008。

戴佳文：《〈山歌〉所录吴歌常用词研究》，南京大学硕士学位论文，2020。

董秀芳：《“X说”的词汇化》，《语言科学》2003年第2期。

董秀芳：《汉语的词库与词法》，北京大学出版社，2004。

丁健：《自然口语中的标句词“说”——性质、功能与演变》，上海外国语大学博士学位论文，2015。

方梅：《北京话里“说”的语法化——从言说动词到从句标记》，《中国方言学报》第1期，商务印书馆，2006。

谷峰：《从言说义动词到语气词——说上古汉语“云”的语法化》，《中国语文》2007年第3期。

海宁市史志办公室、海宁市史志学会编《海宁方言志》，浙江人民出版社，2009。

李佳樑：《现代汉语的示证视角——基本出发点和课题》，《语言研究集刊》第12辑，上海辞书出版社，2014。

李明：《试谈言说动词向认知动词的引申》，吴福祥、洪波主编《语法化与语法研究（一）》，商务印书馆，2003。

林华勇、马喆：《廉江方言言说义动词“讲”的语法化》，《中国语文》2007年第2期。

林静夏：《温州方言的言说动词“讲”》，第五届方言语法博学论坛论文（中山大学），2019。

林素娥：《早期吴语“说”类动词及其演变》，《语言科学》2021年第2期。

刘丹青：《汉语里的一个内容宾语标句词——从“说道”的“道”说起》，中国社会科学院语言研究所、《中国语文》编辑部《庆祝〈中国语文〉创刊50周年学术论文集》，商务印书馆，2004。

沈家煊：《复句三域“行、知、言”》，《中国语文》2003年第3期。

盛益民：《吴语绍兴（柯桥）方言参考语法》，南开大学博士学位论文，2014。

石汝杰、宫田一郎主编《明清吴语词典》，上海辞书出版社，2005。

陶寰、李佳樑：《方言与修辞的研究接面——兼论上海话“伊讲”的修辞动因》，《修辞学习》2009年第3期。

汪维辉：《〈两拍〉词语札记》，《语言研究》1993年第1期。

汪维辉：《汉语“说”类词的历时演变与共时分布》，《中国语文》2003年第4期。

汪维辉：《东汉－隋常用词演变研究》（修订本），商务印书馆，2017。

王健：《一些南方方言中来自言说动词的意外范畴标记》，《方言》2013年第2期。

王一萍：《19世纪上海方言动词研究》，（日）熊本学园大学博士学位论文，2015。

许宝华、宫田一郎主编《汉语方言大词典》，中华书局，1999。

周志锋：《周志锋解说宁波话》，语文出版社，2012。

Chappell, Hilary. 2008 Variation in the grammaticalization of complementizers from *verba dicendi in Sinitic languages*, *Linguistic Typology 12. 1*: 45 – 98.

Heine, B. & Kuteva, T. 2002. *World Lexicon of Grammaticalization.* Cambridge: Cambridge University Press.

Swadesh, M. 1955. Towards Greater Accuracy in Lexicostatistic Dating. International Journal of American Linguistics 21 (2), 121 – 137.

Say Verbs and Their Historical Evolution in Shaoxing Wu Dialect

SHENG Yimin

Abstract: As the basic vocabulary items, the say verbs are the source of vocabulary for many grammaticalization paths. The synchronic level of the Shaoxing Wu dialect has only one say verb "话", which has developed to hearsay markers; while in history, there has been another say verb "道", which has developed contrafactive cognitive verbs, indirect quotative markers, and other functions. This article combines the materials of the early Wu Dialects to investigate the history of the say verbs in Shaoxing dialect.

Keywords: Shaoxing dialect, say verbs, lexical strata

言说动词配价、编码与同词化模式的跨语言考察

卢笑予　高可欣

（北京师范大学人文和社会科学高等研究院语言科学研究中心　北京外国语大学佛山研究生院）

提　要　本文基于莱比锡配价系统（ValPal）以及跨语言同词化数据库（CLICS）材料，考察分析 20 余种不同语系不同类型语言中 SAY、TALK、TELL 和 SPEAK 四类义项的配价、编码模式以及同词化情况。四类义项的同词化程度与各自的及物性程度以及编码选择偏好等有着密切关联。同时，汉语言说义项部分同词化关联跨语言较为少见，据此我们认为汉语材料可以丰富现有的言说类词汇语义图。

关键词　言说动词　配价　编码框架　同词化　语义图

1. 引言

言说动词（speech act verbs，或称为 verb of communication）是动词范畴中的重要一类，其中最核心“说”类（SAY）在 Swadesh（1971：283）中被列入 100 基本词之内。汉语学界针对言说动词已有大量研究成果，其中比较有代表性的有 Chappell（1994）和汪维辉（2003）等；另外，许多学者关注汉语共同语和方言中言说动词多样化的语义演变以及语法化路径，如杨凤

仙（2006）、王健（2013）、黄燕旋（2016）等。同时，也有部分学者开展言说动词语法化/主观化的跨语言对比，如张洪芹、张丽敏（2015）。邓思颖（2018a，2018b）将考察重点转移到形态-句法问题上，论证英语、普通话和粤语中言说动词之间的不对称关系。他明确指出，这种形态-句法表现的不对称性是由不同语言中所使用的言说动词本身的词汇特征所决定的。

实际上，在英汉语之外，言说动词的情况更加复杂多样。本文希望在邓思颖（2018a，2018b）基础上，进一步从词汇类型学角度探讨以下3个问题。

（1）跨语言考察言说动词相关配价模式（valency patterns）和编码框架（coding frames）；

（2）跨语言考察言说动词相关同词化（colexification）现象；

（3）明确汉语及汉语方言相关表现在世界语言中的位置。

本文基于莱比锡配价类型项目（Valency Patterns Leipzig Online Database，http：//www.valpal.info）及其配套出版成果［Malchukov & Comrie eds. 2015a，2015b］，选取非洲（Africa）、美洲（Americas）、亚洲（Asia）、欧洲及印欧（Europe and Indo-European）以及东南亚和澳大利亚（Southeast Asia & Australia）5大区域内20种语言进行分析。20种语言名单如下。[①]

非洲 & 中东[②]：（1）埃玛伊语（Emai）

（2）现代标准阿拉伯语（Modern Standard Arabic）

（3）约鲁巴语（Yoruba）

美洲：（4）博拉语（Bora）

（5）查提诺语（Chatino）

（6）奥杰布瓦语（Ojibwe）

亚洲：（7）阿伊努语（Ainu）

① 区域略有调整。

② 在ValPal分类中现代标准阿拉伯语（即书面阿拉伯语）被归入非洲区域，而该语言的分布是跨大洲的，因此我们在ValPal非洲基础上增加中东。

(8) 埃文基语 (Evenki)

(9) 日语 (Japanese, 包括北海道、水海道方言)

(10) 韩语 (Korean)

(11) 汉语普通话 (Mandarin Chinese)

欧洲和印欧: (12) 东亚美尼亚语 (Eastern Armenian)

(13) 英语 (English)

(14) 德语 (German)

(15) 意大利语 (Italian)

(16) 俄语 (Russian)

东南亚和澳大利亚: (17) 巴厘语 (Balinese)

(18) 雅加达印度尼西亚语 (Jakarta Indonesian)

(19) 宁语 (Nen)

(20) 斯里兰卡马来语 (Sri Lanka Malay)①

这20种语言分属汉藏(汉语)、满-通古斯(埃文基语)、印欧(东亚美尼亚语、英语、德语、意大利语、俄语)、亚非(阿拉伯语)、南岛(巴厘语、雅加达印尼语、斯里兰卡马来语)、尼日尔-刚果(埃玛伊语、约鲁巴语)、博拉-维托托(博拉语)、阿尔冈琴(奥杰布瓦语)、奥托-曼格安(查提诺语)和南-中央巴布亚(宁语)等语系,同时也有一些系属不明或孤立语言(阿伊努语、日语、韩语)。除以上20种语言之外,我们在分析同词化时还参考跨语言同词化数据库(Database of Cross-Linguistic colexifications)中其他语言的相关文献材料。

2. 基于形态-句法标准的言说动词语义分类

2.1 英语言说动词的分类:Levin(1993)和Grimshaw(2015)

不同的言说动词类,在配价模式上应该有着不一样的表现。Levin

① 在ValPal分类中,斯里兰卡马来语被归入亚洲区域,本文调整为东南亚区域。

（1993）较早对英语中的言说类动词进行了语义分类，认为可分为9大类（不同类之间存在交叉情况）。Grimshaw（2015）则采用形式句法测试手段对英语言说/交流类动词进行了分类，她以可否带直接引语（direct quotes）为标准区分出说类动词（SAY verb）、话语角色类动词（discourse-role verb）和其他可以带补足语小句论元的动词三类，此外还有SAY-by-means和SAY-with-attitude等说类动词的次类，这些次类可对应于Levin（1993）的说话方式类（见下文）。下面我们主要以Levin（1993）作为标准，对英语言说动词分类加以介绍。

（1）信息传递类（verbs of transfer of a message）

该类成员有：ask，cite，demonstrate，dictate，explain，explicate，narrate，? pose，preach，quote，read，recite，relay，show，teach，tell，write等。该类言说动词的句法特征是：绝大部分该类动词可以带小句补足语（sentential complement）。此处小句补足语相当于Grimshaw（2015）体系中所说的语言材料论元/话语论元（linguistic material/utterance argument）。

（2）告诉类（Tell）

类成员只有tell一词。Tell是最典型的交流类动词（a simple verb of communication），不附加其他任何特定的交流方式或工具意义。这一类相当于Grimshaw（2015）中的话语角色类动词。

（3）说话方式类（Verbs of Manner of Speaking）

类成员有：scream，shout，sing等。每个词项主要依据言说方式不同而区别，部分用来指动物的叫声（带同源宾语，cognate object）。在英语中，该类动词若与不同形式短语组合，在语义情态等层面会产生不同的解读，如是否形成交流意义以及是否具备叙实性等。

（4）工具交流类（Verbs of Instrument of Communication）

类成员有：cable，e-mail，fax，modem，netmail，phone，radio，relay，satellite，semaphore，sign，signal，telephone，telecast，telegraph，telex，wire，wireless等。这一类与其他动词在形态－句法层面相区别的地方在于它们可以进行与格交替（dative alternation）。

（5）谈论类（Talk Verbs）

类成员有：speak，talk 等。句法上，它们属于不及物动词，不包含方式意义，同时也不能带小句补足语（sentential complement），但可以带 to－短语（表示交谈目标），也可以带 with－短语（标记对话中另一个参与者）。

（6）聊天类（Chitchat Verbs）

类成员有：argue，chat，chatter，chitchat，confer，converse，gab，gossip，rap，schmooze，yak 等。这类动词主要用于描述两个或两个以上成员之间的言谈互动。它们同样是不及物动词，可以带 with－短语，但不能带 to－短语，并且也不能带小句补足语。在 Levin（1993）中，这一类的句法行为与不属于言说动词的 correspond 类很像。

（7）说类（Say Verbs）

类成员有：announce，articulate，blab，blurt，claim，confess，confide，convey，declare，mention，note，observe，proclaim，propose，recount，reiterate，relate，remark，repeat，report，reveal，say，state，suggest 等。这类动词为最典型的“言说动词”。在 Levin（1993）的体系中，更强调这一类表示“命题/命题态度交流动词”，通常这类动词可用 to 标记受话人（目标），同时不允许与格交替；只允许语义范围非常小的名词短语作为宾语，也能带限定性小句补足语（finite sentential complement）。

（8）抱怨类（Complain Verbs）

类成员有：boast，brag，complain，crab，gripe，grouch，grouse，grumble，kvetch，object 等。这类言说动词主要表明言者态度，句法上通常只带限定性小句宾语，但也有部分动词可以用 at－或者 to－来标记交流对象。

（9）建议－警告类（Advise Verbs）

类成员有：admonish，advise，alert，caution，counsel，instruct，warn 等。这一类动词允许任意性指代词宾语交替（PRO-$_{arb itrary}$ Object Alternation，除了 alert 以外），即从原先不及物形式补出宾语后变为及物形式。

虽然 Levin（1993）以及 Grimshaw（2015）等学者对言说动词分类较为

详尽，为我们后续的研究提供了有用框架。但这些分类建立在英语单一语种基础上。相对而言，英语形态现象并不丰富，那么这就限制了包括言说动词在内的动词编码策略的选择。与之相比，由 Malchukov 和 Comrie 等学者主持的“莱比锡配价类型项目”（Leipzig Valency Class Project）扩大了考察视野，按照类型学方法对言说动词进行跨语言的描写与比较，这种研究方法更加有助于加深对我们言说动词词汇 - 形态 - 句法特征的认识。

2.2 ValPal 中的言说动词：义项选择

目前 ValPal 中共选择了 162 个动词义项（verb meaning）[①]，其中与“言说”有关的有以下几项（以字母顺序排列）[②]：

(1) ASK (a question)　(2) ASK (about)　(3) * ASK FOR　(4) CALL
(5) * NAME　(6) * READ　(7) * SAY　(8) SAY (impersonal)
(9) * SCREAM　(10) * SHOUT AT　(11) SPEAK　(12) * TALK
(13) * TELL

13 个义项中带星号 * 的 8 项属于核心义项（core meaning），另外 5 个属于附加义项（additional meaning）。本文主要讨论的就是属于核心义项的 SAY、TALK 和 TELL 及非核心义项中 SPEAK 这 4 项的特征与关联，即 Levin (1993) 中的 1 类、2 类、5 类和 7 类。这 4 项不包含特定的言说方式或感情色彩，其他带有附加意义的言说动词则暂不考虑。表 1 为 ValPal 以及 CLICS 数据库中收录的 20 种语言 4 个义项的具体形式。相关形式除汉语外均采用拉丁字母转写[③]。

---

① 网址：http://valpal.info/meanings，检索日期：2020 - 4 - 16。

② 选择这 13 个义项，一方面根据言说的语义内涵，同时也参考了 Levin（1993）对言说的分析。

③ 因引用文献数量较多，且不同文献材料的描写方式不完全一致，如日语“说”类动词有文献使用 iuu 作为转写形式，也有文献使用 yuu 作为转写形式；而东亚美尼亚语 TALK 的表达形式记录为 χosel，SPEAK 记录为 xosɛl，虽然第二个元音有别，但实际上两者相同。因此，如果不同文献所记录的形式实际上具备同一关系，本文暂不强求对其加以统一，仍引用原材料形式。

表 1　20 种语言 4 类言说义项的形式表现

语言名称 \ 义项	SAY	TALK	TELL	SPEAK①
Ainu	ye	e-ko-itak	e-ko-isoyatak	itakpa
Balinese	ngorahang	ngomongin	ngorahin	—
Bora	nέέ	ihjyúvá	uubálle	—
Chatino	nakwę	čkʷiʔ	nakwę	čkʷiʔ
Eastern Armenian	asei	χosel	patmel	xosεl
Emai	ẹ ọ́ì	vbaẹye	kpe (1)	ta étà
English	say	talk	tell	speak
Evenki	guun -	ulgučen - 2	ulgučen - 1	gun d͡ʒəmiː ulɤu t͡ʃəːn d͡ʒəmiː
German	sagen	sprechen reden	erzählen	sprechen reden
Italian	dire	parlare	raccontare	parlare
Jakarta Indonesian	bilang omong	bicara	cerita kasitahu	berbicara ngobrol ngomong
Standard Japanese	yuu	hanasu	tugeru	hanasu (2)
Korean	malhada	iyagihada	malhada iyagihada deullida (2)	malhada
Mandarin Chinese	说	谈话	告诉	讲 说 谈话
Modern Standard Arabic	qāla	takallama	ḥakâ	takalama
Nen	owabs	owabs mts	mts wetls	—
Ojibwe	kidod naad	gnoonaad gnoodang	wiindmawaad	—
Russian	skazat′ govorit′	govorit′	skazat′	govorit
Sri Lanka Malay	bilang	oomong	biilang	omong
Yoruba	so béè	bá... sòrò	sọ(1)	—

① ValPal 中 SPEAK 仅埃玛伊语一条，其他语种数据参考 CLICS 或相关语种描写语法等资料。

2.3 ValPal 中各参项的意义

ValPal 中涉及的功能 - 语义参项主要有以下几类。

(1) 编码框架 (coding frame): 编码框架包含论元编码方式信息: 比如该动词属于是标记型①, 还是指标型②。

(2) 微角色 (microrole): 微角色就是特定单个动词其论元的语义角色。

(3) 论元类型 (argument type): ValPal 团队设立了 6 种论元类型: A (施事), P (受事), S (单一), I (工具), L (处所) 及 X (其他)。

(4) 价位交替形式 (valency alternation): 价位交替形式被定义为两个不同编码框架的集合, 这些编码框架能产性地 (productively), 或至少惯常地与共享相同动词词干动词对中两个成员关联在一起。

从言说义动词角度看, 即便属于同一类 (same verb meaning), 不同语言的不同动词项在选择进入何种交替形式时, 也因语言类型的差异而存在较大区别。ValPal 大量参考 Levin (1993) 对英语动词分类时所运用的办法: 通过能进入哪些交替模式来决定动词的类。不同的价位/编码交替形式对动词类别较为敏感 (alternations are sensitive to verb classification), 部分动词具备这种变换方式而另一些动词则不行。那么我们先来看本文所涉及的 20 种语言中 SAY、TALK、TELL 和 SPEAK 四项所表现出的基本功能面貌。

2.3.1 SAY (They said "no" to me)

微角色: 言说对象 (saying addressee)、言说者 (sayer)、言说内容 (said content)、言说致使者 (say causer)

SAY 的形态句法特征主要有以下几项: 1) Haspelmath & Hartmann (2015: 56) 认为 SAY 类动词形与典型动作动词不同, 言说内容作为动词所带的话语论元 (utterance argument) 性质特殊, 区别于其他名词性论元 (nominal argument), 因为话语论元无法采取常用格标记 (如宾格、通格

① 标记型 (flagged, 又译作 "插旗式") 包括格标记和介词标记等, 属于附从标注模式 (dependent - marking)。

② 指标型 (indexed) 包括人称一致关系等, 属于附核标注模式 (head - marking)。

等)、介词或一致关系等进行编码。话语论元最常见的表现方式就是简单并列，偶尔也会选择添加引述标记（quotative marker），如日语的 yuu（见 Haspelmath & Hartmann，2015：56）。2）SAY 类动词所带话语论元既可以属于直接引语（direct quotation），也可以是间接引语（indirect quotation）。但无论直接引语还是间接引语，它们的编码方式大都与典型宾语有区别。3）对于 SAY 类行为事件涉及的言说对象而言，大部分语言选择将它处理为与格宾语或相应介词宾语；也有一些语言相应动词词形不能出现言谈对象，如埃玛伊语的ẹ́ó́ị́、雅加达印尼语的 omong 和奥杰布瓦语的 kidod 三个词项，其后只出现言说内容，属于最典型的单宾动词。4）20 种语言中未见言说内容和言说对象采用相同格标记的情况，即不存在 SAY 类的双宾结构。

2.3.2 TALK（The girl talked to the boy about her dog）

微角色：谈论对象（talked to person）、谈论者（talker）、谈论内容（talked about content）、谈论致使者（talk causer）

TALK 类与 SAY 类形态句法上的区别我们在 2.1 中已经指出，即 TALK 类主要表现为不及物动词，但该义项存在一定的跨语言差异：1）博拉语、东亚美尼亚语、英语、埃文基语、德语、意大利语、雅加达印尼语、阿拉伯语、俄语以及斯里兰卡马来语等在标记谈论内容和谈论对象时，均需要介词介引或采用宾格以外其他的格标记形式。2）阿依努语将谈论对象处理为宾语，通过动词上的宾语一致关系来表达；日语和韩语则将谈论内容处理为宾语。查提诺语中谈论内容为零标记形式，另外采用作通格（ergative-absolutive）的宁语将谈论对象处理为通格，与主宾格系统中的宾格相类似，这些编码框架我们可将其视作“等同宾语”型。3）埃玛伊语的 TALK 属于典型不及物动词，只允许出现主语。4）约鲁巴语动词可以出现谈论对象而不加谈论内容，在 20 种语言中是比较特殊的。5）没有语言选择用相同形式来标记谈论对象和谈论内容，这说明 TALK 类不存在双宾结构类型。

2.3.3 TELL（The girl told the boy a funny story）

微角色：讲述对象（tellee）、讲述者（teller）、讲述内容（told content）、讲述致使者（tell causer）

TELL 在英语和汉语中都是典型的双宾动词。不过从跨语言角度看，双宾并非是世界语言 TELL 类词项最主要的编码方式：1）在我们讨论的 20 种语言中，包括东亚美尼亚语、埃文基语、雅加达印尼语（cerita）、日语、韩语、宁语、俄语、斯里兰卡马来语、约鲁巴语和查提诺语等 11 个形式选择与格形式而非双宾形式作为 TELL 类义项的基本编码框架。2）博拉语将讲述对象用主格形式标记，同采用宾格形式的讲述内容形成区别。3）埃玛伊语的相关词项 kpe 和 gue，只允许出现话语内容，属于典型单宾动词。

针对 TELL 的编码策略，Malchukov et al.（2015：37）给出了这样的解释：具体动词的形态修饰（morphological make-up）可能会决定特定的配价模式。譬如马拉雅拉姆语（Malayalam）中，只有派生的双及物动词（及物动词致使化）才会带双宾结构，而非派生的双及物动词带的是与格结构。从 TELL 词项的跨语言表现看，只有少数语言 TELL 词项采用双宾编码模式（可能是派生性的）；大都是只标记一个宾格论元成分的单宾配置（非派生性的）。因此，类似于汉语"告诉"（以及方言中的"告声"等）双音节动词，本身属于并列复合构词而成——"告"和"诉"同为言语行为动词，那么其论元结构应当与经过派生操作的那些派生性双及物动词有一定相似之处，故而能采用双宾编码方式。

2.3.4 SPEAK（The girl spoke）

微角色：说话者（speaker）、说话对象（spoken to person）

ValPal 中将 SPEAK 处理为不及物动词。在 Levin（1993）的框架内，SPEAK 与 TALK 是同类的。只是英语中 speak 后可带表示各种语言的普通名词作为直接宾语，如 speak English，speak Chinese 等，从而在编码方式上与 say、talk 和 tell 形成区别。

2.4 编码方式的交替（alternation）

介绍言说动词可能的变价操作/编码框架交替之前，我们先来看根据之前所列举的几类动词编码情况反映出的言说动词及物性问题。根据 Haspelmath（2015：136）的定义，所谓及物性，指的就是相应动词形式包含施事（A）和受事（P）两个论元。而确定 A 和 P 论元的标准，则依据其编码方式是否与 BREAK 义动词中“打破者（breaker）”和“破碎物（broken thing）”两者编码方式相一致来判断：前者为 A，后者为 P。依据这一标准，Haspelmath（2015：143）以百分比形式给出 ValPal 中 80 个义项相应动词形式及物显著度（transitivity-prominence）等级表，其中包含 3 项本文涉及的言说义形式：TELL 为 .78，SAY 为 .41，TALK 为 .40。从及物显著性角度看，SAY 和 TALK 非常接近，而 TELL 及物性程度明显较高。

Haspelmath 也提到部分义项进行跨语言比较及物性时所遇到的困难。比如讨论 TALK 义项时，我们较难判断谈论行为共同参与者（talking co-participant）到底应被视作核心论元还是附加语（adjunct）。但根据 Haspelmath 的定义，如果某个语言中 TALK 义形式所带的谈论行为共同参与者其编码方式与 BREAK 义有别的话，那么我们仍然有理由认为它与典型的及物动词有别。汉语中表达 TALK 义的词项“谈论”就比较特殊：如“我们在谈论一件重要的事情”，句中“谈论”可带典型宾语，编码方式与“打破”相同；同时选择复数主语从而导致共同参与者不出现。这种区别于其他语言 TALK 类编码策略的方式可以反映出不同语言相应词项在变价操作上的选择偏好。

不同词项所采用的变价操作（valence-changing）手段深刻影响着动词的形态表现。Søren Wichmann（2015：163～172）运用统计方法探讨了动词主要 5 类编码策略/变价操作的蕴涵等级序列。这 5 类分别是：（1）主语降级/施事背景化（subject demoting/deletion，包含被动、部分逆被动和模糊及物式——不及物变体为派生形式而及物变体为基础式）；（2）宾语降级/受事背景化（object demoting/deletion，包含宾语省略、宾语组并和部分逆被动）；（3）相互态（reciprocal）；（4）反身态（reflexive）；（5）致使/施事增加（agent-adding）。针对以上变价操作，本文所选取的 20 种语言中 SAY、TALK 和 TELL 词项体现出如下类型特征。

（1）主语降级/施事背景化等级序列：TELL > SAY > TALK。这一等级序列与 Haspelmath 给出的等级序列是相一致的，反映 TELL 的及物性最强。

同时因为 SAY 对话语内容宾语的强制要求，使得它的及物性也高于 TALK。

（2）宾语降级/受事背景化等级序列：TELL > SAY，TALK。与（1）的结果相同，这里同样反映 TELL 的强及物性。同时 Wichmann 提出，如果动词采取宾语降级策略，那么通常要求可被降级的宾语具备一定惯常属性，可以和动词构成某种固定搭配，如 EAT 和 FOOD 之间的关系。在我们考察的词项中，TELL STORY 似乎也可视作某种固定搭配，STORY 成为 TELL 的惯常性宾语，从而使 TELL 允许宾语降级。出现宾语降级后，由于配价能力的变化，TELL 的编码模式很可能与其他言语行为动词趋同。

（3）相互态：TALK，TELL > SAY。如上文所说，TALK 的对称性比较强："谈论"本身就是一种相互性事件。而 TELL 因为涉及说者和听者，两者在语义上也具备一定对称性，因此这两个是可以采用相互编码策略的。SAY 所涉及的参与者角色，特别是最常见的参与者角色只是言说者和言说内容，两语义者差异很大，因此采用相互策略编码的机会较 TALK 和 TELL 均要少。

（4）反身态：SAY，TELL > TALK。TALK 较难采用反身编码策略。Wichmann（2015：169）指出，宾语具备有生性（animate）的动词通常更容易选择相互态。

（5）使役：TALK > SAY > TELL。与（1）和（2）相反，使役是一种增价策略，这也就意味着通常不及物动词更容易通过使役手段来增加论元。只看言说动词情况，Wichmann 所列出的使役操作蕴涵共性也对应着它们三者及物性的高低差异。另外，使役要求动词自主性较弱，从而在事件语义上可以增加一个外部致使者。TALK、SAY 和 TELL 三类均是典型自主动词，因此实际上三者使役化情况并不常见①。

将这 5 类变价操作放在一起进行比较，那么主语降级和宾语降级更多只涉及动词论元配置方式变化而对动词词汇意义影响较小，而相互态、反身态以及使役形式则更可能产生一些新的词汇语义。比如在材料中我们发现阿伊

① 但汉语分析性致使，如"我使他说/告诉；我叫他说/告诉"等在句法上是合法的。

努语的 TELL 义是通过感知动词项 KNOW、HEAR 添加使役词缀或施用词缀形式形成的：

（1）sinrit oruspe ***an = e = nu – re*** *na*

ancestor story **IND. A = 2SG. O = hear – CAUS** FIN

I will tell you the story of the ancestors.

nu-re 以外，表 1 所列阿伊努语表达 TELL 的另一个词项是 e-ko-isoytak。Bugaeva（2015：818）将其确定为在词根 isoytak 基础上添加 e –（“关于……”）和 ko –（“对……”）两个施用前缀，从而具备三价编码能力。阿伊努语的 TALK 和 TELL 一样，需要在词根 itak 前增加 e – 和 ko – 两个施用前缀，才能完整表达相应的言语行为事件。因此，正是通过对相应动词编码策略的考察与分析，我们才得以发现，以阿伊努语为代表的一部分语言中，一方面，TELL 词项并不能带双宾语，反而跟 TALK 类似，可能属于不及物；另一方面，相应变价操作词缀所依附的词根形式，也反映出言语行为动词同感知动词之间的密切关联。

我们再来看另一类涉及言语行为的形态变化或增价策略。Nordhoff（2015：1004）描写了属于南岛语，同时又与南亚地区达罗毗荼语系语言有密切接触关系的斯里兰卡马来语中相关言说动词的情况。斯里兰卡马来语可以在言说动词后增加一个源自给予动词 GIVE 的功能动词（vector verb）kaasi，构成交替受益结构（alterbenefactive），如以下例句：

（2）*Kithang = pe ini younger gereration = nang = jo konnyong masà-biilang*

1PL = POSS PROX younger generation = DAT = EMPH few must-say

kaasi, masà-aajar

give must-teach

It is to the younger generation that we must explain it, must teach it to.

该例句中，宾语 generation 使用与格标记 nang，同时加上 kaasi 明确宾语的语义角色属于受益者，因此在与格标记后还增加一个强调标记 jo。虽然根据 Heine & Kuteva（2002：321）语法化词库中所列，作为来源功能项的 GIVE 通常演变为使役标记或受益者标记①，具备明显的增价能力，但 Nordhoff 指出斯里兰卡马来语表示 SAY 的 biilang 本身就可以带三个论元，即说话者、话语内容和听话人。如果没有 kaasi，该动词的编码方式并不会发生变化。因此，这里的 GIVE 本身并没有起到增价作用。如果斯里兰卡马来语的 SAY 本身具备带多个宾语能力，那么它的编码框架可能同 TELL 义词项也是相同的。实际上，根据 Nordhoff（2015：1012）词项表的记录，TELL 形式确实与 SAY 相同，均为 biilang，并且共享同一个编码框架：[1 2 - dat UTT3 V]。

斯里兰卡马来语采用马来语的词汇形式和达罗毗荼语言的语法，因此使用与格词缀作为功能动词的 kaasi 后置，基本语序为 SOV（Nordhoff ed.，2013；Nordhoff，2015）。而同马来语在谱系关系上非常接近的印尼语，却在语法上展现出与斯里兰卡马来语不同的特征。印尼语表达 GIVE 义的成分 kasi 同样也可以和认知动词 tahu（KNOW）组合，并出现在 tahu 之前，形成 kasitahu。从词汇形式上判断，kasitahu 明显与斯里兰卡马来语表示“通知”（INFORM）的 kasithaau 相对应。kasitahu 在 Conners et. al（2015：982）记录的雅加达印尼语以及 Lehmann（2015：1583）中标注为 TELL 义，如以下例句：

（3）*Erni kasi-thau Tom rencana outing*（印尼语）

① 受益者标记与施用标记关系密切。施用操作（applicative operation）即将原先的旁格论元成分提升为核心论元充当直接宾语，是一种典型的论元提升策略。

Erni give-know Tom plan outing

Erni told Tom the plan for the outing.

与阿伊努语 nu-re 相似，印尼语表达 TELL 义也选择以认知动词为基础添加增价成分，由于印尼语的强分析性，我们不把 kasi 视为前缀①。与汉语双音复合词“告诉”类似，此处我们可以将 kasithau 分析为一个双宾动词，选择话语接收者和话语内容作为其宾语。

Conners et al.（2015：983）所列雅加达印尼语词项表中还有一个表达 TELL 义的动词 cerita，它的编码框架是［1 V ke +2 soal +3］。ke 相当于 to，引入听话者（话语接收者）；soal 引入话语内容。因为需要介词介引相关语义角色，所以 cerita 并非双宾动词。但有趣的是，cerita 同时也作为名词使用，释义恰好就是 TELL 最具惯常性的搭配 story。如以下例句（Conners et al.，2015：968）：

（4）*Oo kan pernah beli-in bukucerita buat kamu.*

aunt Q EXP. ASP buy：G. APPL book story for 2SG

But I've already bought you story books.

（3）和（4）的区别，以及 TELL 和 STORY 在印尼语中同词化关联可以说明，TELL STORY 中的 TELL 可能与 I told Tom the plan for the outing（我告诉汤姆外出的计划）中的 TELL 分列为两个不同义项。至少在印尼语和汉语中，我们发现这两类是采用不同词汇形式编码的，并且有着不同的编码框架：汉语“告诉”作为双宾动词通常不选择“故事”作为直接宾语（？告诉你一个故事）；选择“故事”作为直接宾语的，一般仍是“说”“讲”等基础 SAY 义动词（说一个故事给你听；给你讲一个故事）。

① Nordhoff（2015：1003－1004）将斯里兰卡马来语的 kasi－分析为前缀。虽然 INFORM 并没有被列入 Levin（1993）以及 ValPal 或者 CLICS 数据库中，但从该词概念框架中我们可知，“通知”（INFORM）和“告诉”（TELL）同样表达言语行为事件，并且句法层面在编码框架上非常接近，一般都包含言说对象/内容接收者和话语信息内容两类成分。

3. 不同语言言说义形式的分合——同词化

同词化（colexification/colexify）是 François（2008）提出的概念，指“两个或两个以上的意义（sense）被编码（code）或词化（lexify）为同一个词汇形式（the same lexeme）”。如果意义 A 和意义 B 在某个语言里用同一词汇形式表达，那么就可以说在这个语言里意义 A 和意义 B 被同词化了［详见吴福祥（2016）对同词化理论的介绍］。

本文讨论的四个义项 SAY、TALK、TELL 和 SPEAK，都属于言说语义场的下位概念，理论上两两之间存在 6 种同词化模式（当然，也可能存在三个或三个以上同词化的可能）。根据 CLICS 数据，SAY－SPEAK 同词化形式共有 218 条，因此 SAY 和 SPEAK 之间的连接线是最粗的；而 SAY－TELL 之间有 56 条同词化形式，在所有同词化模式中排名第二，SAY－TALK 同词化较少，共有 6 条。TALK－TELL 的同词化形式为 6 条，而 TALK－SPEAK 同词化较多，达到了 55 条。TELL－SPEAK 同词化为 53 条。6 组同词化如表 2。

表 2　4 类言说义的同词化表现

义项＼义项	SAY	TALK	TELL	SPEAK
SAY	－	6	56	218
TALK	6	－	6	55
TELL	56	6	－	53
SPEAK	218	55	53	－

下面我们结合本文考察的 20 种语言以及所参考的其他数据，分别来看这 4 类 6 组同词化模式，以及进一步概括三类以上同词化的表现，并对这些数据做出分析与解释。

3.1 SAY 与 TALK 的同词化情况（6）

4 类主要言说行为事件的形式编码中，SAY 和 TALK 的同词化以及 TALK 与 TELL 的同词化是最少的。CLICS3 中仅记录了 6 种语言 SAY 和 TALK 用相同形式表达。通过第二部分对它们编码方式的分析我们认为，SAY 和 TALK 较少同词化的原因在于行为事件对于参与者微角色的关注点有别：SAY 重在强调话语内容，TALK 带有互动性质所以选择将参与者作为首要标记对象。这种语义－功能的差异导致它们的词汇形式和句法表现的较难整合。

3.2 SAY 与 TELL 的同词化情况（56）

SAY 和 TELL 的同词化例证相对较多。形式和功能上的基本动因，在于它们都需要对话语内容（said content/told content）加以包装。CLICS 在包含南岛、达罗毗荼、印欧、汉藏等语系 56 种语言或方言中发现存在 SAY 和 TELL 的同词化。这里我们根据 Borsley et. al（2007）用威尔士语（Welsh，印欧语凯尔特语支）加以分析：

SAY（现代威尔士语）

（5）*Mae Ieuan yn* **dweud** *mai hwyrach bydd*
be. PRES. 3S Ieuan PROG say. INF COMP. FOCUS
probably be. FUT. 3S
Rhaid i ni aros.
necessity to us wait. INF
Ieuan says we'll probably have to wait.

（6）*Ddaru o ddim* **deud** *dim dyd wrtha i.*
PAST he NEG say. INF nothing to. 1S me
He didn't say anything to me.

TELL（中古威尔士语，Middle Welsh）

（7）. . . *a* **dywedy** *di* *ymi* *dim* *o* *'th* *negesseu*?
Int tell. PRES. 2S you to. me anything of 2s. gen errands
Will you tell me anything of your errands?

以上例句反映威尔士语 SAY 义动词和 TELL 义动词词形非常接近（dweud-dywedy，CLICS 数据：dw ɛ͡ɪd），编码框架上也都表现为与格形式而非双宾结构。除选择话语内容作为直接宾语外，由于 SAY 并不必然将“话语接收者”角色在形式上加以编码，那么如果这类角色通过句法手段表现出来并与 SAY 类动词发生关联时，该言语行为事件的概念结构就同 TELL 较为接近，因此为同词化创造了条件。

我们再来看他加禄语（Tagalog，南岛语系）的情况：

（8）***Sabi*** *niya*，“*Halika rito*”
He said，“Come here”.

（9）***Sasabinin*** *niya sa akin ang lahat.*
He will tell me everything.

他加禄语基本语序为动词居首，（8）中表示 SAY 的 Sabi 同时也是一个言说义名词（speech noun），它可以出现在多个基本言说动词词基（base），如构成 mag-sabi、sabi-hin、sabi-han 等，在这一层面，我们认为他加禄语的 SAY 和 TELL 存在同词化的表现。

还有一类 SAY 和 TELL 的同词化表达值得我们关注，即上文提到的 TELL 本身义项的问题。在 CLICS3 同词化数据库中，56 条 SAY 和 TELL 同词化例证有 18 条对 TELL 的标注为 tell story；而 53 条 SPEAK 和 TELL 同词化例证中，将 TELL 标注为 tell story 的更是有 21 条。这说明同词化首先发生在“tell story”这类义项而非“告诉”义项上。

3.3 SAY 与 SPEAK 的同词化情况[①]（218）

虽然 Levin（1993）中 SAY 和 TALK 被视作言语行为动词同一小类成员，但跨语言角度考察，SAY 和 SPEAK 的同词化情况却是最为普遍的。概念层面，CLICS 将 SPEAK 定义为：To communicate by the use of words；将 SAY 定义为：To utter specific words or notions。因此，两个概念中均有“使用话语材料交流表达”之义。SAY 概念中所包含的话语材料，要求较为“具体”（specific）；而 SPEAK 只是定义通过话语进行交流，其语义范围最为宽泛。我们认为，这种较少的语义限制可能是造成同词化表达的重要原因。本文所主要调查的 20 种语言中，汉语[②]、韩语和俄语是选择将二者同词化的。这里我们以 Bailyn（2012）中涉及的俄语 SAY 义词 govorit 为例来看同词化的表现：

（10）*Ja* *ne* *budu* **govorit** *po-francuzski* *vsë* *leto* （pp. 18）
I NEG will **speak** French all summer
I will not speak French all summer.

（11）*Aleksandra* *takie* *vešči* *ne* **govorit** （pp. 274）
Alexandra-NOM such things NEG **says**
Alexandra doesn't say such things.

（10）中 govorit 的标注为 SPEAK，所带宾语是表示语言的名词；而（11）中 govorit 的标注为 SAY，句中没有引语标记。根据 Malchukov & Jahraus（2013）所确定的编码框架，govorit 后出现的言说对象和言说内容都属于其他类型论元 X，与受事论元 P 有别，因此 Bailyn 的标注中 po-francuzski 和 vešči 下均没有标出宾格 acc。Aleksandra 作为施事主语，明确用

---

① 检索地址：https：//clics. clld. org/edges/1458 - 1623；检索日期：2020 - 4 - 16。

② 汉语情况我们将在 4. 1 中加以说明。

主格 nom 来标注。

不过从句法角度看，将命题内容以直接引语或间接引语形式进行编码同样具备跨语言普遍性。SAY 义动词在很多语言中可以语法化为引语标记或标句词即是明证。因此，不少语言表达 SAY 和 SPEAK 时会选择用不同词形加以区分，如表 1 中阿伊努语、查提诺语、东亚美尼亚语、英语、德语、意大利语、雅加达印尼语、日语、标准阿拉伯语、斯里兰卡马来语等语言 SAY 和 SPEAK 的形式均不相同。我们以 Sebastian Nordhoff（2013）所记录的斯里兰卡马来语相关例句加以说明：

（12） *Se = ppe laayeng* **omong**-*an samma see anà*-**biilang** （p. 28）
1SG = poss other speak-NMLZ all 1SG PAST-say
I had said everything in my other speech.

（13） *Punnu mlaayu pada kàthaama English = jona anthi*-**oomong** （p. 33）
many Malay PL earlier English = PHAT IRR = speak
Many Malays would speak English, y'know, in former times.

如果一种语言在形式上区分 SAY 和 SPEAK 两个义项，那么当宾语成分指“一种具体语言”时，通常动词形式会选择 SPEAK。斯里兰卡马来语也是如此。（12）中 SAY 选择普通名词形式作为其宾语，表示 SPEAK 的 omong 带上了名物化标记 an，意指“演讲、讲话”；而（13）则是典型的选择语言作为其宾语［jona 为交际标记（phatic marker），无实义］。

3.4 TALK 与 TELL 的同词化情况（6）

CLICS 数据中，共有 6 条 TALK 和 TELL 同词化的例证。因为 TALK 通常表现为不及物动词，而 TELL 至少是单及物以及双及物动词，因此如果这两个概念出现同词化，那么很有可能 TELL 义动词是以 TALK 义动词作为词基附加若干形态词缀而成。如 2.4 我们介绍阿伊努语的 TELL 和 TALK 都带有双重施用格标记（double applicative）；但去掉施用格形式以后，TALK 和 TELL 的词根形式 - itak 和 - isoytak 仍有区别。不过 Batchelor（1905：523）在 ye 词条下列出了该词项的意义，反映了 TELL 和 SAY 可能的同词化情况（见图 1）。

Ye, イェ, 告ケル、知ラセル. *v. t.* To tell. To say. To adduce. To announce. To attest. To acknowledge. As :—*Ye wa ambe*, "that which was said."

图 1　Batchelor（1905）中对词条 Ye 的解释

标准日本语中，SAY、TALK 和 TELL 三个义项是编码为不同形式的：

SAY：yuu

（14）*Ken-ga　Mari-ni　"hai"　to　it-ta.*

Ken-NOM　Mari-DAT　yes　QUOT　say-PAST

Ken said "Yes." To Mari.

TALK：hanasu

（15）*Ken-ga　Mari-ni　sono-koto-o　hanasi-ta.*

Ken-NOM　Mari-DAT　that-matter-ACC　talk-PAST

Ken talked to Mari about that matter.

（16）*Ken-ga　Mari-｛ni/to｝　hanasi-ta.*

Ken-NOM　Mari-｛DAT/COM｝　talk-PAST

Ken talked ｛to/with｝ Mari.

（17）*Eigo-o　hanase-masu　ka?*

English-ACC　speak-hon　Q

Can you speak English?

（18） *Ken-ga　Mari-ni　sinzitu-o　tuge-ta*

Ken-NOM　Mari-DAT　truth-ACC　tell-PAST

Ken told Mari the truth.

从例句（14）的句法表现看，日语 SAY 类动词 yuu 本质上为不及物，同时言说对象加与格标记，言说内容是命题性成分（小句）并加引述语标记；TELL 类动词 tugeru 将话语内容编码为直接宾语而言说对象同样加与格标记。但在部分日语方言中，TELL 和 TALK 可以用相同形式表达，如北海道日语和水海道日语：

北海道方言（Hokkaido Japanese）TALK = TELL：hanas-u

（19） *sono　otoko = ga　sono　syo：nen = ni　syo：zyo = no　koto-o*

that　man = NOM　that　boy = DAT　girl = GEN　thing-ACC

hanasi-ta

talk-PAST

That man talked to that boy about the girl.

（20） *sono　otoko = ga　sono　musume = ni　monogatari = o* **hanasi-ta**

that　man = NOM　that　daughter = DATstory = ACC　**tell = PAST**

水海道方言（Mitsukaido Japanese）TALK = TELL：hanasu

（21） *are　ano　jarokko-nge　ano　amakko-godo* **hanasj-ta**

3SG. NOM　that　boy-DAT　that　girl-ACC　**talk-PAST**

She/he talked to that boy about that girl.

（22） *ore　kodomo = nge　mugasi = no　kodo* **hanasj-ta**

1SG. NOM child = DAT　past = GEN　thing. ACC　**tell-PST**

I told the child an old story.

虽然 TALK 和 TELL 在编码框架和配价模式上差异很大，但为何会出现数量相对可观的同词化情况呢？我们从例句以及 CLICS 的释义中其实可以发现，能与 TALK 发生同词化的，同 SAY – TELL 同词化类似，仍然有不少出现在“tell story”这样的固定搭配表达中。此时动词依然表现出单及物特征：“*讲你一个故事”不合语法，在编码形式上只能采用介宾状语式或“讲故事给你听”这样的复杂谓语结构[①]。

3.5 TALK 与 SPEAK 的同词化情况（55）

TALK 和 SPEAK 在及物性上较为接近，同词化数量在 CLICS 中为 55 条。本文主要考察的 20 种语言中，查提诺语、东亚美尼亚语、德语、意大利语、阿拉伯语、俄语、斯里兰卡马来语等均采用 TALK – SEPAK 同词化策略。Borsley et. al.（2007）的材料中也给出了威尔士语 TALK 和 SPEAK 同词化的表现：

TALK：

（23）*Roedden nhw 'n neis iawn i* **siarad** *efo nhw.*

be. IMPF. 3p they PRED nice very to talk. INF with them

They were very nice to talk to.

（24）*'Dyn ni angen rhywbeth i* **siarad** *amdano* （*fe*）.

be. PRES. 1P we need something to talk. INF about. 3MS（it）

We need something to talk about.

SPEAK：

（25）*Mae Alys yn dysgu Gwyn i* **siarad** *Llydaweg.*

be. PRES. 3s Alys PROG teach. INF gwyn to speak. INF

① 邓思颖（2018b）指出类似于粤语“我讲咗一件事畀佢听”这样的句子，“畀”并非介引代词“佢”的介词，而是一个标句词，跟“佢听”组成标句词短语；“佢”是听的主语，从“听”获得题元角色。因此，“讲”仍然只带一个宾语而非双宾动词。

Breton

Alys is teaching Gwyn to speak Breton.

以上 3 个例句反映威尔士语 TALK 和 SPEAK 可以采用相同词汇形式，但两者有不同的配价模式和编码框架。

3.6 TELL 与 SPEAK 的同词化情况（53）

根据 CLICS 数据，TELL 与 SPEAK 共有 53 条同词化词项，其中 21 条在 TELL 下的释义形式为 tell story，说明性质与 SAY - TELL、TALK - TELL 的同词化情况相同。ValPal 缺少对 SPEAK 的描写与分析，本文考察 ValPal 系统下 20 种语言中，只有韩语存在 TELL - SPEAK 同词化，而韩语中 TALK 词项与 SPEAK 词项却是分开的，这在 20 种语言样本中显得较为特殊。

4. 汉语言说动词的再定位

4.1 三个义项以上的同词化

世界语言 SAY、TALK、TELL、SPEAK 四组概念虽有不少语义交叉和同词化情况，但如汉语这样由“说”“讲”类包打天下，还是较为少见。汪维辉（2003）从语义结构出发，认为“说”类本身应属于三目谓词，可带三个论元，分别是施事（说者或写者）、受事（说的内容）和与事（听者或读者），这与 ValPal 体系中微角色（micro-role）中所列施事和受事成分基本相当；并根据“说”类词受事在句法和语义上的区别分为 12 类。12 类中既有与 ValPal 中 SAY 相对应的功能（如 S3、S4），同时也有与 TELL、TALK 等相对应的功能，这充分反映汉语“说”强大的语义扩展能力，将其他语言通常独立编码的形式都纳入它的功能范围内。

①汪文所列 S2 表示“谈论、讨论”，相当于 TALK（S2）：说一件事。这反映了 3.1 所介绍的颇为罕见的 SAY 和 TALK 的同词化情况。

②S6 表示“说某一种语言”，相当于 SPEAK（S6）：说英语/说广东话。即 3.3 提到的 SAY 和 SPEAK 的同词化。

③S10 表示“告诉”，相当于 TELL（S10）：夫差将死，使人说于子胥曰。虽然这里使用上古汉语材料并且“说”句法上的表现也并非双宾动词（“说于”相当于“告诉”），但现代汉语中我们可以采用介宾状语式使“说”表达 TELL 的意义：

（26）我跟你说一件事（介宾状语句）≈我告诉你一件事（双宾句）

如果说 3.2 介绍的“讲故事”以及普通话介宾状语式反映 SAY－TELL 同词化不够典型的话，那汉语方言材料更能说明 SAY 类言说动词功能的强大。现在汉语南方方言很多采用“讲”表示与“说”有关的义项。这里以吴语台州方言为例，基本上所有“说”的功能都由“讲”来承担；而在话语角色动词这一部分，吴语台州方言没有“告诉”类双音节话语角色动词，只能用“搭$_{和,跟}$X 讲”“讲拨$_{给}$X 听”等形式来表达“告诉”的内容（X 相当于言说对象）。从句法上看它既非双及物结构，也不是与格句，这与粤语的“讲”字句是完全平行的（邓思颖，2018a）。通过对汉语材料的分析，我们可以说，不仅两个义项之间可能发生同词化，而且同词化可以扩张到 3 个乃至 4 个义项层面。这充分反映配价模式与同词化模式，即词汇与句法之间的互动性。

4.2 特殊的语义扩展模式

SAY、TALK、TELL 和 SPEAK 四个义项所发生的同词化，只是局限于基本言语行为事件内部的语义关联。汉语中更值得关注的，还是它与其他语义范畴之间的联系，其中一些关联从跨语言角度看可能是较为特殊的。比如，我们考察《现代汉语词典》和《现代汉语八百词》等辞书中所收录的“说”词项，发现它的实词语义已经超出了典型的表达命题或话语角色的功能，如：

①解释：一说就明白。/ 说法（讲解佛法）

表达“解释”义英语不用 say，需用 explain。explain 在 Levin（1993）中属于“信息传递类”，形态 - 句法表现与 say 不同而与 ask 等相同，可以进行与格交替。

②责备，批评（只能带名词宾语）：挨说了。/爸爸说了他几句。

“批评，责备”义附加了特定感情色彩，在 Levin（1993）框架中和言说方式类相似。英语中 say 没有相关义项。表示“批评”用 criticize 或者 blame，Levin（1993：195）中将英语 criticize 归为评价义动词（Judgment Verbs）。同样，在 CLICS3 的数据库中，与 BLAME 义项可能发生同词化的包括 ACCUSE、FAULT、CONDEMN、MISTAKE、SCOLD 和 DEBT，并没有表达普通言说行为的义项。同时，正如 2.4 所介绍的，相应语义会影响到相关动词编码方式的交替，“说”在表达一般言说义时无法被动化；“说”在表示“批评、责备”义时可以采取被动化操作，如释义部分的例句“挨说了”以及“今天他又被领导说了一通”等。

③指说合、介绍：说婆家。

英语中 say 没有相关义项。CLICS 中也没有将 INTRODUCE 设为考察义项，因此我们无法找到相关的同词化模式。

④意思上指：他这番话是说谁呢？

英语中 say 没有相关义项。表示“意思上指”用 refer。Levin（1993：138）将 refer 归为领有权改变义动词（Verbs of Change of Possession）中的贡献义动词（Contribute Verb）。但实际上该项语义同“谈论、讨论”（talk about）有关联，这里“说”的意指更加具体。

不但 say 和“说”在词汇语义上有诸多不同，汉语中我们也较难找到同英语的 talk 或者 speak 完全对应的词。ValPal 中 Lu et al.（2015）所列出的汉语 TALK（“谈、谈论”义）之所以与 SAY（“说”义）相似，还有一点在于它们具备相同的编码模式：Prep + NP（指人） + V + NP（指物）。但汉语“谈、谈论”总是有对象的（“交谈”中的“交”即意味着行为的双向性），内含指人 NP 成分；“言说”却不一定需要外在对象（言说可以仅仅指言语行为的单向性，如“自言自语”）。这点与英语不同，英语 talk 是个不及物动词，必须用 to 才能介引谈话对象，说明可能在概念生成过程中英语 talk 就与汉语“谈”有别。

5. 总结：逐步勾勒言说动词的全貌

上文我们根据 ValPal 数据库并参考其他材料，考察了 20 多种语言 SAY、TALK、TELL 和 SPEAK 4 个义项在编码方式、编码交替以及同词化等方面表现出来的异同。我们将四类义项的配价/编码模式以及及物性程度概括为表 3。

表 3 跨语言看言说类词项形态句法层面的表现

特征 / 义项	配价形式	首选编码框架	及物性
SAY	1 价或 0 价	S V UTT (DAT)	中
TALK	0 价或 1 价	Sub V (DAT)/(UTT)	弱
TELL	2 价或 1 价	Sub V UTT DAT	强
SPEAK	0 价或 1 价	Sub V	弱

表 3 中 S 代表言说者，UTT 代表话语内容，DAT① 代表言说对象。相对来说，TELL 类要求同时凸显言说内容和言说对象，更容易采用双及物（双宾）编码方式，及物性比较强；但跨语言看单及物编码仍然占据 TELL 类的大部分。SAY 类是典型单及物编码，优先凸显言说内容，同时言说内容编码形式往往异于普通宾语。而 TALK 与 SPEAK 以不及物编码为主：TALK 类本身语义蕴涵交流者，因此言说对象更容易被编码（或直接宾语，或与格宾语）。SPEAK 通常选择表示某种语言的名词充当宾语，除此之外并未表现

① 使用大写 DAT 区别于标注中的与格标记小型大小字母。

出编码选择上的偏好。

目前，语义地图模型（Semantic Map Model）被广泛运用于多功能语法形式和句法结构式的跨语言研究中。与此同时，词汇语义图也开始蓬勃发展起来。在 François（2008）提出同词化概念的同时，他就将对同词化模式的考察与建立词汇语义地图模型结合起来，认为存在“本体 - 概念导向”和“经验 - 数据导向”双重依据，来指导我们构建不同语义范畴跨语言形式对应情况。比如他探讨大洋洲瓦努阿图 Mwotlap 语中动词 ōl 的复杂用法，根据发出声音音高程度、声音发出者生命度以及行为动作涉及人类社会活动时施事性强弱等语义本体概念，为 ōl 搭建起相应的概念底图。图 2 中的每个节点，相当于 Haspelmath（2010）提出的（词汇）比较概念（lexical comparative concept），从而具有跨语言可比性，见图 2。

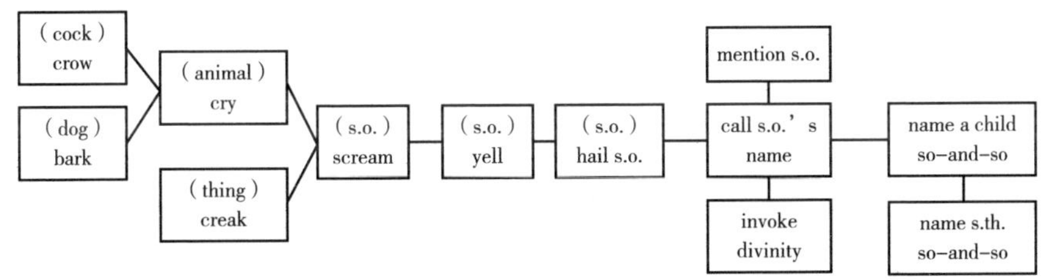

图 2　François（2008）所列 ōl 的义项扩展

ōl 的主要义次比如 SCREAM（在 ValPal 中是核心动词义项）、YELL 等在 Levin（1993）中属于“言说方式类（Verbs of Manner of Speking）”，和“叫，称呼（CALL）”同类；而 CALL、NAME 由于其编码方式的多样化，在 Levin（1993）的体系中又属于授予类动词（Dub Verbs），这同图 2 右侧的几个概念节点密切相关。据此那么我们可以建立起“授予”（dub verb）、“称呼”以及“喊叫”等这几个义项之间的直接关联。同时，图 2 中涉及 MENTION 这一项，在 Levin（1993）体系中属于 Say Verbs，同样可以将 MENTION 和 SAY 两者建立直接关联。通常与 SAY 相比，MENTION 在语体上比较正式，并且多指带有因果性或偶然性而需要（听话者）引起重视，表达单纯言说时较之 SAY 附加了更多语义要素。

François（2008）之后，Johann-Mattis List et al.（2018）进一步扩大考察的语言样本和概念数量，按照 Cycouw（2010）根据连接线粗细反映概念关联紧密度的办法，并借助计算机领域机器学习常用的“社区发现（community detection）”类算法 Infomap algorithm（参见 Rosvall & Bergstrom，2008，转引自 Johann-Mattis List et al.，2018），构建了更加精细、更加系统的实词网络语义图。在他们建立的反映同词化模式的语义图中，共有 1534 个不同概念以及 2638 组不同的同词化模式，对应于实际语言中 66140 个具体同词化形式。从同词化模式角度看，MOON 和 MONTH 这两个概念的同词化频率最高；而他们找到的节点数量最大的“社区”则以言说义相关概念 SPEAK 为中心，包含 SAY、TALK 和 TELL 等基本的言说行为概念（见图 3）。

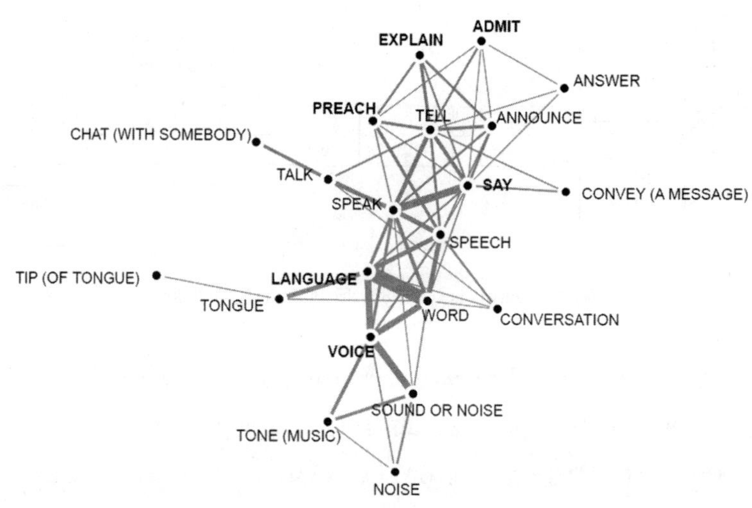

图 3　List et al.（2018）中言说义项构成的“社区”

图 3 中 21 个节点代表了跟言说行为关系最为密切的 21 类概念。List et al.（2018）进一步将 SAY 同 4 类语义域关联起来，分别是：

（1）中和性话语（neutral speech，基本相当于我们说的普通言说行为）

（2）具体行为（concrete action，如 DO or MAKE）

（3）承诺（PROMISE，OATH）

（4）称名话语（articulated speech，如 CALL BY NAME）

其中（1）、（3）和（4）类已经在图 3 中得以展现了。“语言”“词”等代表言说的内容，“承诺”“诅咒”以及“称呼”“命名”等都需要通过言语表达得以实现，这些概念同言说动词之间存在同词化是非常正常的。而具体行为义项与言说动词之间的同词化，可能涉及词义虚化等方面（“以言行事”）。

图 4 是我们在 List et al.（2018）考察语义关联/同词化模式所形成的大图中截取的小图。图中我们能发现言说义项同中和性话语域以外概念节点的关联。

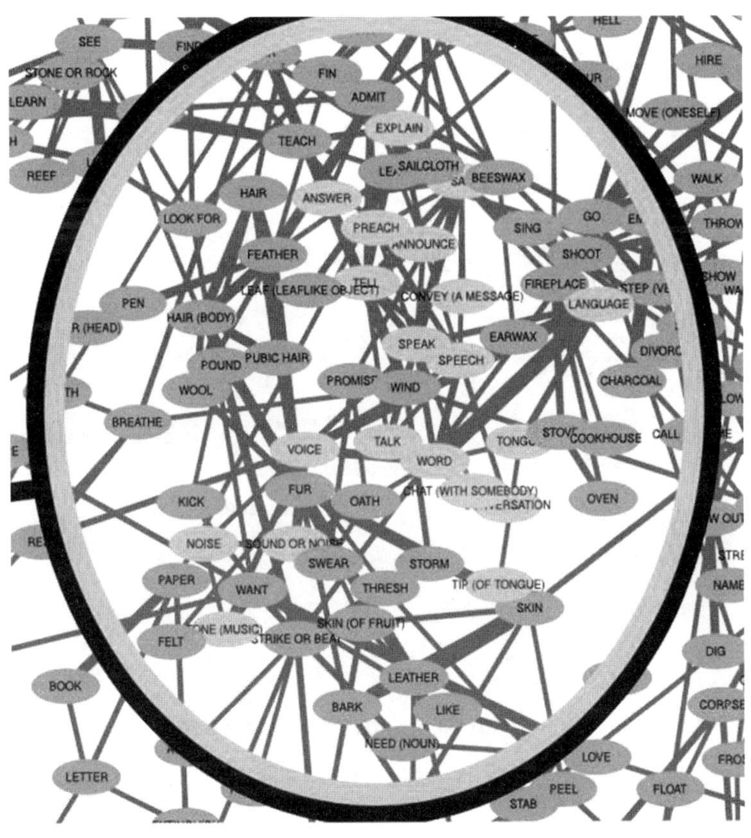

图 4 List et al.（2018）中与言说义与其他概念的语义关联

但正如 Johann-Mattis List 等作者在其文章中所言，目前 CLICS 的语义关联模型仍然是有待完善的。一方面是技术原因，如针对 SAY 的语义扩展，虽然能找到“概念 - 概念”之间具体的关系，但并没有从语义场或语义域角度对其加以标注，进而确定那些处于过渡地带（transitional area）的概念，这一点类似于我们在建构二维语义图时需要遵循连接性假说条件。另外就是语言数据问题，比如在图 3 和图 4 中，我们均没有发现 BLAME、CRITICIZE、INTRODUCE 等概念节点。根据本文第 4 节对汉语“说”类词语义扩展的描写，“说”还表示“解释”“批评”“意思上指”等一系列意思，并且在表达不同意义时，可能选择不同的编码方式。即便在最新的 CLICS3 数据库[①]（https：//clics. clld. org/graphs/subgraph_ 1458）里，我们根据言说义相关概念进行查询（Subgraph SAY），尚未发现汉语“说”式同词化模式的记录（见图 5）。

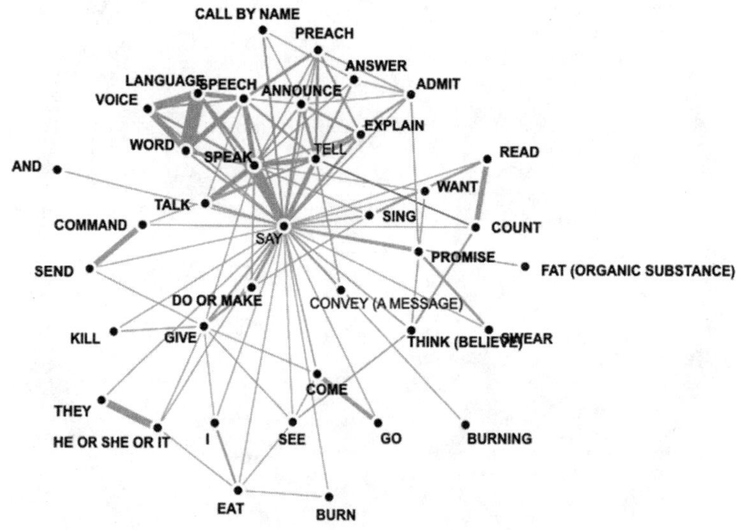

图 5 CLICS3 中建立的言说义语义关联

① CLICS 数据库一直处于更新状态。Johann-Mattis List et al.（2018）介绍的属于 CLICS2，目前网络资源版本为 CLICS3。随着语言数据的不断增加，同词化模式的数量也会不断增加。相关数据访问时间：2020 - 05 - 17。

另一方面，在4.2中我们已指出，同为基本言说动词，SAY、TELL、TALK和SPEAK等可能有着不同的语义扩展方式与编码选择偏好；同时，不同语言也会选择不同形式作为基础项并通过不同的配价模式来表达言说概念。比如，用SAY类动词来表达TELL意义，通常会增加伴随者（介宾状语）或者与格宾语（to）等形式，可以称之为“跟你说”式扩展；而上文所介绍的通过感知动词使役化获得的TELL，我们可以概括为“让你听”式扩展。从目前简单的观察来看，似乎还可以提出以下假设：“跟你说”式扩展更多出现在形态不发达，分析性比较强的语言中（增加旁格成分，不影响动词本身配价模式）；而采用“让你听”式扩展的语言，通常多采用形态编码手段而非分析性手段（涉及增价，影响动词编码框架）。

因此，我们认为，在运用大规模语料比对寻找同词化模式的基础上，还需要库藏类型学的参与，只有对具体语言具体词项包括其编码模式在内的所有形式和功能库藏进行细致描写与分析，才能勾勒出言说动词的全貌，进而从词汇和句法两个角度加深我们对言说动词的认识。

参考文献

邓思颖：《话语角色动词与双宾句》，《外语教学与研究》2018a年第2期。

邓思颖：《粤语的“说”类动词》，《中国语文》2018b年第4期。

黄燕旋：《揭阳方言言说动词“呾”的语法化》，《中国语文》2016年第6期。

汪维辉：《汉语“说类词”的历时演变与共时分布》，《中国语文》2003年第4期。

王健：《一些南方方言中来自言说动词的意外范畴标记》，《方言》2013年第2期。

吴福祥：《多义性，同词化与语义图》，第十三届全国语言学暑期高级讲习班，上海复旦大学，2016。

杨凤仙：《言说类动词词义演变规律探析》，《励耘学刊》（语言卷）2006年第2期。

吕叔湘主编《现代汉语八百词》，商务印书馆，1999［1980］。

张洪芹、张丽敏：《英汉言说词语“say/说”的语法化与主观化》，《外语与外语教学》2015年第3期。

中国社会科学院语言研究所词典编辑室编《现代汉语词典》（第六版），商务印书馆，2012。

Bailyn, John Frederick. 2012. *The Syntax of Russian.* Cambridge: Cambridge University Press.

Batchelor, John. 1905. *An Ainu-English-Japanese Dictionary.* Tokyo: Methodist Publishing House.

Borsley, Robert D., Tallerman, Maggie & Willis, David. 2007. *The Syntax of Welsh.* Cambridge: Cambridge University Press.

Bugaeva, Anna. 2015. Valency classes in Ainu. In Malchukov & Comrie (eds.) *Valency Classes in the World's Languages, Volume 1: Introducing the Framework, and Case Studies from Africa and Eurasia.* pp. 807 – 854. Berlin: Mouton De Gruyter.

Conners, Thomas, Bowden, John & Gil, David. 2015. Valency classes in Jakarta Indonesian. In Malchukov & Comrie (eds.) *Valency Classes in the World's Languages, Volume 2: Case Studies from Austronesia and the Pacific, the Americas, and Theoretical Outlook.* pp. 941 – 986. Berlin: Mouton De Gruyter.

Cysouw, Michael. 2010. Semantic maps as metrics on meaning. *Linguistic Discovery* 8 (1). pp. 70 – 95.

François, Alexandre. 2008. Semantic maps and the typology of colexification: intertwining polysemous networks across languages. In Martine Vanhove (ed.), *From polysemy to semantic change*, 163 – 215. Amsterdam: Benjamins.

Grimshaw, J. 2015. The light verbs Say and SAY. In I. Toivonen, P. Csuriand E. van der Zee (eds.). *Structure in the Mind.* 79 – 99. Cambridge, MA.: The MIT Press.

Hartmann, Iren & Haspelmath, Martin & Taylor, Bradley (eds.) 2013. Valency Patterns Leipzig. Leipzig: Max Planck Institute for Evolutionary Anthropology. (Available online at http://valpal.info, Accessed on 2020 – 05 – 15)

Haspelmath, Martin. 2015. Transitivity prominence. In Andrej Malchukov and Bernard Comrie (Eds.) Valency Classes in the World's Languages, Volume 1: Introducing the Framework, and Case Studies from Africa and Eurasia. pp. 131 – 147. Berlin: Mouton De Gruyter.

Haspelmath, Martin & Hartmann, Iren. 2015. Comparing verbal valency across languages. In Andrej Malchukov and Bernard Comrie (eds.) *Valency Classes in the World's Languages, Volume 1: Introducing the Framework, and Case Studies from Africa and Eurasia.* pp. 41 – 71. Berlin: Mouton De Gruyter.

Heine, Bernd & Kuteva, Tania. *2002. World Lexicon of Grammaticalization.* Cambridge: Cambridge University Press.

Lehmann, Christian. 2015. Situation types, valency frames and operations. In Malchukov & Comrie (eds.) *Valency Classes in the World's Languages, Volume 2: Case Studies from*

Austronesia and the Pacific, the Americas, and Theoretical Outlook. pp. 1547 - 1595. Berlin: Mouton De Gruyter.

Levin, Beth. *1993. English Verb Classes and Alternations: A Preliminary Investigation.* Chicago: University of Chicago Press.

List, Johann-Mattis, Simon J. Greenhill, Cormac Anderson, Thomas Mayer, Tiago Tresoldi, Robert Forkel. 2018. CLICS2: An Improved Database of Cross-Linguistic Colexifications. Assembling Lexical Data with the Help of Cross-Linguistic Data Formats. *Linguistic Typology*, issue 2. pp. 277 - 306.

Lu, Bingfu, Zhang, Guohua and Bisang, Walter. 2015. Valency classes in Mandarin. In Andrej Malchukov and Bernard Comrie (eds.) *Valency Classes in the World's Languages, Volume 1: Introducing the Framework, and Case Studies from Africa and Eurasia.* pp. 709 - 764. Berlin: Mouton De Gruyter.

Malchukov, Andrej & Jahraus, Alexander. 2013. Russian Valency Patterns. In Hartmann, Iren & Haspelmath, Martin & Taylor, Bradley (eds.) 2013. Valency Patterns Leipzig. Leipzig: Max Planck Institute for Evolutionary Anthropology. (Available online at http://valpal.info/languages/russian, Accessed on 2020 - 05 - 15)

Malchukov, Andrej & Comrie, Bernard (eds.). 2015a. *Valency Classes in the World's Languages (Volume 1): Introducing the Framework, and Case Studies from Africa and Eurasia.* Berlin: De Gruyter Mouton.

——2015b. *Valency Classes in the World's Languages (Volume 2): Case Studies from Austronesia and the Pacific, the Americas, and Theoretical Outlook.* Berlin: De Gruyter Mouton.

Nordhoff, Sebastian. 2013. Synchronic Grammar of Sri Lanka Malay. In Sebastian Nordhoff (ed.). *The Genesis of Sri Lanka Malay: A Case of Extreme Language Contact.* pp. 13 - 49. Leiden: Brill.

——2015. Case frame in Sri Lanka Malay. In Malchukov & Comrie (eds.) *Valency Classes in the World's Languages, Volume 2: Case Studies from Austronesia and the Pacific, the Americas, and Theoretical Outlook.* pp. 987 - 1013. Berlin: Mouton De Gruyter.

Swadesh, Morris. 1971. What is glottochronology? In Sherzer, Joel (ed.), *The Origin and Diversification of Language.* pp. 271 - 284. Chicago: Aldine.

Wichmann, Søren. 2015. Statistical observations on implicational (verb) hierarchies. In Andrej Malchukov and Bernard Comrie (eds.) *Valency Classes in the World's Languages, Volume 1: Introducing the Framework, and Case Studies from Africa and Eurasia.* pp. 155 - 181. Berlin: Mouton De Gruyter.

A Cross-linguistic Study on the Valency Classes, Coding Frames and Colexification Patterns of Speech Act Forms

LU Xiaoyu GAO Kexin

Abstract: Based on ValPal and CLICS data, this paper analyzes the valency classes, coding frames and colexification patterns of four form-meaning pairs of speech act, i. e. , SAY, TALK, TELL and SPEAK in more than 20 languages, which are from different language families and have different typological properties. The colexification strategy of these four meanings is closely related to their degrees of transitivity and the preference of coding frames. Meanwhile, some colexification patterns of speech act verbs in Chinese do not recur in other language samples, these patterns hereby could enrich the lexical semantic map model.

Keywords: Speech act verbs, valency class, coding frame, colexifications, semantic map

言说动词及相关问题研究综述

沈　冰

（中山大学中国语言文学系）

提　要　汉语言说动词的相关研究起步于20世纪90年代，进入21世纪以来研究范围不断拓宽。从研究内容来看，主要集中在对言说动词句法语义研究、语法化研究及对言说动词来源的探讨几个方面。研究方法呈现多样化，研究者引入、运用语法化、话语分析、修辞学等理论与方法，从不同角度对言说动词及其问题进行了较为深入的研究。

关键词　言说动词　句法　语义　语法化

1. 引言

动词及动词的相关问题是汉语研究的重要课题之一。言说动词属于基本词汇范畴，在任何语言中都占有非常重要的地位。本文以汉语方言为主，兼顾汉语史，梳理与言说动词及其相关问题的研究成果。[①] 目前的研究集中在对言说动词的语法化及其动因机制的探讨上，还有一些成果注意到了不同言说动词的句法、语义的差异。此外，言说动词的演变来源问题在研究中也得到了关注。

① 现代汉语（普通话）部分的综述可参看喻薇（2018）。

2. 言说动词的句法、语义研究

关于言说动词句法、语义的研究，在汉语中成果不多。有一些成果利用历史文献，对古代汉语的言说动词展开了研究。汪维辉（2003）以历史文献和方言材料为依据，考察、分析“说类词”在历史上的演变过程及在现代方言中的分布情况。该文从历时与共时结合的角度，研究汉语基本词汇的发展变化，并做了有意义的探索。杨凤仙（2011）通过考察言说动词共时与历时词义演变、词汇兴替，揭示了言说类动词演变的规律。郭颖洁、李诗（2011）从“曰”“言”“说”的基本词义入手，总结、分析三者的使用差异及产生分化的原因。张赪、崔越（2017）考察《诗经》中“曰”“言”“云”的虚化用法，从句法位置、前后成分的构成及语义关系等方面进行了描写。

汉语方言言说动词的相关研究注重比较。比较同一方言里不同言说动词的差异，或将不同方言的言说动词进行对比。伍巍（2003）比较粤方言的“话”“讲”“倾”，分析这些言说动词在古代汉语词义上的联系和用法上的异同。黄映琼（2013）从语义、句法分布、语用效果等方面，对梅县方言的“说”“学”“话”“讲”进行了区分、溯源，并将这些言说动词的相关义项与普通话或其他方言进行对比。邓思颖（2018a）从语义、搭配、后接成分等方面，十分细致地描写了粤语“讲”与“话”的用法差异。邓思颖（2018b）通过比较英语、普通话、粤语话语角色动词的语法异同，指出双宾句和与格句的形成，取决于词汇所拥有的特征。这篇文章尝试把构成句式的因素从参数中剔除，对语法研究和语言教学都有一定的意义。

3. 言说动词的语法化研究

汉语方言言说动词语法化的研究成果丰富，主要关注以下几个问题：（1）分析方言中某个主要言说动词的多种功能，探讨不同功能之间的关系及语法化路径；（2）考察某个重要功能的发展路径，其中以标句词、传信标记、语气词、话语标记为考察对象的成果较多；（3）探讨语法化的机制或动因。

3.1 言说动词的多功能性及其语法化路径

Heine & Kuteva（2002）从跨语言的角度，总结了亚太地区和非洲大多数语言言说动词的虚化路径。Chappell（2008）结合汉语和其他语言，总结出言说动词的 13 种语法化功能：引语标记或标句词、内嵌问句标记、条件从句连词、原因或目的从句连词、因果关系从句连词、听说类传信标记、与拟声词连用的标记、比较标记、意外范畴标记、列举标记、话题标记、句末话语标记、句首话语标记。①

汉语研究者主要利用共时层面的方言语料，探讨言说动词的多功能及其语法化路径。方梅（2006）利用现代和清代两种北京口语材料，总结及考察了“说”的多功能用法，并构拟出两条语法化路径：言说动词 > 引语标记 > 准标句词 > 标句词；言说动词 > 话题标记 > 例举标记 > 条件从句标记 > 虚拟情态从句标记。林华勇、马喆（2007）基于对廉江方言“讲”的细致描写，联系其他方言/语言，分析言说动词的功能和语法化的方向。方梅（2006）和林华勇、马喆（2007）是国内较早将传信范畴、情态范畴运用到言说动词研究的文章。两篇文章均在对方言事实进行细致描写的基础上，讨论各功能之间的关系及语法化的路径，之后的成果多照此研究框架展开。曾明桦（2008）、Lau（2013）重点考察了台湾闽南话“讲”的非动词用法。黄燕旋（2016）描写了揭阳方言“呾”的多功能用法，构拟了“呾”的语法化路径：言说动词 > 引语标记 > （准）标句词；言说动词 > 引语标记 > 从句标记；言说动词 > 语气词。周敏莉（2016）在描写新邵湘语“喊”多功能用法的基础上，构拟的语法化路径为：言说动词 > 话语重申标记；言说动词 > 听说传信标记 > 反预期标记 > 强求证标记。周娟（2018）着眼于宾

---

① 原文为英文，此处的翻译引自王健（2013）。

语的语用属性，对新化方言的“讲”进行考察，“讲”的语法化路径为：言说动词 > 重申标记；言说动词 > 引语标记 > 传信标记；言说动词 > 引语标记 > 宾语从句标记。蒋梦园（2019）构拟了资阳方言“讲”的语法化路径：言说动词 > 引述义动词 > 传信标记 > 反预期标记 > 句末语气词；言说动词 > 转述义动词 > 引述义动词 > 引语标记 > 标句词。

3.2 重要的功能及其发展路径

（1）标句词

Chappell（2008）指出世界语言中标句词（complementizer）的来源至少有四大类：a. 表“事物”的名词；b. 指代词；c. 处所/与格标记，介词；d. “说”类动词。Lord（1993：151）指出由言说动词发展而来的标句词，普遍发生在连动结构丰富的语言中。Heine & Kuteva（2002）指出在非洲地区和亚太地区，言说动词发展为标句词是不少语言的共有现象。汉语研究将具有引导小句功能的关系词或标记也称为“标句词”（刘丹青，2004；方梅，2006；林华勇、马喆，2007；贝罗贝、曹茜蕾，2013 等），也有学者称作“子句结构标记”（郑良伟，1994；[①] 许惠玲、马诗帆，2007）、“补语标记”（曾明桦，2008；江敏华，2018）、“补足语从句标记”（方梅，2006）或“宾语从句标记”（周娟，2018）等。言说动词语法化为标句词在汉语十分普遍，如近代汉语（刘丹青，2004）、北京话（方梅，2006）、闽语（施其生，1990；[②] 郑良伟，1994；Chappell，2008 等）、粤语（林华勇、马喆，2007；邓思颖，2018a）、吴语（施伟伟，2015）等。

关于如何从言说动词发展成标句词，主要存在两种分歧：①言说动词需经过认知动词的阶段才能发展为标句词。李明（2003）认为言说动词经历了“言说义 > 认为义 > 以为义”的引申。贝罗贝、曹茜蕾（2013）指出李明（2003）谈及的只是言说动词的语义演变机制，而不是语法化的机制，

① 郑良伟（1994）将台湾闽南话中位于句首表听说传信的“讲”也分析为“子句结构标记”。

② 施其生（1990）将汕头方言中“VP1 咀 VP2”的“咀”看作结构助词。施其生（2006）进一步指出助词“咀”是个内容宾语标记。

提出了言说动词语义变化过程的假设：言说 > 认为 > 以为 > （准）标句词。②标句词是由引语标记重新分析而来。持此种观点的学者占多数，如刘丹青（2004）、方梅（2006）、黄燕旋（2016）、周娟（2018）等。黄燕旋（2016）揭示了揭阳方言标句词“呾”虚化的句法环境：$V1_{言说}V2_{引语标记}$ + 引语→$V_{言说}C_{标句词}$ + 内容小句，标句词语法化的过程为：言说动词 > 引语标记 > 准标句词 > 标句词。

不同方言标句词的成熟程度存在序列，大多研究成果都指出标句词的发展程度跟与其共现的动词的语义类别有关。施其生（1990）把汕头方言中能与“呾”配合出现的 VP1 归为八类：“想”类；“主张”类；“问”类；“嫌”类；“叫”类；“等于”类；“会”类；“听”类。刘丹青（2004）认为近代汉语“道”在“V 道”中的虚化程度，与 V 的扩展相关：与言说相关的动词→言说行为动词→写作、书写类动词→思维心理动词。方梅（2006）指出北京话中出现在言语动词、感知义动词后的是引语标记，虚化成准标句词的“说”可以与非言说动词（认知义动词、静态动词或系词）搭配。Chappell（2008）的文章最具影响力，提出了与标句词共现的动词类型的蕴含序列，即叙实动词⊃情态动词⊃情感动词/静态动词⊃认知动词/感知动词⊃言说动词。Chappell 还进一步比较了汉语各方言言说动词虚化为标句词的程度，认为台湾闽南话的“讲”发展得最为成熟。黄燕旋（2016）运用这一蕴含序列，考察了揭阳方言“呾”作标句词的情况，进一步提出了判定标句词成熟与否的另外两条标准：①能否带限定小句。②使用上是否有强制性。黄文根据标准指出，揭阳方言的“呾”比台湾闽南话的“讲”发展得更成熟。关于“呾”带非限定小句的用法，黄燕旋（2019）进一步考察普宁方言发现，普宁方言“呾”的这一用法比揭阳方言、汕头方言（施其生，1990）发展得更为成熟。普宁方言标句词“呾”的用法扩展至表目的的连动句与兼语句中，① 其功能从引导限定小句扩展至非限定小句，且

① 施其生（2006）指出汕头话连谓式的两个 VP 之间不能出现“呾”。郑良伟（1994）描写台湾闽南语的“讲”时，特别指出“讲”不能用在兼语式中。

主要动词不限于言说类动词。施其生（1990）、黄燕旋（2016）、黄燕旋（2019）等文章体现出“呾”在潮汕方言内部的发展程度存在差异，提示我们在方言研究中，对各语法项需要更为细致的考察与比较。

关于汉语标句词句法属性的判定。目前的成果主要是通过对比不同语言/方言中的标句词来发现不同标句词性质的差异。第一，将汉语的标句词与外语的标句词进行对比。郑良伟（1994）指出台湾闽南话的“讲”不仅可以用在动词后作标句词，还可以用作动词，而英语的 that 及日语的 koto、no、to 都不能用作动词。刘丹青（2004）将近代汉语的“道”与 that 进行了比较与分析，发现①that 的作用比“道”广泛。②在引语功能上，that 多用于间接引语从句，在直接引语前一般不用，“道”与之相反。③从介引宾语小句功能上看，二者的主要区别在于依附的成分上，that 加在补足语小句上，是从属语标注（dependent-marking）的标句词；“道”加在动词上，属于核心标注（head-marking）的标句词。张安生（2007）在刘丹青（2004）的基础上，比较了“道”与西宁回民话“说着”“说”的区别，指出“道”不可以标注称谓语，属于前置式核心标注，而“说着”“说”属于后置式从属语标记，是受蒙古语族语的影响产生的。黄燕旋（2016）指出揭阳方言的“呾”既可以引导陈述句，也可以引导疑问句；英语的 that 只能引导陈述句。除了关注宾语小句的句类要求以外，黄燕旋（2019）还关注到了小句的限定与非限定性属性，英语的 that 只能引导限定小句；普宁方言的“呾”可引导限定小句，也可引导非限定小句。第二，将汉语方言内部不同的标句词进行对比。郑良伟（1994）将台湾闽南话的“讲”与“看”进行了比较，指出“看”要求子句必须是疑问句，“讲”的子句可以是直述子句或疑问子句。许惠玲、马诗帆（2007）指出，“看”和“说”的区别在于体貌，“说”可以用于已然，“看”只能用于未然。

此外，还有一些研究从标句词的用法入手，研究 VP1 与 VP2 的结构关系。施其生（1990）指出汕头方言“呾”可联结谓词性成分，VP1 与 VP2 是述宾关系，并详细考察了 VP1 的范围和 VP2 的句法要求。郑良伟（1994）指出台湾闽南语“VP1 讲 VP2”中 VP1 和 VP2 的结构关系全都是动宾关系。

施其生（2006）进一步考察了汉语一些“VP + VP”结构（助动词短语、“有/无 VP”、双宾式等）的句法关系，认为助动词短语、“有/无 VP”是动宾短语，双宾式可看作动宾短语里包含着动宾短语。

（2）传信标记

言说动词常演变为表示信息来源、途径的传信标记。信息的来源主要为两种：①信息来源为他人，信息获取的途径是“听说”。Heine & Kuteva（2002）指出言说动词发展为听说传信标记在世界语言中是很普遍的现象。在汉语中也常见来源于言说动词的听说传信标记，如北京话的“说”（刘一之，2006：337）、廉江粤语（林华勇、马喆，2007）、上古汉语的“云”（谷峰，2007）、唐汪话的“说”（罗端，2013），新邵湘语的“喊”“讲”（周敏莉，2016）等。言说动词发展到听说传信标记，一般都经历了“转述义”的阶段。如谷峰（2007）论证上古汉语“云”的虚化过程为“言说义 > 转述义 > 听说义”。②信息来源为说话人自己。林华勇、马喆（2007）指出廉江粤语的“讲”作“自我表述标记”可分为两种情况：做重申自己的观点或事实的标记（简称“重申标记”）；做首次表达自己意见或愿望的标记。周敏莉（2016）指出新邵湘语的“讲”“喊”可以作“话语重申标记”，这一用法来源于言说动词后接间接引语的用法。

不同方言的传信标记也存在发展程度的不同。北京话句末的“说”是直接引语标记（刘一之，2006），新化湘方言的“讲”可以直引或转引他人的话语（周娟，2018），而廉江粤语的“讲”可以直引或转引他人话语（林华勇、马喆，2007），且“讲”还进一步与“啊”合音成“咖”[①] 表转引。廉江粤语的“讲”、新邵湘语的“喊”（周敏莉，2016）、新化湘方言（周娟，2018）不仅可以作引述他人话语的标记，还可以作自我引述的标记。

（3）语气词

言说动词发展为语气词后可表示以下几种语气：①表“催促、提醒”，

① 赵元任（Chao，1947）认为粤语的“喎”是“话 + 啊”复合的结果。“喎”与廉江话的“咖”一样，可以表转述。

如台湾闽南语（郑良伟，1994；曾明桦，2008）。②表“反驳”“反诘”，如广州话（麦耘，1998）、揭阳方言（黄燕旋，2016）、廉江方言（林华勇、李敏盈，2017）。③表“揣测”，如唐汪话的“说”可用在句末表示“很可能”（罗端，2013[①]）。④表“意外”“反预期”。用来自言说动词的语法手段来表示信息的“出乎意料”，在汉语南方方言中大量存在（王健，2013[②]），如粤语的“喎”（Matthews，1998）、台湾闽南话的“讲”（曾明桦，2008）、早期客家话的“讲”（江敏华，2018）等。⑤可表达多种语气。如屯昌闽语的“讲”可表示“揣测”和“意外”（钱奠香，2002）。台湾海陆客家话的“话”可表示强调和意外（郑嘉明，2007）。Chappell（2017）列出了台湾闽南话句末“讲”使用的四种句型与句法结构，分别表确认、建议、警告、反驳四种语气。一些成果还讨论了不同语气用法之间的发展关系。谷峰（2007）指出上古汉语的“云”，发展出了“不置可否义”和“不确信义”，二者的先后顺序为“不置可否义 > 不确信义”。周敏莉（2016）认为新邵湘语“喊”表“强求证”的用法，由“反预期”语气发展而来。

关于语气词的语法化路径，主要的讨论有两条。①由言说动词经传信标记发展而来。Akhenvald（2004：195）跨语言考察发现，表示“非亲历”“推知”“引述”的“传信范畴”比较容易发展成为“意外范畴”。罗端（2013）指出唐汪话语气助词“说”“说着”都是引语动词“说”语法化而来的。与程祥徽（1980）、张安生（2007）的“语言接触影响说”不同，罗文认为唐汪话、西宁话的句末助词“说”“说着”是西北方言内部发展的结果。②从言说动词直接发展而来。黄燕旋（2016）指出揭阳方言的“呾”不具备位于句末作传信标记的用法，却仍发展出了表反驳语气的用法，认为“呾”是由用在反驳语境中的言说动词“呾”省略后续成分和修饰成分形成。

① 罗端（2013）将此种用法归为“真势情态助词”。

② 王健（2013）所提及的意外范畴标记并不一定都发展成了语气词，如海门话的“倒话”出现在句首和主谓之间，但不能出现在句末。

（4）话语标记

言说动词的词义不断虚化，与句中的其他成分结合发生了词汇化，在句中充当话语标记，其中最常见的是言说动词与人称代词结合的研究。陶寰、李佳樑（2009）将修辞学与方言研究结合，将上海话句末表“意外”的“伊讲”的形成分成了两个阶段，认为表“意外”的句末语气成分“伊讲”是从“事后追补语”发展而来。Han & Shi（2014）指出上海话“伊讲”是在直引小句的基础上，通过信息来源的模糊化，在句末发展出报告性的用法，表达说话人的主观评价。胡乘玲（2017）关注到了湖南东安官话的三个习语“你讲”、“你讲的”及“我是讲（唠）”，认为前两者是礼貌原则驱动，后者是经济原则促动形成。蒋梦园（2019）分析了资阳方言话语标记词“我讲”“我跟你讲”的话语功能与形成机制。

方言中还存在言说动词与其他成分的结合。如乐耀（2013）考察了北京口语中“人说”词汇化为引述类传信标记的过程。储泽祥、刘琪（2014）从形式、语义、句法上考察了台湾汉语口语里“觉得说”的词汇化过程，认为“觉得说”的宾语发生了从直接引语到间接宾语再到非引语的变化，是导致它词汇化的重要因素。林素娥（2015）指出上海话的言说动词“话”与停顿词“咾”常高频共现转引言说内容，促进了“话咾”的词汇化。刘丹青（2018）考察了吴语吴江话的“也讲个/嘞”，“也讲个/嘞”表示句子的非预期弱可能性认识情态，其中的“讲”的言说义已漂白。

3.3 语法化的动因与机制

与言说动词相关的语法化动因、机制，主要有：①重新分析、类推。方梅（2006）认为北京口语“说”语法化为标句词、虚拟情态从句标记的机制是重新分析与类推。乐耀（2013）指出北京口语中的“人说”，由引导句作为复合句的主句经过重新分析，丧失其主句地位后逐渐词汇化而来。周娟（2018）指出新化湘方言的“讲”虚化成传信标记，经过了省略及重新分析。②转喻与隐喻。谷峰（2007）认为认知上的前景凸显是动词“云”发生语法化的动因，从“听说”义引申到“不置可否”义的转变动因是隐喻。

陶寰、李佳樑（2009）分析了上海话“伊讲”，从“不知”发展为“未料”涉及转喻。周娟（2018）指出新化方言的“讲”虚化为宾语从句标记，是通过动词的泛化实现的，动词之所以泛化与转喻机制有关。③主观化与交互主观化。王健（2013）认为言说动词的语法化程度与主观性相关，语法化程度越高，主观性越强。储泽祥、刘琪（2014）指出台湾汉语口语里“觉得说”的词汇化过程，在语用上经历了主观增强的变化过程。周敏莉（2016）认为新邵湘语的“喊”语法化为话语重申标记、强求证标记的过程，伴随着主观化甚至是交互主观化。Chappell（2017）指出台湾闽南语句末的“讲”，从词汇形式发展到话语标记[①]是主观化与交互主观化的重要体现。江敏华（2018）指出早期客家话传教士文献的“敢话”，表示说话者对事件的主观判断，“敢话”的语法化过程是语义主观化的表现。

4. 言说动词的来源研究

一些研究利用汉语史的材料，探寻言说动词的来源。关于言说动词的来源，主要有：①手持义动词/肢体行为。魏红（2006）以明清山东方言的《金瓶梅词话》《醒世姻缘传》《聊斋俚曲》为材料，发现肢体行为词发展出了言说动作义。董正存（2009）指出手部动作词“提”“扯”经历了“手部动作 >（无言说义的口部动作）>言说动词”的过程。马云霞（2010）从修辞的角度，较为详细地论述了身体行为动词发展成言语行为动词的过程。董正存（2012）结合“三域”理论讨论了动词“提”发展出言说义的过程，原本作用于行域内的手部动作动词“提”投射到了言域内，表示言说行为，产生了言说义。②惯用语。[②] 李明（2003；2004）讨论了汉语中“从言语到言语行为”的词义演变，新义来源于惯用语，具有很强的语用特性，表示“以言行事”这种言语行为。谢洪欣、张建（2009）以明

① Chappell（2017）将句末“讲”称为“discourse marker”。根据所描写的“讲”的句法分布与功能，一般的研究多归为语气词。

② Plank（2003）把从惯用语来的动词分为六种，包括社会交际习语、拟声词等。

清山东方言的历史文献为材料，发现拟声词发生“拟声 > 言说”的词义演变。③物理行为动词。张雁（2012）考察了汉语史上反复出现的嘱咐类动词的产生过程，论证了从物理行为到言语行为这一词义演变模式发生的机制和条件。④心理动词。苏颖（2020）通过汉语史的材料论证了汉语心理动词和言说动词之间的双向演变模式，指出发生演变的认知基础是“言为心声”和“意内言外”。

5. 结语

汉语方言语法起步较晚，研究初期言说动词作为动词的下位小类，散见于各地方言语法的研究成果中。20 世纪 90 年代起，言说动词开始作为独立的研究对象出现。现阶段随着新理论、新方法的引进与运用，拓宽了研究的视野，使得研究角度逐渐多样化，推进了研究的不断深入。目前有不少成果，对言说动词及其相关问题进行了有益的探索，但仍有一些方面值得注意。

（1）细致的描写是解释的必要前提。如邓思颖（2018a/b）的两篇文章分别对粤语不同的言说动词“讲”“话”进行了细致地描写，将粤语的言说动词与普通话、英语等在句式中进行了细致地考察，为相关研究提供了很好的描写、分析框架。

（2）共时与历时相结合。如黄燕旋（2016）通过对 19 世纪潮汕话历史文献的考察，发现“呾”是从假设、条件分句开始并扩散到其他分句，逐步形成从句标记的用法，构拟出了具有说服力的演变路径：言说动词 > 引语标记 > 从句标记。目前的研究共时多于历时，随着各地方言历史文献的发现与使用，言说动词语法化路径的构拟会更为清晰、准确。

（3）注重语言个性的同时，探寻语言的共性规律。如喻薇（2018）将语义地图引入研究中，直观呈现了“说”在不同时期的分布差异和发展演变。汉语方言类型丰富，内部差异较大，可为言说动词的深入研究提供丰富的材料。言说动词在不同方言、民族语或其他语言中的共性特征有待进一步归纳和探索。

参考文献

施其生：《从汕头话的“呾”看汉语的某些“VP + VP”》，《语言学论丛》（第三十四辑），商务印书馆，2006。

刘丹青：《从吴江话的“也讲个/嘞”看语法化的库藏制约》，《语言研究》2018 年第3 期。

李明：《从言语到言语行为——试谈一类词义演变》，《中国语文》2004 年第5 期。

董正存：《动词“提”产生言说义的过程及动因》，《汉语学报》2012 年第 2 期。

邓思颖：《话语角色动词与双宾句》，《外语教学与研究》2018b 年第 2 期。

黄燕旋：《普宁方言标句词“呾”的演变》，载《汉语语法研究的新拓展（九）》，上海教育出版社，2019。

贝罗贝、曹茜蕾：《论汉语言说动词的历时发展》，《语法化与语法研究（六）》，商务印书馆，2013。

程祥徽：《青海口语语法散论》，《中国语文》1980 年第 2 期。

储泽祥、刘琪：《台湾汉语口语里“觉得说”的词汇化》，《云南师范大学大学报》2014 年第 2 期。

邓思颖：《粤语的“说”类动词》，《中国语文》2018a 年第 4 期。

董正存：《词义演变中手部动作到口部动作的转移》，《中国语文》2009 年第 2 期。

方梅：《北京话里“说”的语法化——从言说动词到从句标记》，《中国方言学报》2006 年第 1 期。

谷峰：《从言说义动词到语气词——说上古汉语“云”的语法化》，《中国语文》2007 年第 3 期。

郭颖洁、李诗：《论“曰”“言”“说”》，《洛阳师范学院学报》2011 年第 9 期。

胡乘玲：《湖南东安话中与言说义动词有关的习语化现象》，《南开语言学刊》2017 年第 2 期。

黄燕旋：《揭阳方言言说动词“呾”的语法化》，《中国语文》2016 年第 6 期。

黄映琼：《浅析梅县方言的一组言说动词——“说”“学”“话”“讲”》，《嘉应学院学报》2013 年第 6 期。

江敏华：《客语传教士文献中所见“话”与“讲”的语法化与词汇化》，《汉语与汉藏语前沿研究——丁邦新先生八秩寿庆论文集》，社会科学文献出版社，2018。

蒋梦园：《资阳方言“讲”的多功能用法研究》，西南交通大学硕士学位论文，2019。

乐耀：《论北京口语中的引述类传信标记“人说”》，《世界汉语教学》2013 年第 2 期。

李明：《试论言说动词向认知动词的引申》，《语法化与语法研究（一）》，商务印书馆，2003。

林华勇、李敏盈：《转述和直述——粤语言说性语气助词的功能分化》，载《语法化与语法研究（八）》，商务印书馆，2017。

林华勇、马喆：《廉江方言言说义动词“讲”的语法化》，《中国语文》2007年第2期。

林素娥：《一百多年来吴语句法类型演变研究——基于西儒吴方言文献的考察》，中国社会科学出版社，2015。

刘丹青：《汉语里的一个内容宾语标句词——从“说道”的“道”说起》，《庆祝〈中国语文〉创刊50周年学术论文集》，商务印书馆，2004。

刘一之：《北京话中的“（说）：‘……’说”句式》，《语言学论丛》第三十三辑，商务印书馆，2006。

龙海平、谷峰、肖小平（译）、洪波、谷峰（注释）：《语法化的世界词库》，世界图书出版公司，2012。

罗端：《唐汪话里语气词“说”“说着”的语法化过程》，《语法化与语法研究》第6辑，2013。

马云霞：《从身体行为到言说行为——修辞动因下言说动词的扩展》，《当代修辞学》2010年第5期。

麦耘：《广州话疑问语气系统概说》，纪念《方言》杂志创刊20周年学术研讨会，1998。

钱奠香：《海南屯昌闽语语法研究》，云南大学出版社，2002。

施其生：《汕头方言的结构助词“呾”》，载中山大学中文系《语言文字论集》，广东人民出版社，1990。

施伟伟：《宁波方言“讲”的传信功能及其语法化》，《浙江外国语学院学报》2015年第5期。

苏颖：《汉语心理动词与言语动词的双向演变》，《中国语文》2020年第3期。

陶寰、李佳樑：《方言与修辞的研究接面——兼论上海话“伊讲”的修辞动因》，《修辞学习》2009年第3期。

汪维辉：《汉语“说类词”的历时演变与共时分布》，《中国语文》2003年第4期。

王健：《一些南方方言中来自言说动词的意外范畴标记》，《方言》2013年第2期。

魏红：《从肢体行为到言说行为——试析明清山东方言里一类词义的演变》，《泰安教育学院学报岱宗学刊》2006年第3期。

伍巍：《浅析粤方言的“话”“讲”“倾”》，《韶关学院学报》2003年第2期。

谢洪欣、张建：《从拟声到言说——明清山东方言中一类词词义来源探析》，《湖南人文科技学院学报》2009年第6期。

许惠玲、马诗帆：《从动词到子句结构标记：潮州方言和台湾闽南话“说”和

"看"的虚化过程》，《中国语文研究》2007 年第 1 期。

杨凤仙：《古汉语"言说类"动词的演变规律之探析》，《中国政法大学学报》2011 年第 6 期。

喻薇：《言说动词"说"和"说"类话语标记的语法化》，华中师范大学博士学位论文，2018。

曾明桦：《探讨台湾闽南语"讲"的多功能性》，台湾"清华大学"硕士学位论文，2008。

张安生：《西宁回民话的引语标记"说着""说"》，《中国语文》2007 年第 4 期。

张赪、崔越：《言说动词"曰""言""云"虚化用法的篇章功能及其跨语言共性研究》，《语文研究》2017 年第 3 期。

张雁：《从物理行为到言语行为：嘱咐类动词的产生》，《中国语文》2012 年第 1 期。

郑嘉明：《海陆客语语气词研究》，（台湾）"国立"中央大学客家语文研究所硕士学位论文，2007。

郑良伟：《台湾与台湾华语里的子句结构标记"讲"与"看"》，《第三届世界华语文教学研讨会论文集——理论与分析篇》（上册），世界华文出版社，1994。

周娟：《新化方言言说动词"讲"的虚化及其制约因素》，《暨南学报》2018 年第 5 期。

周敏莉：《新邵湘语言说动词"喊"的语法化》，《语言学论丛》2016 年第 1 期。

Akhenvald, Alexandra Y. 2004 *Evidentiality*. Oxford: Oxford University Press.

Chao, Yuanre（赵元任）1947 *Cantonese Primer*. Cambridge: Harvard University Press.

Chappell, Hilary 2017 *From verb of saying to discourse marker in Southern Min: (Inter) subjectification and grammaticalization. In Aspects of Grammaticalization*, 139 – 165. De Gruyter Mouton.

Chappell, Hilary 2008 Variation in the grammaticalization of complementizers from verba dicendi in Sinitic languages, *Linguistic Typology*, 12 – 1: 45 – 98.

Heine, Bernd and Tania Kuteva 2002 *World Lexicon of Grammaticalization*. Cambridge: Cambridge University Press.

Lau, Seng-hian（刘承贤）2013 On Non-verbal Kóngs in Taiwanese《台湾学志》第七期。

Lord. C. 1993*Historical change in serial verb construction*. Amsterdam / Philadelphia: John Benjamins publishing company.

Matthews, Stephen 1998 Evidentiality and mirativity in Cantonese: wo5, wo4, wo3! Unpublished Ms, University of Hong Kong.

Plank, Frans 2003 Delocutive verbs, crosslinguistically. Paper presented at the ALT (Association for Linguistic Typology) V Conference, Cagliari, Italy.

Han, Weifeng（韩巍峰）and Shi, Dingxu（石定栩）2014 The Evolution of hi23 kã34 ('he says') in Shanghainese. *Language and linguistics*（4）.

A Review of Studies on Verbs of Saying and Related Issues

SHEN Bing

Abstract: The studies on verbs of saying in Chinese started in the 1990s, and they have been continuously broadened since the 21st century. In terms of the research subjects, they mainly focus on the syntactic and semantic of verbs of saying, their origin, and the grammaticalization process. The research approaches have become diversified. Researchers have introduced and applied Grammaticalization Theory, Discourse Analysis, Rhetoric, and other theories or methods to carry out in'depth research on verbs of saying and related issues from different perspectives.

Keywords: verbs of saying, syntax, semantics, grammaticalization

怎样认识反切?

方孝岳　著　冯先思　整理

反切是过去汉语文献中文字注音的工具。从东汉末年到注音字母以前，汉字注音主要用这个工具。今天我们有了汉语拼音方案，当然不用反切了，但不妨大略回顾它一下，除了帮助同学们认识一些这个历史工具而外，还可以使我们看出过去人们寻找注音工具如何困难，更感觉到拼音方案之可贵。

什么叫作反切呢？反切是大略采取拼音的原理，用两个汉字来表明一个汉字的音的注音方式。这种方式长时期固定下来，就成为一种专门工具。例如：

"东德红切"（或"德红反"，或"德红翻"，或"德红纽"）

用这种方式注音，凡是这一套东西，就叫作反切。

反切的详细内容需要系统的论述，今天不必都谈到，今天只能言其大略，主要是初步介绍一些必要的认识。

①反切怎样读法？

②所谓反切是指什么反切？

③今天对反切仍有无注意的必要？

今天只能就这三个问题来谈。

先不妨对此三问题作一简单回答以便掌握。

答①：反切不是随便可以读得来的，要系统学过才可以读。

答②：我们所谓反切主要是指六朝时代（大约公元200～600年）的反切，这些反切集中在《切韵》（《广韵》）书中。

答③：如果放在历史地位去看，反切在今天仍有其一定的参考价值。

1. 反切怎样读法？

反切是一种系统的注音工具，有一定的表音规则，我们不是光识得方块字而不懂得反切的表音规则就可以读得来的。反切的发生有其历史背景，有历史继承性，我们如果明白反切的表音规则，用今天各人的正确方音去读反切，基本上和所切的字音大致是能够符合的。但有些地方由于字音有变迁，反切所用的字和它所切的字在某些方音里已经不同音了，这样读起来，就不能符合。例如“江，古双切”，北京人读不对他的“江”字，“空，苦红切”，广州人读不对他的“空”字，这一切都不是一接触就可以明白。没有系统学过反切，就不能全面了解。今天用拼音方案所拼的任何一个字音，如果没有系统学过拼音方案，孤立地去看是不会懂的。反切虽比不上拼音方案，但各有其系统性，不能孤立去看，道理也是一样。六朝时代的人用当时的音作反切，人们都或多或少学习过这个新工具，所以多半能读。隋代陆德明《经典释文》里面说：“书音之用，本示童蒙。”当时书音即用反切。但如果没有相当好的语音训练，也未必人人都读得准确，所以“音辞不正”“清浊难分”的读者并不是没有。到了唐以后，距离六朝渐远，人们不皆懂旧时的反切，于是就有人搞出一套练习反切的工具，所谓“字母等韵”之学，成为一种专门的学问。此后又时有人修改反切。所以反切的历史很长，内容相当复杂，今天如果要知道反切如何读，如何利用这种旧时的工具，有必要系统地学它一下，否则就不能全面了解，类推运用。不过今天学和过去学有些不同，过去只从音理上去学，今天除从音理上学习之外，还要加上一些语音史的知识。过去是死学，今天要活学。

2. 所谓反切是指什么反切?

我们所谓反切，基本上即是指《切韵》的反切。为什么这样说呢？这要略知反切的发生和发展的历史。本来在反切发生以前，汉字并非没有注音，也并不是人们都不懂音理。先秦时代的“谐声字”，用文字偏旁来表音，汉代又用“读若”“直音”等方法，这都是反切以前的汉字注音方法。古代人作诗知道押韵，分明是能分析韵母；能用双声词，分明是能分析声母。还有许多文献中有谈到音理的地方，也谈得相当细致。可见当时并不是不知道音理，不过注音都不大严格，说音的方法也不清楚，无法使今天看起来还能够明了。到东汉末年产生了反切。由于书籍流传已经不纯靠口授，要写定下来，或者加以注音，同时受梵文翻译的影响，人们知道拼音的原理，结合古代合音词的方法，如“不律”为“笔”，“之于”为“诸”等等，而有了反切。其中以孙炎《尔雅音义》的反切最为有名，反切成为固定的注音。某个字在某个场合下有一定的反切，不是随便可以更改的，反切的性质已是音素标音，不过为汉字形体所束缚，外表看不出来而已。这比过去的方法好得多了。但反切虽有许多好处，而制作反切的并不止一个人，用字不能一律，有些人用字也并不十分准确，于是就有许多名家着手加以整理。到了陆法言、颜之推等人全面整理过去各种书籍中的反切，详加审定，变成一部有名的《切韵》，于是六朝反切的发展在这里算是达到高峰。所谓高峰，即是说这部书对于六朝的反切挑选得最精，对反切所表现的音韵系统也分析得最细。从这个时候以后直到注音字母以前，所谓反切，大致皆以《切韵》的反切体系为基础，人们对于旧时反切又不断有所修改。这由于反切虽比较进步，但是毕竟受汉字的局限，无法做到十全十美，而时代迁流，文字与语音脱节，反切与所切的字脱节，所以历代以来无法令人满意。反切要让位于今天的字母拼音，是必要的趋势。不过人们在时代局限之下，未发现其他好的工具以前，总希望有更好的反切。直到清代初年，李光地主编的《音韵阐微》（公元 1726 年完成的）算是修改得最好的了。所谓“最好”，是说他的反切比较便于今天说普通话的人使用，读起来比较顺口，但其实这部书是用元明以来所谓“平水韵”的本子，并不真是根据它当前的实际读音而编定的。他的反切体系大致仍是《切韵》的体系。就整个音系来说，他仍是一种不古不今的东西。反切本身的毛病，它也照样有许多地方无法避免。所谓我们对《音韵阐微》的反切现在必要时虽不妨加以利用，但必须知道他毕竟离不开《切韵》的框框。我们如果要具体明白反切究竟是什么东西，就只有面对《切韵》的反切去看；而且任何后来的反切，都只有放在《切韵》反切的类别中加以对照，才能明白它的性质，所以我们说到反切，基本上还是指《切韵》的反切。

那末，反切的内容究竟如何呢？现将反切的主要内容归纳成几条纲领来谈。

甲　反切从属于一定的音韵系统

反切虽然用的都是方块字，但当初任何人制定反切，都有他的实际音系作背景。《切韵》一类的韵书，把这许多反切收集拢来，就把这个音韵系统明白摆出来了。任何反切都是某种音韵系统的组成部分。例如“东，德红切”在《切韵》的整个音系中和“冬，都宗切”音虽近而各有其音韵地位。后来《洪武正韵》里的“东”字也是“德红切”，反切虽同，所属的音系不一样，性质也就不一样，不能光从字面看以为毫无区别，任何反切都是如此，不能孤立去看。我们查字典，会看到一个字下面常常注有不同的“韵书”中的反切，不容易看出它们之间究竟有何区别，但如果从它所属的“韵书”音系来看，就会比较明白的。

乙　反切并非要求人们连读二字而成一音，反切是提供人们分析二字所代表的音素

连读即是拼音，而汉字的一个字中兼有声和韵，音素很多，反切上下字只是各用其中的某些音素，而那些不同的音素就会使人读起来有所窒碍，有多余的音，决不能连读二字而成为拼音的；即使快读减音，也不容易减得准确，甚至会减错的。例如“东，德红切”，并非要人连读“德红”两个字。

假如是连读，则“东”的音是toŋ，应该“德”是t而“红”是oŋ，但但实在“德”是tək而“红”是ɣoŋ，tək中ək和ɣoŋ中的ɣ都是多余窒碍的音，岂可连读？清代的陈澧特别强调这一点，他说：“切语之法非连读二字以成一音也。连读二字以成一音诚为直捷，然上字必用支鱼歌麻诸韵字（即指单元音无辅音韵尾的字），下字必用喉音字（即指零声母的字），支鱼歌麻无收音而喉音直出，其上不收，其下直接，故可相连而成一音，否则中有窒碍不能相连矣。然必拘此法，或所当用者有音无字，或虽有字而隐僻，此亦必穷之术也。曷若古人但取双声迭韵之为坦途哉？”这些话都是很对的。原来反切的道理只是上字表示所切字的声母，下字表示所切字的韵母，所谓“上字与所切字双声，下字与所切字迭韵”，只要达到这个目的，其他问题可以不管，两个字连读起来拗口不拗口，中有窒碍或无窒碍，是不必考虑的。因为汉字的局限，无论怎样做，都无法做到圆满。例如《音韵阐微》整部书的反切都是想贯彻便于连读的原则，但结果还是例外很多，不能一致。例如“西腰”切“萧”，而不用原来的“苏雕”，“歌安”切“干”而不用原来的“古寒”，这些当然比较好，但仍不免有“义驾”切“迓”，“系戒”切“械”等这些“中有窒碍”的切语；即便所谓比较好的反切，其反切上字的韵母也分明仍是多余的音；尤其像“豪，何鏖切”，因为没有其他零声母的字可用而用了这个怪“鏖”字，这有谁认识呢？所以原来旧时反切的原则是上声下韵分别表示，各不纠缠，做起来反而容易。这个工具当初能普及，就是这个道理。如果强汉字所不能，一定要连读成拼音文字，那样做法，反而更难，当初就不会这样普及了。

丙 反切上字表示声母所包括的一切音素，反切下字表示韵母所包括的一切音素

汉字注音发展到反切的方式，确是很不容易得来的了，经过许多困难才获得这个工具。反切可以说是一种很精密的标音了。在古代语音学史上确是一个相当大的进步了。在它以前“谐声字”和“读如”“读若”“声同”“声近”等，都是很松懈的注音。所谓某字和某字“声相同”或“声相近”，也不知道到底“同”到什么程度，“近”到什么程度，有许多都是临

时仓促“随手拈来”的注音。[1] 只供少数人们口耳相传，私相授受，以为反正可以人和人当面去说明，不必详细写定，到了反切发生的时代，大家多少面对着一种普及的要求，要把字音注得清楚，通过新工具的发现，而认真分析音理，不像以前那样随便了，而且在要求上还是越来越高的。所谓上字表示声母，下字表示韵母，随着反切的发展，精密度是不断进步的。初期的反切还相当草率，并不那么细致，对有些细微的音素还是容易忽略过去。到后来功夫日渐加深，才渐渐做到准确，对音素的分析，精益求精，又经过许多名家如陆法言、颜之推等人的整理选择，而编成那部有名的《切韵》，所以《切韵》的反切可以算是反切的代表作了。反切之所以比以前注音的方法好，最主要的理由就是反切能用两个字注音，而不是限于只能用一个字，束缚较少，大有回旋余地。以前的注音往往不容易找到同音字，因为完全音素相同的字毕竟不多，现在只要把音素分析清楚，就可以就上声下韵各找一部分音素相同的字，而不管其中不同音素的那一部分，如：

> 东，德红切。是用 tək 和 ɣoŋ 两个字来注 toŋ 字，就是只取 tək 中的 t 和 ɣoŋ 中的 oŋ。而不管 ək 和 ɣ。

这样用字的范围就宽广得多，任何一个字音都容易拼出来，没有什么纠缠，不像以前只能用一个字来包办一切音素，那就当然比以前困难较少，而反切的注音就成为百分之百与所切的字同音了。

此外，我们还可以设想，当初人们制定反切，是有它一定的手续和根据，多少有点科学方法，不是胡乱凑字而成的。最初的具体情形究竟怎样，我们当然无法知道。不过后来有些有关音韵学的文献中曾经提到这方面的问题，好像有一种所谓“纽字”的图表（即双声迭韵同音字表），是制定反切时用字取材的根据。（这种字表也多少受梵文音节表即“悉昙章”的影响而编成。）

---

① 原注：《经典释文》引郑康成语：“其始书之也，仓卒无其字，或以音类比方假借为之。”

> 夫欲反字，先须纽弄为初，……梁朝沈约创立纽字之图。（唐神珙《四声五音九弄反纽图序》）
>
> 周彦伦好为体语，因此字皆有纽，纽有平上去入之异。（唐封演《封氏闻见记》）

这种“字纽”大概都是按四声串字的双声迭韵表。（四声的学说虽起于齐梁，而声调的分别本身并不始于齐梁。初期的反切分明也注意声调。）唐代日本空海的《文镜秘府》里面有苏伟《调四声谱》，其中有如下一段：

> 良两亮略　离丽詈栗（丽字应系逦字之误）
>
> 张长帐著　知倁智室（著字应改为芍，倁字来历不明）
>
> 凡四声竖读为纽，横读为韵[①]，亦当行下四字配上四字[②]即为双声。若解此法即解反音法。反音法有二种，一纽声反音，二双声反音，一切反音有此法也。

这大概就是按四声“纽字”的一种方式，而制作反切的人就可以从这里面来取材。直行一纽为声母相同的字，横行为韵母相同的字，所谓同是百分之百同，不是马马虎虎的相同。制作反切的人，上字从直行一纽中取，下字从横行一纽中取（例如《广韵》的“帐”字就是“知亮切”，“芍”就是“张略切”）。所以作出来的反切都很准确，和他所要切的字是百分之百地同音，不像过去所谓“音同”“音近”那样随便了。为什么呢？就因为作反切的人事先已经作过音素分析，有系统性的资料根据，不是临时仓促随手拈来的字了。

那末，究竟反切是怎样表示音素呢？我们可以说反切的表音是非常细致的。我们试拿《切韵》最后传本《广韵》来看，他里面有206个韵目，代

① 整理者注：原稿竖写，所以这里的“竖读”现在实际上是横看，“横读”是竖看。下文的“直行”“横行”也应反过来看。

② 整理者注：原稿缺“配上四字”四字。

表它书中所有的韵母，这个数目已经不少，但如果按它里面的反切下字的分类来看，实在《广韵》里面的韵母有三百个左右之多，这岂不是对于韵母音素的分析做得非常细致么？再按所谓“三十六字母”来看，人们把《广韵》的声母归纳为三十六种，这个数目在现在看来也不为不多，但如果按反切下字的分类来看，《广韵》里面的声母应该说是有五十一个之多，这岂不是对于声母音素的分析也是做得非常细致么？例如：

声母方面，36 字母中的“见”只代表 k－，但反切的 k 实在有两种：

k－（例如顾，古暮切）

kj－（例如据，居御切）

36 字母中的“来”只代表 l－，但反切的 l 实在有两种：

l－（例如涝，卢晧切）

lj－（例如燎，力小切）

其他不必详举。总之，反切上字表示声母的发音部位和发音方法，一切细微区别，皆有表示，尤其发音部位中以有无附颚作用（即有无带 j）为重要的区别（即旧时术语所谓声母粗细的区别）。而且这个带 j 不带 j 的区别又可以说是《广韵》反切包括上字下字要同时观察的一个重要的区别，大致任何一个反切，其上字声母如果是带 j 的，其下字虽然管的是韵母，而不管声母，但这个下字的本身声母来讲，也必是带 j 的；如果不带 j，那就上下都不带 j。反之，如果不是这样，就是用字有误。例如上面所引“顾，古暮切”，“古”是“kuo”，“暮”是 muo，都没有带 j；“据，居御切”，“居”是 kjo，“御”是 ŋjo，上下两字都带 j，其他可以类推。这就是反切上下字在各管各的任务中又有互相制约的作用：既有分工，也有关联。道理是很多的，关于这些道理，我们读反切的人要成套的学习过，才能明白，不然是搞不清楚的。例如“据，居御切”，我们如果照今天北京音读起来，声母分明是舌面音 tɕ，为什么旧时三十六字母把它归纳在 k 声母之下统而名之曰

“见”母呢？这些道理不是孤立地看一个反切所能明白的。又例如：

韵母方面，《广韵》的“庚”韵目只代表 ɐŋ，但反切表示“庚”韵这一部实在包括有四个不同的韵母：

-ɐŋ（例如坑，客庚切）

-ĭɐŋ（例如卿，去京切）

-wɐŋ（例如喤，虎横切）

-ĭwɐŋ（例如兄，许荣切）

其他也不必详举。总之，反切下字表示韵母里面的元音的发音部位，圆唇不圆唇，以及韵尾的有无和韵尾的种类，也是一切细微区别皆有表示，尤其元音前面的圆唇中介元音或半元音（u 或 w）的有无为韵母的重要区别（旧时术语所谓“开口”和“合口”的区别）。这也要成套的学习才可以明白。例如“多，得何切”，照今天北京音读起来，“多”字是有 u 介音的，但反切下字的“何”字又没有 u 介音，是不是反切错了呢？这也不是孤立地看一个反切所能明白的。

以上是反切的条例大略，正规地说来，反切的条例大致如此。但反切也有例外，有时开合不定如下字而定于上字，如：

“为，薳支切”不是꜀ɣje，而是꜀ɣʷje，这种合口是声母的圆唇化。

有时声母粗细不定于上字而定如下字，如：

“拢，力董切”是꜂loŋ 不是꜂ljoŋ，这由于发音模糊，所以用字不准确。

又反切下字用到唇音字的时候，往往开合不分，甚至同样的字可以切开合不同的韵母，如：

> “格，古伯切；虢，古伯切”，格是 kɐk，虢是 kwɐk，这由于唇音难分开合，容易相混，所以用字有时随便。

这些都是例外。例外毕竟不多。我们如要明白反切，就有系统学习之必要。

所谓系统学习，总的说来，就是要系统学习一下《广韵》和有关“等韵”一类的书，这一层这里暂且不谈。此外，所谓学习，其内容也包括《切韵》以后人们所以要修改反切的一些理由，这些理由也应该知道一下。知道人们所以要修改反切，也就更容易明白反切的本来面目。今天我在这里先谈一下这个问题。

前面说过，反切虽是采用拼音原理，但并不等于拼音，上下字虽各管各的任务，而其中有多余窒碍的音，这是反切的本来面目。无奈人们总是不自觉地有一种拼音的要求，欢喜把反切连起来读，总是把上下二字纠缠在一起来看，所以就觉得旧时反切有许多不便，要加以修改。尽管由于汉字本身局限，不容易贯彻目的，同时大家只是在文字上修改，而不是完全从实际语音系统出发，修修补补，换汤不换药，而反切本身的毛病也往往不能避免，但我们单就注音的工具来说，无论如何，都应该承认他们这些努力是代表进步的要求，成为汉字注音方法发展到今天的拼音方案的历史前流。我们试翻开过去的字书来看，例如《康熙字典》里：

> 东，《唐韵》[①]，德红切。
> 《集韵》都笼切。

又试看《音韵阐微》：

> 东，都翁切。

---

① 原注：《唐韵》即指《广韵》。

原来反切的原则是上字不管声调，但宋代的《集韵》（成于公元1038年）似乎要求上字也要管声调，所以把“德红切”的“德”字改为“都”字，取其和“东”字同声调。但全书并不一律，略有此趋势而已。又原来反切的原则，是下字只代表所切字的韵母，而下字本身是何种字母，完全可以不管。但《集韵》似乎也注意到反切下字的声母，要使反切下字的声母和上字的声母同一大类。如果上字声母是舌根音和喉音，下字也要舌根音和喉音，上字是唇音，下字也要唇音，这样念起来比较没有窒碍，所以把“德红切”的“红”改为“笼”字，因为“德”和“都”都是舌音，所以下字也要舌音。这一层，最初的反切本有此倾向，现在古文献中遗留的孙炎反切看得出有此倾向，《切韵》的反切也有倾向，但都有不一律的地方。《集韵》大概看到这种倾向，所以有这样表现，但也不能一律。《集韵》书中并无反切的“凡例”，我们大略看起来，似乎如此而已。

到了《音韵阐微》，就明白定出一些修改反切的“凡例”，对于反切上字，要求和所切的字一定要同声调，所以“东”的反切用“都”字做反切上字。此外，它采用这个“都”字，又有其他意义，那就是《音韵阐微》的“凡例”所规定反切上字要用单元音的字（就是他所谓“支微鱼虞歌麻韵中字”）。因为这些支微等韵母的字不带鼻音和塞音的韵尾，发音没有窒碍。它又规定反切上字要和所切字的“四呼”相同，就是开口切开口，齐齿切齐齿，合口切合口，撮口切撮口，所以用这个单元音的韵母“都”字做“东”字的反切上字，合于它的“凡例”，又除取其和“东”字同为阴平声调外，又取其和“东”字同为合口（近代的音是平声分阴阳平，“东”字是阴平，是合口）。至于反切下字，《音韵阐微》的“凡例”是规定要用零声母的字，就是它所谓“取影喻二母中字”（近代古影喻二母字皆是零声母），所以“东”字反切下字就改用“翁”字。总起来说，《音韵阐微》定出这些原则，就反切本身的读法来讲，当然便利得多，不过为汉字形体所局限，或遇到缺少符合要求的字，没有适当的字可以采用，结果，仍然不得不多所变通，打破自己的原则，而例外也就非常之多，无法全部贯彻，甚至因为要勉强迁就自己的原则，采用了一些非常偏僻难认的字，像我前面所说的

“豪，何鏖切”之类，都是无可奈何的办法了。

我们从这些地方，第一，可以很清楚地看出反切的改良是根本无法做到满意的事；第二，从这些比较中，可以更清楚原来《切韵》反切的原则，就是上声下韵各自分工，上字只取其代表所切字的声母部分，不管声调，不管韵母的开齐合撮，不管上字的本身有无韵尾，下字只取其代表所切字的韵母和声调部分，不管下字的本身有无辅音字母，这些原则是我们读到《切韵》的反切的时候所必须记住的。

此外，所谓学习，其内容也应该包括一些汉语语音发展的历史知识。有了这种知识，遇到反切所用的字和今天的字音大不相同的时候，就比较容易掌握。例如“他，讬何切”，当时“何”字的韵母本是ɑ不是o，“断，徒管切”，当时“断”字本是上声，今天的吴方言有些方音“断”字仍是上声。如此之类，数目也不少。这些地方，乍看起来，好像反切是错了，但其实不是，是要通过语音史的知识去认识的。

3. 我们今天对于反切仍有无注意的必要？

反切是过时的注音工具，今天当然不会用反切的方式来注字音，但今天的语言工作者还有必要学习一下反切，因为在某些场合仍有参考反切之必要，那就是在有些有关历史语音的问题上，过去的反切仍有他一定的参考价值。我们使用旧时的工具书，或阅读古文献遇到一些难字为现代一般字典所未收而要查阅旧字典的时候，都会遇到反切，产生要了解反切的问题。这还是就一般的情况而言，我现在要专门谈的，是几个具体的历史语音问题。我们可以说，大致在下列三种场合，古代的反切可以给我们相当的帮助。

首先是有关古代汉语中一些特殊字音的问题。本来留在书面上的古代汉语，今天读起来，自然是用今天的音去读，因为古汉语与今汉语本是历史相承的一个语族的语言，而不是两种语言。有些字音，古今并没有什么差别，有些虽有差别，但仍有系统对应，用今天的音去读这些字，都还是可以理解的。但是也有些字不能用今天一般的读音去读，应该仍从古读。这就是那些意义已经死去的字音，今天这些字已经不代表这种意义，那就当然不用今天一般的读音去读而用古音去读了。例如同学们读《诗经》，看到“同仇”“好仇”等等语词，其中的“仇”字并不是今天的“仇敌”的意思，而是“匹也” （伴侣）的意思，不能用今天一般读音去读（今天普通话语音“仇”读꜁tʂʻou），应该注意古反切是“巨鸠切”而读作꜁tɕʻiou。这是一个例子。

其次是古代韵语的押韵问题。古代押韵尽管是用古代的音，和今天有许多不同，但我们读起来，只能按今天的音去读。过去有些古音学家按着自己的拟音改读这些韵脚，那是不必要而且不合理的。因为他们所拟的音未必就不错，起古人而与语，恐怕也未必能懂，而且光是韵脚改读了，其他的字都没有改读，也是不伦不类，非常可笑的。这和印欧系语言学者构拟古印欧语“山羊与马”的故事同样是不足为训的。但是我们对原来古人押韵的音韵类别，不能不大略知道一下。这就有通过古反切之必要，否则就会有许多地方误会古代韵语是不押韵的，那就不合事实了。例如“儿”字古人往往用来和今天读 i 元音的字押韵，照今天普通话绝不能押韵，如果我们注意到古反切的“儿”字是“汝移切”，就不致误会了。又如“来”字在《诗经》里常和“思”字押韵，如果我们注意到“来”字作“至也”解的意思古反切是“陵之切”（《集韵》），那也不会认为是不押韵了。尽管这些古音有些问题还需要解释，但反正我们并不需要照着那样读，只大略知道一下古代韵语押韵的方式，圈韵脚时不会把这些字遗漏掉，就可以了。

最后是今天调查方言，有些地方还应注意一下古代的反切。今天的方音调查和推广普通话语音有重大的关系。方音的分歧都是有历史来源的，过去由“一家之亲”变为“秦越”，今天要由相为“秦越”促成其为“一家之亲”，就必须首先扫除方音成见，不可对于自己没有听惯的语音就认为非常奇怪，加以歧视，甚至有“非我族类”之感。过去人民不团结，常有这种现象，在今天是万分要不得的了。我们一定要提高政治觉悟来扫除这些成见，而通过历史语音的了解，对此也可以有所帮助。例如广州话读“季”为 kwɐi，是合口，和一般方言读开口大不相同，如果我们注意到古反切

“季”字是“癸悸反”（王仁昫《切韵》），就知道广州读音是有历史来源而不必歧视了。又如今天普通话语音中许多不吐气塞音的字在客家话里都是吐气的塞音，如“地”“道”“电”“定”等等，客家话读这些字声母都是t‘，这也是很特殊的。但如果我们注意到古反切“地”是“徒四切”，“道”是“徒皓切”，“电”是“堂练切”，“定”是“徒径切”，也就明白它是有历史来源而不觉得奇怪了。

所以从这些地方看来，今天的语言工作者是不妨学习一下反切的。

【整理说明】

《怎样认识反切?》乃60年代方孝岳所撰讲稿，油印稿由蒋仕炳缮写，生前未公开发表。方先生的助手罗伟豪老师保存了这篇文章的油印稿，今据以整理。本刊匿名审稿人提出很多修改意见，避免了整理错误，谨致谢忱。冯先思识，2020年2月。

编后记

《汉语语言学》（第二辑）终于赶在2022年到来之前，跟各位读者见面。原计划本年度出版第一、二辑，总算没有食言。

本辑一共刊发13篇文章。感谢这13篇文章的作者。尤其是李如龙、麦耘、袁毓林、徐杰、邓思颖、赵春利等几位先生，他们应编辑部之邀，慷慨赐文。李如龙先生的文章，是为中山大学施其生教授新著《闽南方言语法比较研究》所作的序，反映了他对方言学和方言语法研究的新思考，颇多真知灼见；麦耘教授发现粤北连州沙坊土话存在一个特殊现象——老派口音中几乎没有/a/韵母字，由此对语音演变进行了理论思考；袁毓林、徐杰两位教授联手，对语壳结构和轻动词是不是语法理论的必要构件，提出了质疑，是继《为什么要给语言建造一座宫殿？——从符号系统的转喻本质看语言学的过度附魅》（《语言战略研究》2019年第3期）之后，又一次对语法理论体系进行了深入的讨论和思考。山雨禾、赵春利两位运用语义语法理论，从句法分布、正反验证等方面入手，对“得了”的语义和功能进行了提取。张娟和王琳两位的研究，则反映了学界对构式和句式研究的重视。她们分别对现代汉语中的反复体构式“一V一V”、琉球官话课本中的选择问句进行了考察。前者重语义的刻画和整合，后者重南北差异的比较。

本辑有一组言说动词相关的专题文章，共6篇。其中，邓思颖教授发现粤语的“话”有判断义，对其使用条件、句法位置进行了讨论，是他粤语谓词系列研究的又一力作。林静夏、田中智子、盛益民三位的文章，借助口语语料库、早期客家方言文献等方言历史文献，分别对温州话、客家话、绍兴话言说动词的句法语义表现、语法化等问题进行了分析，体现了共时与历时研究相结合的做法。卢笑予、高可欣两位则从 20 多种语言中言说动词的配价、编码选择等方面，考察言说动词四类义项的“同词化”问题，眼界开阔。除了邓思颖教授的专文和沈冰撰写的综述外，其他 4 篇均在中山大学举办的“第五届方言语法博学论坛”（2019 年 6 月 15 ~ 16 日）上宣读、讨论过，论坛的主题是“汉语方言的言说动词”。“方言语法博学论坛”由香港中文大学和中山大学在 2015 年发起，2017 年复旦大学加入，此后由三所高校轮流主办，希望能促进学术交流与推动研究深入。

本辑压轴之作，是方孝岳先生的遗作《怎样认识反切》，由罗伟豪先生提供，冯先思博士整理。方孝岳先生是中山大学精通语言学和文学的教授。收录方先生的遗作，一是为了表达对先生的纪念，二是为了跟读者一起分享他 20 世纪 60 年代对反切的认识和思考。

2021 年是《汉语语言学》的起步之年。编辑部期盼各位专家、读者不吝赐稿。跨入新年之际，让我们共同祝福祖国，祝愿国泰民安，祝愿《汉语语言学》健康成长。

《汉语语言学》编辑部

2021 年 12 月

稿　约

《汉语语言学》是由中山大学中国语言文学系主办的语言学研究集刊。主要发表汉语本体研究的学术成果，也发表语言学及语言学交叉学科基础性、前沿性、应用性的学术研究成果。本刊计划每年出版两期。现面向国内外专家学者征稿，谨将有关事项公告如下：

一、本刊欢迎汉语、民族语、汉外比较等原创性论文，尤其欢迎语言描写、比较、解释、研究综述等方面的文章。一般稿件篇幅控制在 15000 字内，特别约稿和对重大问题具有深度研究的成果可控制在 20000 字以内。

二、本刊实行匿名审稿制。审读者和作者双向匿名，审读意见保密，拟用稿件的修改意见由编辑部转达作者。审稿期一般为三个月，审稿期内论文请勿投他处。三个月后如果没有接到编辑部通知，作者可以咨询编辑部或自行处理。

三、稿件内容包括题目、署名、摘要（300 字以内）、关键词（3 – 6 个）、正文、注释，项目、基金资助论文请在首页以注释形式标注，说明项目名称、编号。文末请注明作者信息（姓名、性别、出生年月、职称、学位、主要研究方向）和联系方式（工作单位、通讯地址、移动电话、电子邮箱等）。

四、行文格式和注释体例请参照本辑论文。

五、来稿请从网上投稿平台（www. iedol. cn）提交电子文本，分别用 word 格式和 pdf 格式两种附件。

六、文章刊发时可注明通讯作者。在本刊公开发表作品，即视为作者同意将作品通过本刊上传至相关索引数据库及网站使用。

本稿约长年有效。通信地址：广东省广州市海珠区新港西路135号中山大学中文系《汉语语言学》编辑部，邮编510275。联系邮箱：clsysu@ mail. sysu. edu. cn。

《汉语语言学》编辑部

2020年8月

图书在版编目（CIP）数据

汉语语言学. 第二辑 / 中山大学中国语言文学系《汉语语言学》编委会编. -- 北京：社会科学文献出版社，2021.12

ISBN 978 - 7 - 5201 - 9086 - 2

Ⅰ.①汉… Ⅱ.①中… Ⅲ.①汉语 - 语言学 - 文集
Ⅳ.①H1 - 53

中国版本图书馆 CIP 数据核字（2021）第 195066 号

汉语语言学（第二辑）

编　　者 / 中山大学中国语言文学系《汉语语言学》编委会

出 版 人 / 王利民
责任编辑 / 李建廷　卫　羚
责任印制 / 王京美

出　　版 / 社会科学文献出版社
地址：北京市北三环中路甲 29 号院华龙大厦　邮编：100029
网址：www.ssap.com.cn
发　　行 / 市场营销中心（010）59367081　59367083
印　　装 / 三河市尚艺印装有限公司

规　　格 / 开 本：787mm × 1092mm　1/16
印 张：15.75　字 数：240 千字
版　　次 / 2021 年 12 月第 1 版　2021 年 12 月第 1 次印刷
书　　号 / ISBN 978 - 7 - 5201 - 9086 - 2
定　　价 / 98.00 元

本书如有印装质量问题，请与读者服务中心（010 - 59367028）联系